Von Jochen Brennecke
sind als Heyne-Taschenbücher erschienen

Schlachtschiff Tirpitz · Band 01/25
Eismeer – Atlantik – Ostsee · Band 01/627
Gespensterkreuzer HK 33 · Band 01/5130
Jäger – Gejagte · Band 01/6753
Strandungen · Band 01/7658

JOCHEN BRENNECKE

HAIE IM PARADIES

Der deutsche U-Boot-Krieg
in Asiens Gewässern 1943–1945

Dramatische Originalberichte Überlebender
und bisher
unveröffentlichte Geheimdokumente

WILHELM HEYNE VERLAG

MÜNCHEN

HEYNE ALLGEMEINE REIHE
Nr. 01/664

15. Auflage

ISBN 3-453-00094-3

INHALTSVERZEICHNIS

ERSTER TEIL
»It's a long way to go!« 10

ZWEITER TEIL
1. Raeders unerfüllte Hoffnungen 18
2. Geheime Reichssache:
   Geheimnisvolle Passagiere auf U 180 26
3. Deutschland braucht Asiens Rohgummi 36
4. U-Dommes und U-Marco-Polo in Penang 39

DRITTER TEIL
1. Die Monsun-U Boote 42
2. Nur vier Monsuner überlebten 52
3. U-Boot-Stützpunkt Penang 63
4. Zwischenoperationen der 1. und
   Einsatz der 2. Monsun-U-Boot-Gruppe 75
5. Einsatz für Südostasien: Ab jetzt einzelbootweise . . 91
6. Das Unternehmen Weißblech 128
7. »An Land«, sprach der Kapitän 139
8. Haie contra Haie 143
9. U 862 vor Sydney und Neuseeland 175
10. U 181 — U 510 — U 532 — U 843 — U 861:
    Kurs Heimat 183
11. Heimkehr kurz vor Toresschluß 195
12. Das Sonnenbanner auf deutschen U-Booten . . . 204

VIERTER TEIL
Die deutschen U-Boot-Operationen in Südostasien . . . 212

FÜNFTER TEIL
1. Zwischen den Kapitulationen 220
2. Als das Sonnenbanner unterging 231

SECHSTER TEIL
Ein Vermißter taucht auf:
Der WI von U-Jebsen 233

ANMERKUNGEN 248

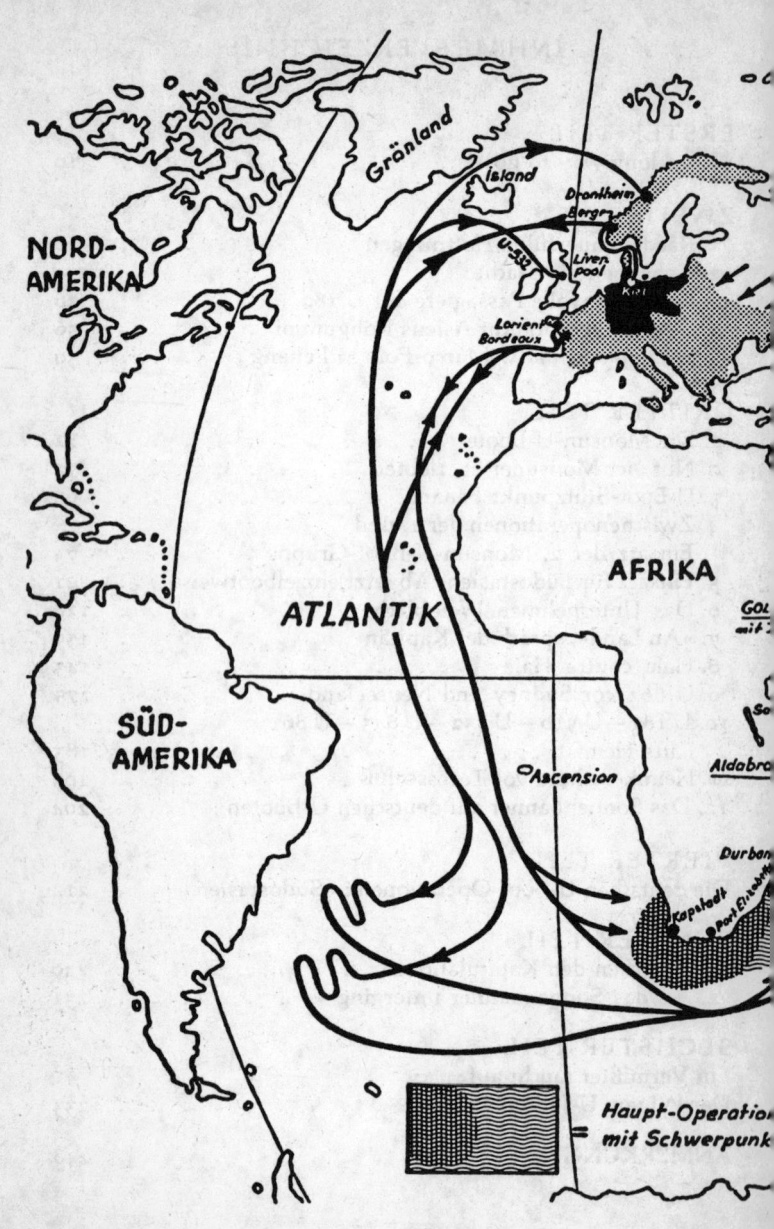

NORD-
AMERIKA

Grönland

Ísland

Drontheim
Bergen

U-333

Liver
Pool

Kiel

Lorient
Bordeaux

ATLANTIK

AFRIKA

GOL
mit

SÜD-
AMERIKA

Ascension

Aldabra

So

Durban

Kapstadt

Port Elizab

Haupt-Operation
mit Schwerpunk

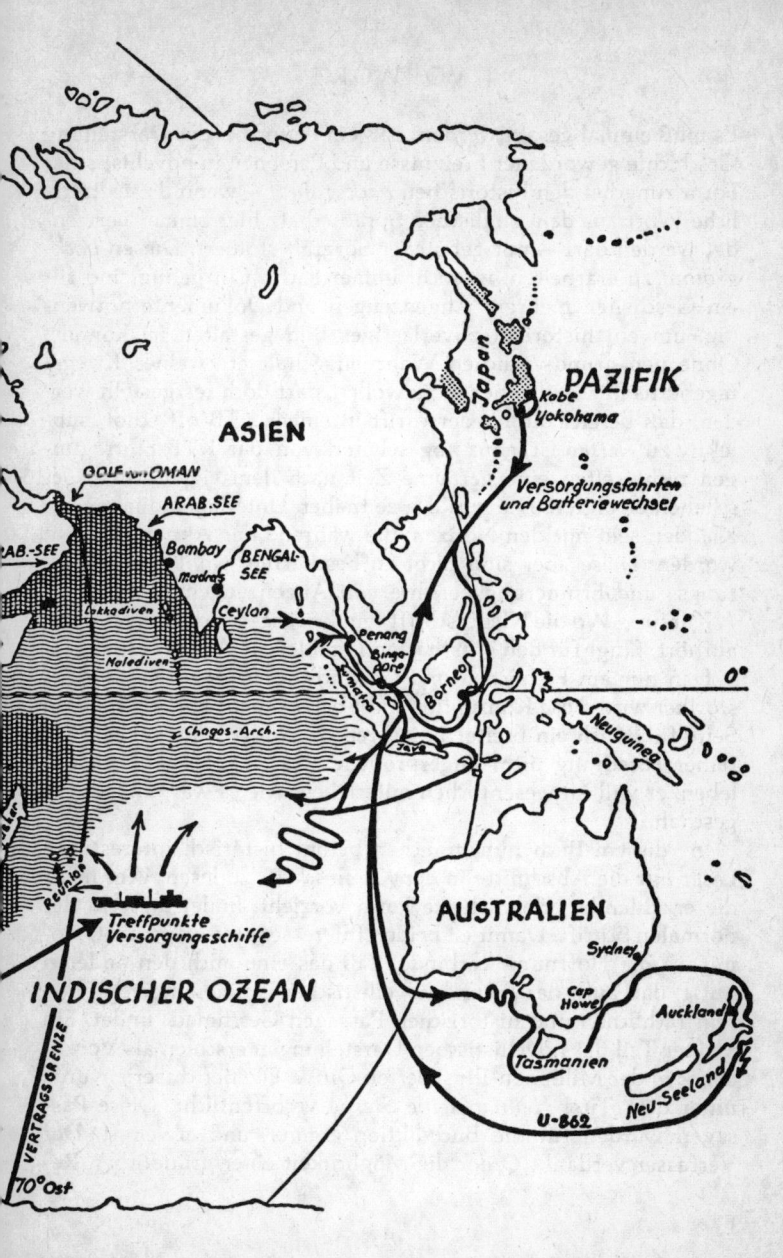

PAZIFIK

ASIEN

Japan

Kobe
Yokohama

GOLF von OMAN

ARAB. SEE

AB.-SEE

Bombay

Madras

BENGAL-
SEE

Lakkadiven

Ceylon

Malediven

Versorgungsfahrten
und Batteriewechsel

Penang

Singapore

Sumatra

Borneo

Neuguinea

0°

Chagos-Arch.

Java

Reunion

Treffpunkte
Versorgungsschiffe

AUSTRALIEN

Sydney

Cap
Howe

Auckland

INDISCHER OZEAN

Tasmanien

Neu-Seeland

VERTRAGSGRENZE

U-862

70° Ost

VORWORT

Es muß einmal gesagt werden, daß ein Autor bei der Darstellung Geschichte gewordener Ereignisse und Personen in novellistischer Form zunächst den historischen *background* — wenn dieses treffliche Wort aus dem englischen Sprachschatz hier einmal verwendet werden darf — mit gebotener Sorgfalt studiert. Diesen *background* zu erarbeiten, ist nicht immer leicht. Oft genug sind für ein Geschehen mehrere Augenzeugen und Dokumente notwendig, um ein historisch zuverlässiges Bild gestalten zu können. Ohne den grundsätzlichen Wahrheitsgehalt etwa eines Kriegstagebuchs in Zweifel ziehen zu wollen, darf doch festgestellt werden, daß bereits die Niederschrift in einem KTB oft schon subjektiv zu werten ist, ganz abgesehen davon, daß KTB-Eintragungen nicht selten eine geraume Zeit nach dem eigentlichen Geschehen erfolgten. Die wirklich zeitnahen Unterlagen dürften die Kladden sein mit den Notizen, die während der Aktion gemacht wurden. Diese aber sind nicht zu beschaffen, wohl aber Erfahrungs- und Erinnerungsberichte von Augenzeugen.

Kurzum: Wo die Niederschrift rein kriegsgeschichtlicher Fakten aufhört, fängt für den ernsthaften Erzähler die Arbeit erst an.

Den nur am Fachlichen und Geschichtlichen interessierten Historiker wird diese Konzeption nicht befriedigen; auf der anderen Seite fühlt sich ein breiter Leserkreis durch die trockene Materie reiner Forschung nicht angesprochen. Dieser Kreis will nacherleben, er will im wesentlichen miterleben, wie es war, und wie es geschah.

In diesem Buch nun brauchen betont historisch interessierte Leser *nur* die Abschnitte in der *Kursivschrift* zu lesen. Wer mehr die erzählende, erlebnishafte Form vorzieht, findet diese in der normalen Schrift. Damit ist beiden Interessenkreisen gedient, womit ich die Hoffnung verbinde, daß das eine auch den anderen nutzt, daß auch der Freund novellistischer Darstellungen an den rein fachlichen und historischen Passagen Geschmack findet. Ein kleiner Teil der novellistischen Darstellungen erschien als Vorabdruck in der Millionen-Illustrierten *Quick*. Die Berichtserie wurde unter dem Titel *Heimat deine Sterne* veröffentlicht. Diese Passagen wurden für die Buchdiktion ergänzt und erweitert. Der Verfasser verdankt *Quick* die Möglichkeit einer gründlichen Recherchierung, vor allem die vielen Tonbandaufnahmen Dabeigewesener.

Ich darf daher in erster Linie allen danken, die in diesem Buch mit direkten oder sonstigen Aussagen namentlich in Erscheinung treten, insbesondere den damaligen Stützpunktleitern, U-Boot-Kommandanten, den Offizieren, Unteroffizieren und Mannschaften der Stützpunkte, von Monsun-U-Booten und den V-S sowie dem Chef des Marine-Sonderdienstes beim Marineattaché in Tokio; ferner der ›Arbeitsgemeinschaft für Marinegeschichte und Maritime Publizistik‹ in Düsseldorf. Dank gilt auch allen aktiven und inaktiven Experten der U-Boot-Waffe, Mitgliedern vom ›Arbeitskreis für Wehrforschung‹, Stuttgart; Dr. J. Rohwer, Leiter der Bibliothek für Zeitgeschichte, Weltkriegsbücherei, Stuttgart; Dr. H.-A. Jacobsen, Direktor vom ›Forschungsinstitut der Deutschen Gesellschaft für Auswärtige Politik‹, Bonn; weiter F. L. Dechow, Bad Godesberg; K. A. Thomsen, Dülken; Dr. med. Hans Werner, Düsseldorf; Dr. med. Wilhelm Kau, Düsseldorf; Dr. Th. Michaux, Speyer; Kapitän Ernst Laufenberg, Bodo Herzog, Oberhausen, Dr. jur. H. Wagener, und vor allem meinem U-Boot-Kameraden, dem heutigen Pastor Paul Rotfahl, Gladbeck, meinem pommerschen Freund und getreuen Mitarbeiter an der pommerschen Presse, Rektor Otto Noeske, jetzt Oberkotzau, und meinem Schulschiffskameraden Oberstabsbootsmann Werner Krüger, Deichsende.

Der Verfasser

ERSTER TEIL

»It's a long way to go!«

Singapore. Herbst 1945. Japan hat kapituliert.

Wochen vergehen. Endlich taucht im Lager Pasir Pandjang, wohin man die Deutschen aus dem stickigen Treibhaus des malayischen Dschungels wieder zurückdirigiert hat, der erste britische Offizier auf. Ein Major Wilson. Ziemlich jung noch, glattes Gesicht, Sommersprossen. In der Rechten ein dünnes Stöckchen aus Bambus. Er hat Militärpolizisten bei sich. Auf seinen Befehl verhaften sie den ehemaligen deutschen Stützpunktleiter von Malaya, Korvettenkapitän Erhardt. Er war einst IO auf von Rruckteschells Hilfskreuzer *Michel*. Er sei ein Kriegsverbrecher, erzählt man sich im Lager. »Na, denn man prost . . . !«

Der Whisky, mit dem sie auf Korvettenkapitän Erhardts Wohl und Wehe und auf schnelle Klärung des offenkundigen Irrtums um ihren ehemaligen Stützpunktchef anstoßen, stammt nicht vom *blackmarket*. Er ist ein Geschenk australischer, englischer und kanadischer Soldaten, die bis vor kurzem noch Gefangene der Japaner waren.

Die Überraschungen reißen nicht ab. Ein paar Tage später: Major Wilson fährt wieder vor. Schon am harten Bremsen ist zu merken, daß er heute mit keiner guten Botschaft kommt. Die deutschen Seeleute, es sind Monsun-U-Bootfahrer, Überlebende der Hilfskreuzer *Michel* und *Thor*, Besatzungsmitglieder von Versorgern und Prisen, stehen abwartend vor ihren Unterkünften.

»Where is Captain Freiwald?« ruft der Major den Männern zu. Sie schweigen.

Noch einmal fragt Wilson.

Wieder bekommt er keine Antwort.

Mit seinem dünnen Stöckchen trommelt der Major auf seiner Khakihose. Sich zu beherrschen, kostet ihn sichtlich Mühe. Dann tritt er kurz entschlossen auf einen kleinen, wohlgenährten Seemann zu, der vorn in der Mauer der schweigenden Männer steht.

»You understand?«

»Jarnischt«, sagt der Matrosenhauptgefreite Hein Briesicke aus Berlin-Moabit mit ausnehmend höflicher Stimme. »Ick vastehe keen Wort. Ick bin nämlich nich von hier.«

Die Kameraden grinsen. Der Engländer schnauft und wischt sich den Schweiß von der Stirn. Er kocht.

Einer der Militärpolizisten flüstert ihm etwas ins Ohr; dabei deutet er auf einen kleinen Bungalow: Blumen vor den Fenstern; englischer Rasen rundherum. Wilson nickt und geht über den Hof.

Kapitän zur See Kurt Freiwald, letzter Kommandant von U 181, einem der berühmtesten U-Boote, das je die salzigen Meere befuhr, erhebt sich, als der britische Offizier bei ihm eintritt. Ohne Gruß setzt sich Wilson auf Freiwalds Stuhl.

Der Deutsche mustert den Engländer erstaunt.

»Sie wünschen?«

»Sie werden mit Ihren Leuten verlegt! Morgen früh!«

»Wohin, wenn ich fragen darf?«

»Changi Jail.«

»Ins Zuchthaus? Ich habe mich wohl verhört?«

»Es bedarf keiner militärfachärztlichen Untersuchung, Ihnen ein ausgezeichnetes Gehör zu bestätigen«, sagt der britische Major mit fühlbarer Ironie. Dabei schlägt er mit seinem Stöckchen auf Freiwalds Arbeitstisch die Takte eines englischen Soldatenliedes.

Kapitän zur See Freiwald zeigt unwillig auf den Bambusstock. »Würden Sie das bitte unterlassen, Major. Das stört die Unterhaltung.«

Wilson läuft an wie ein Beefsteak. Er schnauft wie ein Walroß, zieht jedoch den Stock von der Tischplatte zurück.

»Wann kommen die Wagen?« fragte Freiwald.

»Wagen?« sagt der Brite gedehnt und reckt sich. »Wagen, sagten Sie? Sie werden marschieren, Captain!«

»Soll das eine Brüskierung sein? Wollen Sie die deutschen Marinesoldaten demütigen?«

Der Major gibt keine Antwort.

»Ich mache Sie darauf aufmerksam, daß meine Soldaten Seeleute sind«, sagt Freiwald. Und weiter, leise, aber nicht ohne Schärfe: »Und ist Ihnen auch klar, was es bedeutet, wenn wir durch das farbige Singapore marschieren?«

Major Wilson springt auf. »Ja, das ist mir klar. Sehr klar sogar.«

»Sie werden Ihr Gesicht verlieren. Sie schneiden sich ins eigene Fleisch.«

»Sie werden marschieren. Unter der Bewachung von ausgesuchten Gurkhas. Morgen früh, neun Uhr. Quer durch die Stadt. Kreuz und quer. Dafür werde ich sorgen. Und mir ist es völlig egal, ob jemand sein Gesicht verliert oder nicht.«

Freiwald erkennt, daß es unmöglich ist, diesen Irrsinnsplan zu verhindern. Und ehe er sich dazu äußern kann, hat der Brite das Zimmer verlassen. Ohne Gruß, wie er kam.

18. Oktober 1945.

Zehn Minuten vor neun Uhr treten die 260 deutschen Seeleute auf dem Hof des Lagers an. Sie tragen das beste Zeug, das sie haben, makellos, von den meisten noch nicht einmal getragenes Khaki. Sie haben blütenweiße Schiffchen auf dem Kopf, weiße Strümpfe an und schwarze Schuhe, auf Hochglanz poliert.

Wie zur Parade.

Ein Jeep fährt vor. Am Steuer Major Wilson. Sein Gesicht glüht vor Selbstbewußtsein. Hinter ihm ein LKW mit indischen Soldaten. Ein Zug schwarzbrauner Gurkhas aus den Vorbergen des Himalaya. Sie springen ab, pflanzen die Bajonette auf. Am rechten Flügel, also dort, wo die Spitze marschieren wird, treten australische Fallschirmjäger an. Sie haben entsicherte Maschinenpistolen unterm Arm.

Major Wilson erwartet, daß ihm der deutsche Kapitän zur See oder einer der Offiziere Meldung macht. Nichts dergleichen geschieht. Freiwald unterrichtet Wilson lediglich, daß die Lagerbesatzung vollzählig sei. »Falls Sie das überhaupt interessiert«, fügt er noch hinzu.

»Go on«, befiehlt der Major.

Keiner der Deutschen bewegt sich. Sie warten auf Kapitän Freiwalds Befehl. Durch die Reihen der Seeleute wogt ein Murren. »Man sollte ihm in die . . .«

»Ruhe bitte«, verlangt Freiwalds Vertreter. Nur nicht die Nerven verlieren.

»Go on!« schreit der Major erneut. Er ist jetzt bleich vor Wut.

Der deutsche Kapitän sieht ihn gar nicht an, er beobachtet vielmehr die Zeiger seiner Uhr. Dann hebt er die Hand, tritt vor die Front: »Abteilung — stillgestanden! Rechts — um! Im Gleichschritt — marsch!«

Freiwald setzt sich an die Spitze. Voraus, in zwanzig Meter Abstand, die Fallschirmjäger. Die Gurkhas sichern an beiden Seiten. Major Wilson fährt im Jeep hinterher.

Der Marsch beginnt. Und mit ihm ein Lied, das berühmte englische Soldatenlied: *It's a long way to Tipperary, it's a long way to go.* Aber nicht gesungen. Gepfiffen.

Wilson braust mit seinem Jeep nach vorn: »Shut up . . . Aufhören!«

Die Deutschen reagieren überhaupt nicht.

»Shut up!« Wilson ist direkt neben dem deutschen Kapitän aufgefahren.

»Aufhören!« befiehlt Freiwald.

»Was fällt Ihnen ein, ein englisches Soldatenlied singen zu lassen?« wettert der Major.

»Sie müssen zunächst einen Unterschied zwischen Pfeifen und Singen machen. Lassen Sie sich bitte weiteres von diesem Offizier erklären.«

Kapitänleutnant Rasner, ExFTO vom Hilfskreuzer *Thor*, wendet sich an den Major. »Sorry, Sir. Was Sie da hören, ist zufällig auch die Melodie von einem europäischen Heimatlied.«

Kaum hat er dies dem Major gesagt, befiehlt die Spitze: »Weitermachen! Das Lied noch einmal von vorn . . . Alle Strophen durch . . . pfeifen. Und danach: laut und vernehmlich singen ›Das kann doch einen Seemann nicht erschüttern‹!«

»Eingepickt . . .«, brüllt der letzte Mann. »Drei . . . vier . . .!«

Wilsons Gesicht nimmt die Farbe eines gebrühten Krebses an. Er fordert Freiwald auf, sofort in seinen Jeep zu steigen. Er hofft, hier den verantwortlichen Deutschen besser unter Kontrolle zu haben. Aber der Kapitän zur See lehnt höflich ab: »Danke, ich bleibe bei meinen Männern.«

Überall laufen die Farbigen zusammen. Die Menge am Straßenrand jubelt den Deutschen zu. Eingeborene Polizisten grüßen korrekt. Auch ein paar englische Kolonialbeamte stehen auf dem Bürgersteig, erstaunt, daß Europäer unter farbiger Bewachung durch Englands wiedergewonnene Kronkolonie marschieren müssen. Sie schütteln die Köpfe.

Im Hafengelände drängen australische und britische Fallschirmjäger, Soldaten, die in Europa hart gekämpft haben, die vor Begeisterung johlende Bevölkerung mit brutaler Gewalt und mit Schlägen zurück . . . Inder, Malayen, Chinesen . . . Und ein farbiger Polizist, den sie verschonten, ruft der Marschkolonne zu: »Das ist die beste Militärparade, die Singapore je sah. Bravo!« Dann trifft ihn ein Kolbenhieb.

Die Kolonne hält sich in tadelloser Ordnung. Die Männer haben jetzt zehn Kilometer hinter sich. In knapp zwei Stunden. Bei 45 Grad Hitze. Wilson führt sie nicht auf dem kürzesten Weg durch Singapore nach Changi Jail hinaus; er dirigiert sie kreuz und quer durch die Straßenzüge der britischen Kolonie. Über das glühende Pflaster der Innenstadt. Schweiß rinnt ihnen in Strömen am Körper herunter. Ihre Khakiuniformen sind klitschnaß. Durst macht sie halb wahnsinnig. Aber sie reißen sich zusammen.

»Ein neues Lied: ›Wir lagen vor Madagaskar . . . und hatten die Pest an Bord . . .‹«

»Durch!« krächzt der letzte Mann aus heiserer Kehle. »Drei . . . vier . . .!« Der Gesang hallt wider von den modernen Hochhäusern der City. An allen Fenstern drängen sich Menschen, dieses einmalige Schauspiel zu sehen.

Major Wilson hat die Gurkhas bereits durch eine neue Mannschaft ablösen lassen müssen. Sie vermochten nicht mehr Schritt zu halten. Im Zentrum der Stadt, vor dem Palast des britischen Gouverneurs, in dem Lord Louis Mountbatten residierte, hallen englische Kommandos, als sich die Kolonne nähert. Die Posten präsentieren. Bis der letzte Mann vorbeimarschiert ist.

Die Kolonne erreicht die Stadtgrenze, am Flugplatz vorbei. Immer weiter in der brütenden Hitze, die sich lähmend auf die Lungen legt. Jetzt singt keiner mehr. Aber sie marschieren noch, einige wankend, aber noch aufrecht. Naß, wie aus dem Wasser gezogen. Die Blasen an den Füßen scheuern auf. Die Strümpfe kleben am rohen Fleisch fest. Die ersten Ausfälle drohen. Wilson ist wieder in seinem Element. In seinem Jeep fährt er die Reihen entlang.

Hein Briesicke hat einen jungen Gefreiten, der einen Hitzschlag bekommen hat, untergefaßt. Der Junge ist totenblaß und hat sich erbrochen. Immer wieder knickt er in den Knien ein. »Los, leg deinen Arm um meinen Hals.«

Wilson hat gesehen, daß die beiden immer zurückbleiben. Er stoppt seinen Jeep, winkt mit seinem Stöckchen einen Gurkha heran, ruft ihm einen Befehl zu und gibt wieder Gas.

»Ich kann nicht mehr,« flüstert der Junge.

»Aber jewiss kannste noch. Det schaffste schon.«

»Ich seh' bloß noch schwarze Punkte.«

Beinahe unhörbar kommen diese Worte über die aufgesprungenen, trockenen Lippen des Jungen. Und ehe Hein Briesicke ihn halten kann, bricht der junge Funkgefreite zusammen und schlägt lang hin. Die Lider sind halb geöffnet, die Augen verdreht. Stoßweise rasselt der Atem.

Vorn, an der Spitze, ist Kapitän zur See Freiwald aus der Marschkolonne heraus und auf Wilsons Jeep zugetreten: »Ich habe den ersten Ausfall. Weitere sind zu erwarten. Die Männer brauchen einen Arzt.«

»Ein Arzt ist nicht vorgesehen. Marschieren Sie weiter.«

Nachdem die Kolonne langsam vorübergezogen ist, nimmt Major Wilson den Hörer des Funksprechgerätes aus dem Halter am Armaturenbrett: »Schicken Sie sofort einen Lastwagen auf die Straße nach Changi Jail. Die Germans können nicht mehr. Lassen Sie auch einen Sani mit genügend Verbandszeug mitfahren.«

»Nur Bewußtlose nimmt ein soeben bestellter Lastwagen auf«, ruft er Kapitän zur See Freiwald zu, als er wieder an der Spitze auftaucht.

»Durchsagen: wer nicht mehr weiter kann, muß den Ohnmächtigen spielen«, gibt Freiwald seinen Männern bekannt. »Det soll uns een inneret Missionsfest sein. Machen wir den Anfang.« Hein Briesicke legt sich neben seinem, noch immer benommenen Kumpel nieder. Aber nur ein paar noch machen von diesem Angebot Gebrauch. Keiner von den Alten ist unter diesen, schon gar keiner von den alten Oberfeldwebeln, den Obermaschinisten, den Obersteuerleuten, den Oberfunkmeistern der Monsun-U-Boote. Viele von ihnen sind schon oft, in den Wasserbombenschlachten über den schmalen Grat zwischen Leben und Tod geschritten. Als die Dämmerung hereinbricht, entdecken sie ein düsteres Gebäude voraus: Das Zuchthaus Changi Jail. Ein massiger Turm davor. Hohe Mauern rundherum. Aber das riesige, eisenbeschlagene Tor im Turm bleibt geschlossen. Es öffnet sich nicht, als die Spitze darauf zu marschiert.

Hony soit qui mal y pense! In steinernen Lettern steht es über dem Tor. Weiß Gott, diese drögen Briten haben Humor. Mit der Hand, nicht mit dem Stöckchen, weist Wilson die Spitze der Kolonne nach links ein, dorthin wo im Schatten der düsteren Mauern bungalowähnliche Gebäude sichtbar werden. Sie dienten malayischem Zuchthauspersonal mitsamt deren Familien als Behausungen: »Das ist Ihr künftiges Quartier, Captain«, sagt der Major, grüßt und fährt davon.

Beim Barte Neptuns, der Kerl hat gegrüßt . . . Sie alle, gewohnt, auch in dunkler Nacht zu sehen, notieren es in ihren Köpfen. Auch die glühenden Punkte der brennenden Zigaretten indischer und englischer Soldaten auf der Mauer des Zuchthauses Changi Jail. Die Kranken werden von den LKWs abgeladen. Dann sind die Deutschen sich selbst überlassen.

Keine Bewachung. Kein Stacheldraht.

Elektrisches Licht gibt es nicht in den Steinbaracken. Die Wasserleitungen funktionieren ebenfalls nicht. Weder Möbel noch Feldbetten sind vorhanden. Und nichts zu essen.

Das einzige, was sie im Flackerschein der Feuerzeugflämmchen erkennen, ist Dreck. Jede Menge Dreck. Dazu viehischer Gestank. Und Moskitos. Millionen.

»Hier sieht es ja aus wie bei Oberfähnrichs.« Es ist der Matrosenhauptgefreite Briesicke, der als erster die Sprache wiedergefunden hat. Dann haut er sich kurz entschlossen hin: »Nacht, Kameraden. Erst mal filzen.«

Das berüchtigte Changi Jail ist die letzte Etappe der Besatzungen der in Penang und Singapore von zwei Kapitulationen überraschten Monsun-U-Boote und des Personals dieser beiden deutschen Stützpunkte. Für die anderen Kameraden der Stützpunkte Batavia und Soerabaja auf Java ist es am Ende die dem Hafen Tanjok Priok vorgelagerte Gefängnis-Insel Onrost.

Wenige Monate später werden die deutschen Seeleute aus dem Südostraum Asiens auf dem Fahrgastdampfer Empress of Australia *eingeschifft. Sie stehen an der Reling und blicken auf die vom Monsun-Wind marmorierte See. Die Küste sinkt unter die Kimm. Die fernen Berge heben sich tiefblau wie Saphire aus dem Boden dieser paradiesischen Erde.*

ZWEITER TEIL

1

Raeders unerfüllte Hoffnungen

Was lag für die deutsche Seekriegsleitung näher, als unmittelbar nach Kriegsausbruch im Sinne der Verhandlungen von 1938 vom Antikominternpartner Japan Hilfe und Unterstützung zu erhoffen? Großadmiral Raeders konkrete Wünsche, vom damaligen Oberbefehlshaber der Wehrmacht gutgeheißen, sind:

a) Erlaubnis zum Anlaufen japanischer Stützpunkte für deutsche Hilfskreuzer und Unterseeboote,

b) Überlassung einiger U-Boote an Deutschland zur Kriegführung in Ostasien.

Noch am 22. November erklärt der ›Großadmiral‹ Hitler optimistisch, daß er von den Japanern eine günstige Antwort erwarte, während an Italien die Forderung um U-Boot-Gestellung erneut erhoben werden müsse, sobald seine Haltung klarer würde. Von Estland und Lettland könnten U-Boote nicht erbeten werden, da Rußland dies leicht als einen Eingriff in sein Interessengebiet halten könnte.

Die Antwort der japanischen Regierung lautete — unter Hinweis auf das gespannte Verhältnis von Japan zu den USA: Keine U-Boote, keine Stützpunkte!

Deutschen Hilfskreuzern selbst will Japan im Mutterland keine Stützpunkte oder Reparaturfristen gewähren, wohl aber duldet es still das Aufsuchen unter japanischer Kontrolle stehender Südseeinseln ehemals deutscher Kolonialgebiete als Versorgungs- und Reparaturplätze, auch von deutschen Hilfskreuzern aufgebrachter und als Prisen nach Japan entlassener Feindschiffe, da diese ja nun unter deutscher Flagge fahren.

Während sich in der ersten Phase des Seekriegs der Schwerpunkt der U-Boot-Operationen um die britische Insel und auf die Nordatlantik-Route konzentriert, operieren allerdings einige größere Boote bereits in südlicheren Gebieten, um das fehlende Dreieck außerhalb der sogenannten Westhemisphäre, der panamerikanischen Sicherheitszone, zu bedecken. Neues Operationsziel wird ab Sommer 1941 das Seegebiet vor der afrikanischen Westküste, dessen Erweiterung aber mit Rücksicht auf die USA, Portugal und Spanien vorerst nicht offiziell bekannt gemacht wird. Den U-Boot-Kommandanten werden aber durch interne Befehle die unbedingt notwendigen Freiheiten eingeräumt [1].

Nachdem Japan, zusammen mit Italien, im September 1940 den Dreimächtepakt unterzeichnet hat, befaßt sich die deutsche Seekriegsleitung mit den verschiedenen Möglichkeiten für den Fall eines Krieges zwischen Japan und England oder auch den USA. In einer Niederschrift legt Großadmiral Raeder am 25. Januar 1941 seine Überlegungen zur Frage: ›Japan im Dreimächtepakt‹ dar. Diese sind insofern von Interesse, weil wir heute wissen, was eintraf und was nicht und welche Hoffnungen der deutschen Seekriegsleitung — auch in der Frage des U-Boot-Krieges im Indischen Ozean — sich erfüllten.

Im Kapitel IV, wohl das interessanteste in diesem Komplex, befaßt sich Raeder mit der japanischen Aufgabe aus der Sicht der deutschen Skl, wobei allein schon die Ziffer 1 interessant ist, weil sie die ganze Unsicherheit gegenüber dem fernöstlichen Bündnispartner ausdrückt:

» . . . Von erster Bedeutung vor Einweisung Japans in seine Kriegsaufgaben ist eine genaue Kenntnis seines ›Potentiel de guerre‹. Diese Kenntnis muß sich nicht nur auf Eigenschaften und Zustand aller Kriegsfahrzeuge usw., sondern auch auf den Stand der Rüstungsindustrie, der Öl- und Rohstoffversorgung und Ernährungswirtschaft erstrecken.

Diese Voraussetzung für eine rationelle Zusammenarbeit muß vertrauensvoll schon jetzt geschaffen werden . . .

Wenn auch vernichtende Schläge gegen amerikanische Überwasserkräfte kaum möglich sein werden und auch nicht Hauptaufgabe japanischer Überwasserkräfte sind, so muß es das Bestreben und Ziel japanischer Überwasserkriegsführung sein, einen möglichst großen Teil der US-amerikanischen Flotte im Pazifik zu binden und in ständiger aufreibender Bewegung zu halten. Diese Diversionsaufgabe ist von entscheidendem Einfluß auf den Kriegsschauplatz in europäischen Gewässern . . .

. . . Die Besetzung feindlicher oder feindhöriger Stützpunkte muß gegenüber den genannten Aufgaben zurücktreten. Sie kann jedoch erforderlich werden, um den Rücken frei zu bekommen. Diese Sachlage erscheint bei den Philippinen und bei Guam gegeben. Eine Besetzung dieser Stützpunkte schaltet Amerika im westlichen Stillen Ozean weitgehend aus und verbessert für Japan die Bewegungsfreiheit in südlicher Richtung. Ob diese Maßnahmen möglich und dem Japaner anzuraten sind, kann erst nach Kenntnis seiner tatsächlichen Stärke beurteilt werden.

Für die Ölversorgung wäre ein Fußfassen auf Borneo von großer Bedeutung. Die Besetzung erscheint jedoch nur möglich, wenn die strategische Bindung auf anderen Kriegsschauplätzen überlegene britische und USA-Streitkräfte aus dem Singapore-Bereich fernhält (Mittelmeer).

Eine enge Beziehung der Maßnahmen der Dreierpaktmächte muß in diesem Sinne angestrebt werden. Die augenblickliche Schwäche Englands in Asien/Fernost verlockt zu einem Angriff auf Singapore. Dieser Angriff erscheint auch nicht aussichtslos und würde im Falle des Gelingens die britische Machtstellung in Ostasien beenden. Trotzdem darf er im Sinne der gemeinsamen Kriegsaufgabe erst hinter dem Zufuhrkrieg rangieren, da er auch im günstigsten Falle starke eigene Kräfte für längere Zeit bindet und bei Zähigkeit des Gegners voraussichtlich auch erhebliche Verluste kosten würde . . .«

Von ganz besonderem Interesse sind die im Kapitel V erhobenen Forderungen des Chefs der deutschen Seekriegsleitung:

. . . »Um bei Kriegseintritt Japans nicht in den gleichen Fehler unabhängiger Kriegführung zweier Bundesgenossen, wie beim Kriegseintritt Italiens, zu verfallen, erscheint eine straffe Zusammensetzung durch einen gemeinsamen Stab erforderlich. Sitz dieses Stabes zweckmäßig Berlin. Von japanischer Seite ein bevollmächtigter Vertreter der japanischen Seekriegsleitung. Beste und unmittelbare Funknachrichtenverbindung zwischen beiden Admiralstäben erforderlich.

Dieser gemeinsame Stab oder ›Oberste Kriegsrat‹ hat die Aufgabe, in laufenden Besprechungen mit strategischer Ausrichtung die Kriegführung der Dreierpaktmächte aufeinander abzustimmen, so daß alle Kriegsmaßnahmen vom Kriegseintritt Japans an auf allen Kriegsschauplätzen ein strategisches Ganzes bilden. Durch ständige Fortführung dieser Tätigkeit muß der Gleichklang

aller Maßnahmen auch bei sich ändernder Lage laufend erhalten
bleiben. Nur so ist eine einheitliche Ausrichtung der Kriegfüh-
rung möglich, und nur so kann dem Gegner die Möglichkeit
genommen werden, auch hier wieder, wie im Falle Italien, nach
dem Grundsatz ›Divide et impera‹ weiterzukommen . . .«

Als Deutschland im Juli 1941 Rußland den Krieg erklärt, fällt
der Transport von kriegswichtigen Rohstoffen aus dem asia-
tischen Raum, der vordem zum größten Teil über die transsibi-
rische Eisenbahn rollte, vollends aus. Es bleibt also nur noch die
Brücke über die See. In diesem Punkte erweisen sich die Japaner
von aufrichtiger Hilfsbereitschaft*.

1941. Als Japan am 7. Dezember die USA angreift, kommt vieles
anders, als die deutsche Seekriegsleitung in einigen wesentlichen
Punkten erhoffte. Die Japaner deckten ihre Karten vorher nicht
auf. Ihre wirkliche Stärke verrieten sie auch ihren Paktpartnern
nicht. Erst nach Kriegsausbruch und der alle Welt überraschenden
und erschreckenden Dezimierung des Großteils der US-amerikanischen Schlachtflotte** in Pearl Harbour am 7. Dezember sowie des Rückgrats der britischen Fernost-Flotte, des Schlacht-
schiffes *Prince of Wales* und des Schlachtkreuzers *Repulse* durch
Marineflugzeuge vor der Ostküste Malayas am 10. Dezember
1941, kommt es am 18. Januar 1942 zu einer militärischen Vereinbarung zwischen Deutschland, Italien und Japan. Sie wird als
›Geheime Reichssache‹ zu den Akten genommen, weil die Presse
lediglich über die Tatsache einer solchen Militärkonvention informiert wird.

Das Geheimprotokoll lautet im hier erstmalig veröffentlichten
Originaltext:

* Über den Einsatz von Blockadebrechern — wie über die Leistungen
  der deutschen Handelsmarine im letzten Krieg siehe Jochen Brennecke ›Schwarze Schiffe — Weite See‹, Stalling-Verlag, Oldenburg
  1958 (vergriffen).

** Vernichtet wurden zwei der acht dort liegenden Schlachtschiffe. Es
  sanken zwar fünf von den acht, drei wurden aber gehoben, repariert und neu in Dienst gestellt.

».. . *Die Deutsche und die Italienische Wehrmacht sowie die Japanische Armee und Marine schließen hiermit, im Geist des Dreimächtepaktes vom 27. September 1940 und im Zusammenhang mit dem Abkommen zwischen Deutschland, Italien und Japan vom 11. Dezember 1941, eine militärische Vereinbarung ab, um die operative Zusammenarbeit untereinander sicherzustellen und so schnell wie möglich die feindliche Kampfkraft zu vernichten.*

I. Aufteilung der Zonen für die Operationen.

Die Deutsche und die Italienische Wehrmacht sowie die Japanische Armee und Marine werden im Rahmen der ihnen nachstehend zugeteilten Zonen die erforderlichen Operationen ausführen.

1. Japan

a) die Gewässer ostwärts etwa vom 70. Grad östlicher Länge bis zur Westküste des amerikanischen Kontinents sowie das Festland und die Inseln (Australien, Niederländisch-Indien, Neuseeland usw.), die in diesen Gewässern liegen,

b) der asiatische Kontinent ostwärts etwa vom 70. Grad östlicher Länge.

2. Deutschland und Italien

a) die Gewässer westwärts etwa vom 70. Grad östlicher Länge bis zur Ostküste des amerikanischen Kontinents sowie das Festland und die Inseln (Afrika, Island usw.), die in diesen Gewässern liegen,

b) der Nahe Osten, der Mittlere Osten und Europa westwärts etwa vom 70. Grad östlicher Länge

3. Im Indischen Ozean können die Operationen je nach der Lage über die oben vereinbarte Zonengrenze hinaus durchgeführt werden.

II. Allgemeiner Operationsplan.

1. Japan

wird im Zusammenwirken mit den deutschen und italienischen Operationen gegen England und die Vereinigten Staaten von Nordamerika die Operationen im Südseeraum und im Pazifik durchführen.

a) Es wird wichtige Stützpunkte Englands, der Vereinigten Staaten von Nordamerika und Hollands in Großostasien vernichten, deren dortige Gebiete angreifen oder besetzen.

*b) Es wird die Vernichtung der nordamerikanischen und eng-
lischen Land-, See- und Luftstreitkräfte im Pazifik und im Indischen Ozean anstreben, um sich die Seeherrschaft im Westlichen
Pazifik zu sichern.*

*c) Wenn die nordamerikanische und die englische Kriegsflotte
sich größtenteils im Atlantik konzentrieren, wird Japan im ganzen
Gebiet des Pazifiks und des Indischen Ozeans seinen Handelskrieg verstärken und außerdem einen Teil seiner Marinestreitkräfte nach dem Atlantik entsenden und dort mit der deutschen
und der italienischen Kriegsmarine unmittelbar zusammen-
arbeiten.*

2. Deutschland und Italien
*werden, im Zusammenwirken mit den japanischen Operationen
im Südseeraum und im Pazifik, die Operationen gegen England
und die Vereinigten Staaten von Nordamerika durchführen.*

*a) Sie werden wichtige Stützpunkte Englands und der Ver-
einigten Staaten von Nordamerika im Nahen Osten und im Mittleren Osten, im Mittelmeer und im Atlantik vernichten, deren
dortige Gebiete angreifen oder besetzen.*

*b) Sie werden die Vernichtung der englischen und nordameri-
kanischen Land-, See- und Luftstreitkräfte im Atlantik und im
Mittelmeer und die Zerstörung des feindlichen Handels anstreben.*

*c) Wenn die englische und die nordamerikanische Kriegsflotte
sich größtenteils im Pazifik konzentrieren, werden Deutschland
und Italien einen Teil ihrer Marinestreitkräfte nach dem Pazifik
entsenden und dort mit der japanischen Marine unmittelbar zu-
sammenarbeiten.*

III. Hauptpunkte der militärischen Zusammenarbeit.

*1. Gegenseitige Fühlungnahme hinsichtlich wichtiger Punkte
der operativen Planung.*

2. Zusammenarbeit im Rahmen des Handelskrieges, darunter

*a) gegenseitige Fühlungnahme hinsichtlich der Planung des
Handelskrieges,*

*b) gegenseitige Fühlungnahme hinsichtlich des Verlaufs des
Handelskrieges, wichtiger Informationen und anderer notwen-
diger Einzelheiten,*

*c) falls ein Partner der Vereinbarung außerhalb der ihm zuge-
teilten Operationszone den Handelskrieg durchführen will, wird
er die anderen Partner über seinen eigenen Plan im voraus unter-*

richten, um die Zusammenarbeit und gegenseitige Unterstützung hinsichtlich der Benutzung der Operationsbasen, des Nachschubs, der Versorgung, der Erholung der Besatzungen, der Reparaturen usw. sicherzustellen.

3. Zusammenarbeit bezüglich der Sammlung und des Austausches der für die Operationen wichtigen Informationen.

4. Zusammenarbeit bezüglich der militärischen Zersetzungsarbeit.

5. Zusammenarbeit zur Sicherstellung der gegenseitigen militärischen Nachrichtenübermittlung.

6. Zusammenarbeit zwecks Herstellung der militärischen Luftverbindung zwischen Deutschland, Italien und Japan, soweit die technischen Voraussetzungen für die Eröffnung des Seewegs und des Seetransports über den Indischen Ozean gegeben sind.

Zur Urkunde dessen haben der Chef des Oberkommandos der Deutschen Wehrmacht, der Bevollmächtigte des Oberkommandos der Italienischen Wehrmacht und die Bevollmächtigten des Chefs des Kaiserlich Japanischen Admiralstabs diese Vereinbarung unterzeichnet.

Ausgefertigt in deutscher, italienischer und japanischer Urschrift in Berlin am 18. Januar 1942 — im XX. Jahr der Faschistischen Ära — entsprechend dem 18. Tage des 1. Monats des 17.Jahres der Ära Syowa.«

Noch im März 1942, als die als uneinnehmbar geltende Festung Singapore überraschend schnell gefallen ist und Malaya, Sumatra, Java und Borneo bereits von den Angreifern besetzt worden sind, beabsichtigen die Japaner, sich außer auf Ceylon auch Stützpunkte auf Madagaskar zu verschaffen . . . um von dort aus den Seeverkehr im Indischen Ozean und Arabischen Meer lahmzulegen und den Verkehr ums Kap wirksam anzugreifen[2]. Korrekt tragen sie diesen Plan dem Bündnispartner vor.

Da aber alle Einheiten, also auch fast alle U-Boote für Operationen gegen feindliche Flotteneinheiten in Anspruch genommen sind, während der Einsatz von Hilfskreuzern im Zufuhrkrieg kaum vorbereitet worden ist, vermochte die japanische Marine den Handelskrieg im Indischen Ozean nur mit einer kleinen Anzahl von U-Booten und zwei Hilfskreuzern zu beginnen. Dies zu einer Zeit, da die deutsche U-Boot-Waffe auf dem Höhepunkt ihrer Erfolge steht und da es, wie auch der japanische Kapitän zur See a. D. Toshikazu Ohmae später erklärt*, nötig und auch möglich gewesen wäre, diese großen Erfolge gegen die alliierte Handelsflotte noch entscheidend zu verstärken: ›Die japanische Tendenz, bei Angriffen auf Geleitzüge nicht selten das kleinere Kriegsschiff statt den großen Transporter als Ziel zu wählen, führt dann auch später zu katastrophalen Rückschlägen für den eigenen japanischen Seeverkehr.‹

Immerhin versenkten japanische U-Boote im März 1942 (nach deutschen, wie es damals hieß, ›geprüften Angaben‹ 19 Schiffe mit 101 098 BRT, deutsche Boote 89 Frachter mit 524 286 BRT im Atlantik, Nordmeer und Mittelmeer.

Im April teilt der japanische Marineattaché, Kapitän zur See Yokoi mit, daß seine Admiralität beabsichtige, ab Mitte Mai bis Juli japanische U-Boote und Hilfskreuzer auch an Afrikas Ostküste operieren zu lassen, zunächst bis Ende 1942. Auch der Einsatz von Überwasserstreitkräften im westlichen Indik war dringend notwendig, um Feldmarschall Rommels derzeit laufende Libyenoffensive gegen Alexandria wirksam zu unterstützen.

Am 2. Juli meldet der deutsche Marinattaché in Tokio, Admiral Wennecker, daß die Japaner, zur Störung der Zufuhr für Ägypten, die an Afrikas Ostküsten und im Arabischen Meer operierenden U-Boote auf 20 erhöhen würden. Aber die Japaner vermögen den von der Seekriegsleitung so begrüßten Zufuhrkrieg im gesamten Indischen Ozean nicht mit den hier gebotenen Kräften zu führen, da, um mit den späteren Worten des Oberleutnants i. G. Nishi [3] zu sprechen, »der Gegner trotz seiner schweren Verluste im südostpazifischen Raum unerwartet früh zur Gegenoffensive angetreten ist«.

Wie sagte doch einer der japanischen Admiräle: »Wenn wir den Krieg gegen die USA nicht in sechs Monaten gewinnen, werden wir ihn verlieren.«

Ende 1942 kann Japan nur noch fünf U-Boote und vier Hilfskreuzer im Indik operieren lassen. Seine Kräfte werden bei den Kämpfen im Seegebiet der Salomonen derart beansprucht, daß es sich am 7. November 1942 auf die Vertragsgrenze 70 Grad Ost

* Marine-Rundschau 5 (1957).

zurückziehen muß; daher — trotz Einsicht — kaum noch zur Schwächung des Gegners, dessen 8. Armee in Nordafrika inzwischen zur erfolgreichen Gegenoffensive gegen Rommel angetreten ist, im westlichen Indik beitragen kann [4].

2

Geheime Reichssache: Geheimnisvolle Passagiere auf U 180

In diese Zeit des Frühjahrs 1943 fallen zwei Fernunternehmungen: die der neuen IX D1 Boote U 180 und U 195, die vor Südafrika und im südwestlichen Indischen Ozean operieren. Die eine davon, die von U 180, war ausgesucht geheimnisumwittert, zudem politisch und militärisch bedeutsam und außerdem schon propagandistischer Tricks wegen interessant. Und sie endete, das sei vorausgeschickt, schließlich in einer Situation, die seemännisch nicht treffender als mit dem Begriff ›Zustand‹ bezeichnet werden kann.

Der FdU-West in Angers hatte seinen Stab angewiesen, dem Marine-Gruppenkommando West in Paris sofort das Einlaufen des Bootes und damit den Abschluß einer in mehrfacher Hinsicht geheimen Sonderaufgabe durchtelefonieren zu lassen. Dem Partner in der Dienststelle des Bois de Boulogne der Seine-Stadt entlockte diese Meldung den optimistischen Kommentar:

»Wenn Sie Glück haben, mein Lieber, werden Sie deutscher FdU in Indien. Empfehle Cochin an der Malabarküste als palmenumwedeltes Stabsquartier.«

Dem kameradschaftlich gemeinten, in der Praxis aber in den Sternen schwebenden Wunsch blieb die erwartete Resonanz aus.

»Nichts für mich, Herr Kapitän, solange der Monsun weht.«

»Verstehe. Praktisch also gar nicht. Sie sehen die Weiterungen aus dem glücklich vollzogenen Geheimauftrag nicht günstig an?«

»Wenn Sie mich so direkt ansprechen, darf ich auf die Berichte der Offiziere des heimgekehrten Bootes verweisen«, weicht der FdU-Offizier aus.

»Das lassen Sie bloß keinen hören. Schon der geringste Zweifel kann als Wehrkraftzersetzung ausgelegt werden. Das trifft ganz besonders auf diesen Fall zu. An ihm hat der Führer höchstpersönlich allergrößtes Interesse.«

»Ich weiß. Ich zweifle auch gar nicht, Herr Kapitän. Ich stellte nur fest. Zur Sache selbst melde ich noch — ich weiß nicht, ob das für Ihr Ressort von Wichtigkeit ist —, daß sich die beiden mitgebrachten Passagiere der besten Gesundheit erfreuen. Sie erhalten der sprachlichen Hilflosigkeit und auch der Geheimhaltung wegen Offiziersgeleit bis nach Paris. Sie sind wohl schon, glaube ich, nach dort unterwegs.«

»Damit habe ich nichts zu tun«, kommt es sachlich zurück und dann, lebhafter, »auch nicht mit den Barren. Sagen Sie, was ist denn das für eine mysteriöse Geschichte mit diesen Dingern? Da fehlen angeblich welche?«

»Mit den Barren?« Die Stimme verrät Erstaunen.

»Ja, mit den Barren. Sie haben auf einmal so viel Hemmungen wie eine Gouvernante Gallensteine.«

»Natürlich verwundert es, daß die Gruppe darüber schon informiert ist . . . verstehe, direkten Draht nach Bordeaux . . . erlauben Sie mir nur, daß ich berichtige: Sie sprachen im Plural. Es fehlt nur einer.«

Der Ressortchef in Paris quittiert diese Feststellung mit lautem Lachen. Dann sagt er mit drängendem Ton in der Stimme: »Nur einer, sagten Sie? Wissen Sie denn, was solch ein Vogel im Gewicht von fast einem halben Zentner wert ist?«

»Ein Viertel von einem U-Boot könnte man wohl dafür schon kaufen. Aber schließlich kann sich kein Seemann solch ein Paket in die Hosentasche stecken. Da reißen alle Nähte.«

»Kommandant und LI hoffen ja auch, daß der Barren wiedergefunden wird. Die Dinger wurden ja an Bord zum Trimmen benutzt!«

»Zum Trimmen?! Reines Gold zum Trimmen? Ich höre wohl nicht recht. So was kommt doch hinter Schloß und Riegel.«

Es war Ende Januar des gleichen Jahres, als U 180 unter seinem Kommandanten, Korvettenkapitän Musenberg, in Kiel einlief. Das Boot, ein Neubau vom Typ IX D1, hatte in der Ostsee die üblichen Fronterprobungen erledigt. Es wurde nun mit größter Beeilung zur Feindfahrt ausgerüstet. Obwohl der Termin feststeht, läuft das Boot aber nicht aus.

Das macht die auf dem Wohnschiff untergebrachte Besatzung unruhig. Die Gerüchte schießen ins Kraut. Daß U 180 auf Fernunternehmung nach Westindien oder in den Südatlantik gehen soll, ist ein offenes Geheimnis, aber . . .

Für den 9. Februar wird ein neuer Termin angesetzt. Seeklar ist für 8 Uhr befohlen. Obermaschinist Wien hat am Vorabend die Wache an Bord. Es ist dunkel, als ein Wagen auf dem Pier vorfährt. Der ›Posten vorm Schiff‹ meldet einen Offizier. Dieser, ein Oberleutnant, hält sich nicht mit Vorreden auf: »Lassen Sie diese Kisten und Koffer in den Offiziersraum des Bootes stauen. Der Kommandant ist verständigt. Sprechen Sie mit niemanden darüber.«

Wien tut, wie befohlen. Dann legt er sich wieder auf seine Koje. Aber er kann schlecht einschlafen. Was soll denn bloß diese Geheimnistuerei? Wem gehört das Gepäck, das bei Nacht und Nebel an Bord geschafft wird?

6 Uhr am anderen Morgen macht er mit dem Personal seiner Wache die Maschinenanlage klar.

7.30 Uhr erscheint der Flo-Chef zur Abschiedsmusterung.

8 Uhr beginnen die Schrauben zu drehen.

»Na«, brüllt Wien seinem Dieselmaaten durch den Motorenlärm zu, »mal wieder ein bißchen viel Rees an Backbord im Boot gewesen.« Es ereignet sich nichts. Die Männer sind fast ein wenig enttäuscht.

U 180 hat gerade Friedrichsort passiert, als Wien als wachhabendem Obermaschinisten befohlen wird: »Beide Maschinen stopp!« Danach: »Beide langsam voraus!« Und wenig später: »Beide stopp.«

Das Boot schwingt aus, liegt still. Im Maschinenraum könnte man eine Stecknadel zu Boden fallen hören. Doch dann hören sie das Trappeln von Schritten an Oberdeck. Danach nimmt U 180 die Fahrt wieder auf. Die Neugierde brennt den Männern im Dieselraum unter den Nägeln. Der Zweite Obermaschinist taucht unaufgefordert im Motorenraum auf. Er löst Wien für zehn Minuten ab: »Du, geh mal nach vorn. Wir haben zwei Gäste an Bord bekommen. Die sieh dir mal genauer an.«

Wien entdeckt im Offiziersraum zwei Zivilisten. Sie tragen

dunkle Hornbrillen. Ihre Gesichtshaut hat die Farbe von verwittertem Bambus. Sie sind mit Mänteln aus schwarzem Tuch bekleidet. Ihre zivile Kopfbedeckung, Arbeitgeberhüte, haben sie neben sich auf die Bank gelegt. Der eine der beiden ist etwa einssiebzig groß. Er ist kräftig und untersetzt und beinahe etwas dick. Der andere wirkt klein und schmächtig. Als Wien 12.30 Uhr seine Maschinenwache abgibt, sind - aus den beiden Gästen U-Boot-Fahrer geworden. Sie tragen, wie alle anderen an Bord, graugrüne Hosen und Jacken. Ihre schwarzen Bomben haben sie mit Offiziersmützen vertauscht. Die Gerüchte überschlagen sich. Einer läßt sich nicht beirren. »Den einen kenne ich. Vor ein paar Wochen habe ich ihn in der Wochenschau gesehen.«

Als das Stichwort Wochenschau fällt, dämmert es auch anderen. »Das ist der Bose, der indische ›Adolf‹! Klar!«

Dagegen stehen die Erklärungen des Kommandanten. Es handele sich um zwei Zivilingenieure, die später in Bergen wieder abgesetzt werden sollen. Die Herren seien Spezialisten für den Bau von U-Boot-Bunkern.

Ganz überzeugt sind die Männer nicht.

Zehn Tage später: Die WOs und die Unteroffiziere kennen ihre Pappenheimer: jene mit zweischneidiger Seele.

Wenn die Sonne scheint, wenn alles klargeht, sind sie fromm wie Heilige, aber . . . wenn irgendwas dwars läuft, wenn Sturm und Seegang den Untersatz durchwalken, wenn der Smut die Bouletten anbrennen ließ . . . dann verstehen sie sich aufs Fluchen, daß selbst abgebrühtesten Seeleuten kalte Schauer über den Rücken rieseln. Diesen Herren Seelords widmen sie ein gründliches Privatkolleg.

U 180 hat die gefährliche, vom Gegner streng bewachte ›Enge‹ zwischen Island und den Faröern — welch ein Glücksumstand — bei ausgesucht schwerem Wetter passiert.

Erst kam die See von Backbord ein und ließ das Boot wüst von einer Seite auf die andere torkeln, dann, nach der Kursänderung nach Westen, kam sie vierkant von vorn. U 180 stampfte, als läge es unter einem Rammbock. Dabei wurde die Sicht mit immer noch zunehmendem Stiem von Stunde zu Stunde schlechter.

Die Schwerwetterlage verbrachten die beiden Gäste zumeist in ihrer Koje. Gelbgrüngrau im Gesicht und sterbenselend in ihrem

Innersten, ertrugen sie die Seekrankheit nach außen hin mit asiatischem Gleichmut. ›Bleich und gefaßt‹, das ist wohl die treffendste Charakterisierung, die der Kommandant für die beiden Ärmsten fand. Nur einmal ließ Bose durchblicken, was er wirklich dachte, als er leise sagte: »Das ist ja noch schlimmer als im Gefängnis.«

»Die physische wie psychische Belastung der Besatzung war daher ungeheuerlich, vor allem in tropischen Zonen bei einer feuchten Hitze von 50 Grad Celsius und mehr im Boot. Man merkte das, als wir nach vier Monaten auf der Heimfahrt standen. Da war es mit der physischen Spannkraft fast am Ende. Immer wieder kamen Tauchpannen vor, sei es, daß das Boot kopf stand, sei es, daß andere Pannen passierten. Ich führte sie nicht auf Nachlässigkeit zurück, sondern eben auf die beispiellose Belastung aller an Bord«, sagte der Kommandant später.

Inzwischen hat sich das Lebensbild der beiden indischen Gäste an Bord herumgesprochen und abgerundet. Man weiß von Bose, daß er Anfang 1941 aus Indien floh, um der drohenden Verhaftung durch die Briten zu entgehen. Als Lastenträger getarnt war er über den Khyber-Paß nach Afghanistan entwischt und von hier, in Kabul mit einem italienischen Paß versehen, über das damals mit Deutschland noch ›befreundete‹ Sowjetrußland nach Berlin gekommen. Was lag näher, als daß er sich von Hitler Hilfe und Unterstützung in seinem Kampf um Indiens Befreiung von der englischen Kolonialherrschaft versprach. Aber anfänglich wußte man in Berlin mit dem radikalsozialistischen Patrioten nicht viel anzufangen. Man erlaubte, befürwortete und unterstützte Aufstellung, Ausbildung und Ausrüstung einer ›Indischen Legion‹, sah aber erst mit Ausbruch des Krieges zwischen Japan und den USA realere Möglichkeiten, sich Boses Haß auf die Briten und seiner Ziele zu bedienen. Als die Japaner nach Malaya auch Burma erobern und in Kalkutta die ersten Fliegerbomben in Vorbereitung eines Vormarsches auf Indiens Grenzen fallen, glaubt sich auch Bose seinem Ziel näher, seine Heimat zusammen mit den Japanern mit Waffengewalt zu befreien. Obwohl seine Pläne ideologisch mit denen Mahatma Gandhis identisch sind, unterscheiden sie sich in der Ausführung doch erheblich, da Gandhi eine Politik der Gewaltlosigkeit verficht.

Korvettenkapitän Musenberg hat in sein Tagebuch geschrieben: »Er macht einen sehr gesetzten Eindruck. Wenn überhaupt, dann spricht er sehr überlegt und verrät den auf allen Wissensgebieten umfangreich gebildeten Menschen. Er weiß genau, was er will.«

Bose und Hasan bereichern des Bootes Küchenzettel um bisher unbekannte, dafür aber höchst schmackhafte und interessante indische Gerichte.

Am 18. April versenkt U 180 den mit Heizöl beladenen und für Kapstadt bestimmten 8132 BRT großen Tanker *Corbis*. Die Eintragung im KTB ist erschütternd, kann doch das U-Boot die Besatzungsmitglieder des Tankers nicht übernehmen: ». . . bei Dämmerung vier Boote, drei davon sind gekentert.«

Und dann folgt noch ein Zusatz: ». . . Angriffseigenschaften des U-Bootes werden durch immer stärker zunehmendes Qualmen der Diesel eingeschränkt. Hochgehen mit Umdrehungen aus Marschfahrt ergibt unglaubliche Qualmbildung (bis zu einer Stunde), die Vorsetzmanöver praktisch unmöglich machen . . . Bei jeder Dampfersichtung nach Möglichkeit sofort tauchen, 'rankommen zum Angriff ist daher Glückssache, je nach Lage beim Sichten . . .«

Zwei Tage später, am 20. April, heißt es im KTB: »10.48 Uhr: KQ 7764* Dampfer 100 Grad, wegen Qualmen sofort Alarm. Vor Angriff durch Dünung dreimal 'rausgeschlagen. Wegen Rammkurs auf Tiefe gegangen. Aufgetaucht zum Vorsetzmanöver, wegen Qualmen mit Sehrohr. Abgebrochen, da Diesel ausfällt und uns der Dampfer immer achteraus hält (Qualmwolke!) . . .«

Den vom Obersteuermann in die Karte eingetragenen Treffpunkt im Marinequadrat KR 5276** im Indischen Ozean steuert U 180 bei ziemlich unhandiger See, hoher langer, aus Südsüdwest auslaufender Dünung und sturmähnlichem Wind an. Um die zehnte Abendstunde meldet der Obergefreite am GHG[5] Geräusche von langsam drehenden Schrauben.

---

* Position nach deutscher Quadratkarte = Raum südlich von Madagaskar.

** Quadrat südöstlich von Madagaskar.

»Typisch für dieselmotorenbetriebenes Fahrzeug«, fügt er hinzu.

Nur wenig später entdeckt der Steuerbordausguck am nachtschwarzen Horizont einen hin und her taumelnden Schatten. Als er ihn meldet, ist er verschwunden. Aber nach Sekunden schiebt er sich wieder über die Kimm, bleibt für kurze Zeit sichtbar, geht wieder weg, um im gleichen Rhythmus wieder aufzutauchen.

U 180 hängt sich mit verminderter Fahrtstufe an. Nichts deutet daraufhin, daß da drüben das deutsche U-Boot gesehen oder im Horchgerät geortet wurde. In regelmäßigem Turnus der hochgehenden See beobachteten sie immer wieder den vierkanten Schatten in den Nachtgläsern. Jetzt, noch näher an dem Fremden stehend, sind sogar die schemenhaften Gestalten der Brückenwache auszumachen.

Position, Schiffsform und Größe lassen keinen Zweifel offen: voraus schwimmt der japanische U-Kreuzer I 29.

Aus der Zentrale hat sich LI Opitz für ein paar Minuten auf die Brücke abgemeldet. Als er neben dem IWO, Oberleutnant zur See Lange, steht, ist sein Gesicht so naß, wie nach einer Dusche.

»So warm ist's ja nun auch nicht«, sagt Lange, als er beobachtet, wie sich der LI die dicken Tropfen auf der Stirn abtupft. »Ne«, schüttelt sich Opitz,» aber der bloße Gedanke an die da drüben, an deren Frauen, deren Kinder daheim ... treibt einem den kalten Schweiß aus den Poren . . . Seit über einer Stunde karren wir unentdeckt in knapp ein paar hundert Metern hinter dem ahnungslosen Japaner her. Mann, Lange, wenn wir ein Engländer wären ... Fächerschuß ... Detonation ... Fontäne über der See ... Totalverlust ...«

»Die pennen«, sagt einer der Ausguckposten. Da mischt sich der Kommandant ein. Ein solcher Vorwurf ist nicht gerechtfertigt. Von Nachlässigkeit der japanischen Ausguckposten kann schwerlich die Rede sein.

»Die japanischen Posten stehen viel zu hoch. Sie scheinen beinahe auf der Brückenverkleidung zu stehen. Aus dieser überhöhten Position sehen sie auf das Wasser herunter, in die See hinein. Bei uns hat die Brückenwache einen tieferen Stand. Sie hat dadurch eine bessere und viel weitere Kontrolle des Horizonts.«

»Jetzt wird mir eines klar«, schaltet sich Lange ein.

»Sie denken an die hohen japanischen U-Boot-Verluste durch Feind-U-Boote?« ergänzt der Kommandant.

»Genau das, Herr Kapitän.«

Jetzt frieren die anderen auch.

Nach anderthalb Stunden läßt Musenberg tauchen. Über das GHG vermögen sie auch den Kursänderungen des auf dem Treffpunkt auf und ab stehenden Japaners zu folgen. Als sie mit der Morgendämmerung aus der Tiefe des Indiks hervorbrechen, steht I 29 nur knapp drei Seemeilen von ihnen entfernt. Der Austausch der über das Auswärtige Amt vereinbarten Flaggensignale ist deutscherseits nur noch eine Formsache. Musenbergs Absicht, die er dem Japaner über Winkflaggen in englischer Sprache bekannt gemacht hat, die beiden Boote so zu manövrieren, daß sie in geringem Abstand parallel nebeneinander zu liegen kommen, um dann in diesem Leerraum die Schlauchboote hin und her fahren zu lassen, scheitert an einem Phänomen. Stoppt U 180 die Motoren, ist es einfach nicht quer zum Wind zu halten. Es schwoit immer wieder mit dem Heck in den Wind, bleibt dann aber völlig ruhig liegen. Völlig anders verhält sich der riesige Japaner. Wie vorgeschlagen, verharrt er quer zum Wind und quer zur See.

Sie manövrieren hin und her. Aber am Ende bilden sie immer wieder ein T.

Die Bockigkeit von U 180 kann ihre Ursache wohl nur in den anderen Aufbauten haben. Jedes Schiff hat seine Eigenarten. Jedes Schiff treibt in einer bestimmten Lage bei gestoppten Maschinen im Wind.

In einem großen Schlauchboot schert der japanische U-Boot-Kommandant bei U 180 längsseits. Als ihm Musenberg nach herzlicher Begrüßung bei einem Umtrunk in der Messe wissen läßt, man habe sein Boot schon in der Nacht in Sicht bekommen, man sei ihm Stunden erst dicht über Wasser und später getaucht gefolgt, wird Korvettenkapitän Yoichi blaß.

Personen mit einem Schlauchboot zu befördern, ist, auch bei hoher See kein Problem; aber der Austausch der kostbaren Güter zwischen U 180 und I 29 scheint in dieser Dünung gefährdet. Musenbergs Vorschlag, ein Gebiet besserer Wetterverhältnisse anzulaufen, findet des Japaners Billigung. I 29 marschiert mit NNO-Kurs in Richtung Indien voraus . . . einen Tag . . . zwei Tage. Der deutsche Kommandant hat am dritten Tag, am 27.

April, wegen der prekären Treibölsituation schon einen Morse-spruch vorbereitet, notfalls selbst mit nach Penang fahren zu müssen, wenn das Wetter nicht bald besser wird, als der Wind endlich abflaut und die See ruhiger wird.

Die Übergabe und Übernahme der Austauschgüter beginnt. Manche Kisten sind so groß, daß sie nur durchs Torpedoluk gestaut werden können. Zwischendurch besichtigen deutsche U-Boot-Männer den Japaner und Japaner U 180.

Anstelle der beiden indischen Freiheitskämpfer steigen auf U 180 zwei japanische Ingenieur-Offiziere ein, der Schiffbau-Fregattenkapitän Tetsushiro Emi und der Schiffbau-Korvettenkapitän Tomonaga. Sie sollen in Deutschland mit dem Bau der neuesten U-Boote und mit der U-Boot-Ausbildung vertraut gemacht werden.

Man läßt sich die ›Achse‹ etwas kosten [6].

In den Kisten, die U 180 übernahm, befanden sich unter anderem drei kleine Einmann-Torpedos japanischer Konstruktion, eine Dreizentimeter-Gasdruck-Selbstladekanone und in den anderen, kleineren, Gold, fast pures einundzwanzigkarätiges Gold, das für die japanische Botschaft bestimmt sein soll.

Nachdem Japan sich in unerwartet schnellem Siegeslauf in den Besitz von Indonesien und Malaya zu setzen vermocht hatte, den reichsten Gebieten an Öl, Gummi, Zinn, Chinin und anderen wichtigen Rohstoffen , lag für die deutsche Leitung der Blockadebrecheraktion der Gedanke nahe, die Dienststelle des Marine-Sonderdienstes in Tokio nach dem Südostraum zu verlegen, um die Überwasser-Blockadebrecher an den Erzeugungsstätten der Rohstoffe zu beladen und den fast 6000 sm langen Hin- und Rückweg nach Japan einzusparen. Obwohl diese Planung seit Frühjahr 1942 betrieben wurde, kann sie erst Anfang 1943 verwirklicht werden. Die japanischen Dienststellen geben nicht eher ihre Zustimmung zur Errichtung einiger deutscher Dienststellen im Südostraum.

Dies hängt wohl damit zusammen, daß sie sich bisher scheuten, gegen den Schwerpunkt ihrer Großostasien-Slogans: ›Kampf dem weißen Unterdrücker und Ausbeuter‹, selbst zu verstoßen, wenn sie Deutsche, also Weiße, wieder ins Land holen. Überall im Mutterland wird in maßgeblichen Kreisen jene bewußt betonte chauvinistische Überheblichkeit auch weiterhin proklamiert, trotz des Bündnisses mit den Deutschen. Über Vermittlung der weniger orthodoxen japanischen Marine gelingt es endlich doch, die Genehmigung für die Beladung ›am Ort‹ zu erwirken.

Die Organisation im Südostraum sieht zunächst nur an drei Plätzen eigene deutsche Dienststellen vor: Singapore — von Japan in Shonan-to umbenannt — ist wegen seiner zentralen Lage, des Sitzes der obersten japanischen Kommandobehörden im Südostraum und als Platz mit den besten Werftanlagen und Werkstätten als Zentrale vorgesehen. Daneben sollen Batavia — von Japan auf Drängen der Indonesier in Djakarta umbenannt — wegen seiner Lage an der Sundastraße, der Ein- und Auslaufstraße nach und von Ostasien und Penang als Hauptplatz für die Zinn- und Gummiverschiffung besetzt werden.

Nach Übereinkunft mit der japanischen Marine sind die deutschen Dienststellen den jeweiligen höchsten japanischen Marinedienststellen an den Plätzen beigeordnet. Sie unterstehen aber, was ihre deutschen Aufgaben anbetrifft, dem Marineattaché Tokio. Eigene deutsche Funkstellen dürfen im Südostraum zunächst wegen Einspruchs des japanischen Heeresoberkommandos nicht eingerichtet werden. Der Nachrichtenverkehr mit Tokio muß über die japanischen Marinenachrichtendienststellen abgewickelt werden. Um bei der damals schon zunehmenden Verknappung japanischen Schiffsraums hinsichtlich der Anfuhr von Ausrüstung und Ladung für die Blockadebrecher an den einzelnen Plätzen unabhängig zu sein, hat der deutsche Marineattaché die Zustimmung der japanischen Marine zur Stationierung eines eigenen deutschen Zubringerschiffes, des Motorschiffes Quito, erbeten und auch erhalten. Das Schiff ist mit einer eigenen und noch dazu modernen Funkstation ausgerüstet. So besteht wenigstens auf diese Weise von Fall zu Fall eine direkte, wenn auch geheime Verbindung zwischen der deutschen Leitung in Tokio und den ihr unterstellten Dienststellen im Südostraum, die unabhängig und unkontrolliert von den Japanern ist. Sehr bald ergibt sich aber für die Stützpunkte die Unzulänglichkeit der normalen Nachrichtenverbindung über die japanischen Stellen. Es sind dies nicht nur Sprachschwierigkeiten, sondern untragbare Verzögerungen, da die deutschen Funksprüche bei der Beförderung stets hinter den japanischen zurückzustehen haben. Schließlich wird dann

doch erreicht, daß die bisher nur als reine Empfangsstation ein-
gerichteten deutschen Funkstellen im Südostraum auch Sende-
erlaubnis erhalten.

Auch organisatorisch unterstehen die Stützpunkte bis Ende
1944 dem Marineattaché Tokio, Admiral Wennecker. Als Dienststellenleiter fungieren in Singapore Korvettenkapitän von Zatorski — vormals Kommandant des in Japan durch eine Explosions-
katastrophe verlorengegangenen, marineeigenen Troßschiffes
Uckermark —, in Penang Korvettenkapitän Ehrhardt — vormals
I. Offizier auf dem Hilfskreuzer Michel. Nach der Umkomman-
dierung von Korvettenkapitän von Zatorski übernimmt Ehrhardt
Singapore und Penang zunächst Kapitänleutnant Hoppe, vormals
Fliegeroffizier auf HSK Michel.

3

Deutschland braucht Asiens Rohgummi

Noch bevor die deutschen Stellen im Südostraum eingerichtet
worden sind — die Entsendung des Personals von Japan verzögerte
sich durch eine Havarie der Quito —, hat sich die Kriegslage auch
im Atlantik verschärft. Die Blockadebrecherreisen von Über-
wasserschiffen sind so risikovoll geworden, daß Berlin die Um-
stellung der Rohstofftransporte auf U-Booten in Erwägung ziehen muß.

Hierfür sind aber zunächst Erprobungen und Versuche notwendig. Deutschland besitzt keine Transport-U-Boote. Es braucht
die eigenen Front-U-Boote für den Handelskrieg dringender
denn je.

Diese so wichtige Frage hat Großadmiral Dönitz als neuer Oberbefehlshaber der Kriegsmarine am 8. Februar 1943 im Lagebericht
im ›Führerhauptquartier Wolfsschanze‹[7] aufgegriffen. Unter
dem Eindruck der zunehmenden Bedrohung der ›Gummischiffe‹,
wie die klassischen Blockadebrecher im Europa-Ostasienverkehr

amtlich bezeichnet werden und von denen immer mehr der gegnerischen Luftüberwachung und den durch diese herangezogenen Seestreitkräfte im gesamten Atlantik zum Opfer fallen, hat er als Schnellmaßnahme vorgeschlagen, für den Fronteinsatz weniger geeignete italienische Atlantik-U-Boote als Rohstofftransporter zwischen Westfrankreich und dem nun auch für deutsche Interessen stärker erschlossenen Südostraum einzusetzen. Um den weiten Anmarsch zu sparen, könnten diese Boote, die gegen deutsche Kampf-U-Boote ausgetauscht werden müßten, gegebenenfalls in See im Raum von Kapstadt oder Madagaskar beladen werden. Hitler hält diesen Vorschlag für gut und befiehlt Prüfung*. Falls sich ein solcher Umbau lohne, wolle er den vorstehenden Austausch dem Duce brieflich mitteilen. In der Besprechung vom 26. Februar dagegen wird unter Ziffer 3 protokolliert: »Da die Ausnutzung der italienischen Atlantik-U-Boote als Transport-U-Boote so wenig bringt, lehnt Führer ihre Verwendung für uns ab.« Angeregt wurde Dönitz, U-Boote als Rohstofftransporter zu verwenden, durch die glücklich verlaufene Südostasien-Westfrankreich-Reise des japanischen U-Kreuzers I 30 unter Commander S. Endo, eine Unternehmung, die, wie wir heute wissen, bei der damaligen Beanspruchung der japanischen Streitkräfte überzeugendster Ausdruck des ›good will‹ für eine Zusammenarbeit gewertet werden darf. [8]

Um die fragliche Zeit hatte aber das OKM von sich aus bereits mit der Supermarina in Rom verhandelt, um die in Bordeaux liegenden italienischen Atlantik-U-Boote als Transporter verwenden zu können. Als Gegenleistung bot Dönitz den Italienern neun neue Kampf-U-Boote vom Typ VII C an, die nach und nach geliefert werden sollten.

---

* Bei solchen historischen Untersuchungen, die ja nur aus der Sicht der damaligen Zeit erforscht werden können, bleibt es nicht aus, daß Hitler als Staatsoberhaupt und Oberster Befehlshaber der Wehrmacht Erwähnung findet. Man würde einer leidenschaftslosen Untersuchung, wie es zu dem damaligen Unrechtsstaat kam, wenig nützen, hier etwa vom ›böhmischen Gefreiten‹ zu sprechen. Die politischen Fehler und seine Verbrechen gegen das Recht und die Menschlichkeit werden weder verkannt noch entschuldigt, im Gegenteil.

Am 18. März berichtet Dönitz in der Wolfsschanze, daß die Supermarina für ihre Atlantik-U-Boote mit Ausnahme der *Ammiraglio Cagni*, die auch weiterhin als Kampfboot eingesetzt werden soll, ihre Zustimmung gegeben habe. Darüber, daß Hitler in seiner Entgegnung am 26. Februar den Einsatz dieser italienischen U-Boote abgelehnt hatte und nunmehr von Dönitz vor eine vollendete Tatsache gestellt wird, findet sich nirgendwo die Aufzeichnung eines Widerrufs. Bei der Besprechung am 18. März betont Dönitz zu diesem Punkt lediglich noch, daß die Gummiverteilung wie gewöhnlich nach dem bestehenden Wirtschaftsvertrag erfolgen soll. Generalfeldmarschall Keitel habe die Richtigkeit dieser Auffassung bestätigt.

Bereits im Mai laufen die ersten italienischen Transport-U-Boote unter dem Sammelbegriff *Aquila* plus Nummer mit dem Ziel Südostasien aus.

In dem Vortrag am 8. Februar referierte Großadmiral Dönitz auch über den bevorzugten Bau von eigenen, regulären deutschen Fracht-U-Booten, solchen vom Typ XX [9].

Durch andere für die Front aber wichtiger gewordene Bauvorhaben verzögert sich der Bau dieser deutschen Fracht-U-Boote derart, daß diese Reihe zunächst abgebrochen wird und später, nach ihrer Wiederaufnahme, vor Sommer 1945 nicht mit der Fertigstellung der ersten Boote für den Ostasienverkehr gerechnet werden kann. Dagegen vermögen die Italiener noch zwei Transport-U-Boote bis zur Kapitulation in Dienst zu stellen.

Im Mai 1943, dem schicksalhaften Wendepunkt des bisher so erfolgreichen Kampfes der grauen Wölfe, trifft MS *Quito* dann mit dem Personal für die Stützpunkte ein. Singapore, Penang und Batavia melden Anfang Juni arbeitsfähig. Um diese Zeit aber wird hier über Tokio der Entschluß des Oberkommandos der Deutschen Kriegsmarine bekannt, den U-Boot-Krieg auf den gesamten Indischen Ozean auszudehnen. Nach Übereinstimmung mit den Japanern, deren maritime Kräfte im Pazifik außerordentlich beansprucht werden, sei vorgesehen, die im Indik operierenden Front-U-Boote nach ihren Operationen, beziehungsweise in Havariefällen, statt in die Heimat, zur Überholung und Neuausrüstung nach Penang zu senden.

Das Aufgabengebiet des Marine-Sonderdienstes Ostasien, des-

sen Dienststelle Kapitän zur See Werner Vermehren * als erster
Gehilfe und Chef des Stabes beim Marineattaché Tokio unter-
steht, erfährt hierdurch eine in ihren Auswirkungen noch gar
nicht zu übersehende Erweiterung.

4

U-Dommes und U-Marco-Polo in Penang

*Während U 180 auf dem Rückmarsch steht, sind inzwischen vor
Südafrika und im südwestlichen Indischen Ozean weitere Boote
der großen Typen für ozeanische Verwendung eingetroffen.*

*Ab Mai treten diese Boote ins Operationsgebiet ein, so daß
dieser Seeraum nach U 180 und U 195 auch für die Folgezeit besetzt bleibt. Die Boote operieren ostwärts von Madagaskar und
zum Teil bis ins Gebiet der Straße von Mozambique, wo der
Gegner seine Schiffe durch eine landgestützte Luftaufklärung in
Geleitzügen zusammenfaßt, die aber nur in einigen Fällen mit
mehr oder weniger Erfolg von einigen der Boote angegriffen werden konnten. Am 21. Juni verholen die Boote in östlicher Richtung und versorgen in der Zeit bis zum 26. Juni aus dem im Mai
aus einem Südostraum-Stützpunkt ausgelaufenen Tanker Charlotte Schliemann, der, von den Kanarischen Inseln kommend, am
20. Oktober 1942 in Yokohama eingelaufen war. Die Versorgung
verläuft vom Gegner unbemerkt, so daß die Boote, mit allem neu
ausgerüstet — zu neuen Operationen ablaufen können.*

*Ende August werden U 181 und U 196 auf BdU-Befehl zur
Suche nach dem vermißten U 197 angesetzt. Die Aktion verläuft
erfolglos. Bartels Boot wurde bereits am 20. August, wie wir
heute wissen, südöstlich von Madagaskar durch Fli-Bos vernichtet, es gab keine Überlebenden. An sich ist dieser Verlust für die
U-Boot-Führung nicht sonderlich beunruhigend, doch ist be-*

---

* Kpt. Vermehren gelangte mit dem Überwasser-Blockadebrecher MS
  Regensburg nach Japan, wo er im Juli 1942 seine Dienstgeschäfte
  übernahm.

kannt, daß der Gegner seine in Küstennähe fahrenden Schiffe durch landgestützte Flugzeuge bewacht. U 197 ist der erste Verlust in diesem für deutsche U-Boote jungfräulichen Seegebiet. Die Hoffnung des BdU, vielleicht von Überlebenden Einzelheiten über die Ursache des Verlustes zu erfahren, erfüllt sich nicht.

Während U 181, U 177, U 196 und U 198 nach weiteren Operationen glücklich in ihre Ausgangsstützpunkte zurückkehren, wird U 178 unter Korvettenkapitän Dommes nach Penang befohlen.

Die Operationslücke im Indik füllen inzwischen japanische U-Boote aus, die nach Admiral Wennecker ab Juli 1943 erneut gegen die indische Versorgungsschiffahrt eingesetzt werden.

Der Erfolg der deutschen Operationen, die mit der ›Gruppe Eisbär‹ ihren Anfang nahmen, ist überaus befriedigend. Von den im Seegebiet um Kapstadt und den Raum südlich und östlich von Madagaskar operierenden Booten wurden nach deutschen Unterlagen 110 Gegnerfrachter mit rund 600 000 BRT versenkt. An diesem Erfolg, der durch, wenn man so sagen darf, nur drei Verluste überschattet wurde, waren Gysae und Lüth mit je zwei Unternehmen mit zusammen 36 Schiffen mit 191 000 BRT beteiligt.

Als Dommes einläuft, flattern fünf Wimpel am ausgefahrenen Sehrohr. Fünf Frachter mit zusammen ca. 25 000 BRT sind der Erfolg von 156 Feindtagen. 156 Tage sind fünf Monate: das bedeutet: pro Monat ein Schiff [10].

Bevor U-Dommes festmachte, lief übrigens ein anderes Kampfboot in den Südostraum ein: U 511, das am 10. Mai unter Kapitänleutnant Schniewind Westfrankreich verließ.

Das Boot, ein IX C-Typ, das unter dem Namen Marco Polo geführt wird und den japanischen Marineattaché, Vizeadmiral Nomura, Admiral bei der Skl und Japans Vertreter des Dreimächtepaktes in Berlin [11] sowie den neuen Landesgruppenleiter der sogenannten AO für Japan an Bord hat, ist ein Geschenk Hitlers an den Tenno. U 511, das auf dem Anmarschweg zwei Gegnerfrachter mit zusammen 11 000 BRT versenkte, wird am 7. August im japanischen Kriegshafen Kure in feierlicher Form der Kaiserlichen Marine zum Zwecke des Nachbaues mitsamt den Konstruktionsplänen und anderen Geheimunterlagen übergeben. Es wird später als Ro 500 unter dem Sonnenbanner in Dienst gestellt.

Noch ahnen weder der nun in Penang eingelaufene Dommes noch sein IWO, Kapitänleutnant Wilhelm Spahr, einst Priens Obersteuermann, noch die Männer der Besatzung, was ihnen bevorsteht.

Man hat wieder Land unter den Füßen. Land, auf dem Palmen und Bananenstauden im Freien wachsen. Ein Südseetraum scheint erfüllt . . .

Kapitänleutnant Wilhem Spahr erinnert sich:

»Wir wurden in Penang mit viel Tamtam begrüßt. Sogar ein japanischer Admiral war erschienen. Die erste Maßnahme: Alle Besatzungsmitglieder bekommen Zivilsachen verpaßt. Für die Soldaten war das schon 'ne Wucht . . . so mit rohseidenen Oberhemden und gleicher Unterwäsche spazieren zu gehen . . .

Die Maßnahme war von den Japanern aus Tarnungsgründen angeordnet worden, und unsere Seelords sorgten dafür, daß die Tarnung vollkommen wurde . . .

Unteroffiziere und Mannschaften wurden in Hotels untergebracht. Für die Offiziere ist in der Park-Road ein ganzes Viertel beschlagnahmt worden. Ich wohnte in der Villa des Chefarztes des Krankenhauses, zu unserer Bedienung hatten wir den gleichen Malayen und ein chinesisches Ehepaar, die schon Jahre in diesem Hause dienten.

Die Verrechnung der Unterkunft und Verpflegung ging über die deutschen Behörden. Der Wehrsold wurde in Chinesen-Dollars ausgezahlt. Besondere Ausweise bekamen wir nicht, aber wir waren verpflichtet, an der Jacke eine kleine schwarz-gelbe Kokarde zu tragen. Das gab uns zwar den Japanern gegenüber als deutsche U-Boot-Männer aus, natürlich aber auch den zahlreichen Agenten der Feindseite. Deutlicher ging es nicht.«

DRITTER TEIL

1

Die Monsun-U-Boote

Mit der Einrichtung Penangs als Zwischenstützpunkt hat die deutsche U-Boot-Kriegführung hinsichtlich der Operationsdauer der U-Boote durch Wegfall der zeitraubenden An- und Rückmärsche in die europäischen Stützpunkte eine wesentliche Entlastung erfahren. Sie hat nunmehr die Möglichkeit, neben den neuen großen Booten des Typs IX D auch Boote des Typs IX C ohne allzu häufige Zwischenversorgungen im Indischen Ozean operieren zu lassen.

Noch während die vorher genannten Boote, die im Raum von Madagaskar operierten, auf dem operativen Rückmarsch stehen, ist in der Heimat die erste Monsun-Gruppe ausgerüstet und in Marsch gesetzt worden. Neun Boote, alle vom Typ IX C, sind in der Zeit vom 28. Juni bis 7. Juli in drei Gruppen, rottenweise, von Sicherungsstreitkräften bis an die 200-m-Linie geleitet, aus Lorient an der französischen Westküste ausgelaufen.

Im Indik sollen diese Boote nach erfolgten Operationen im nunmehr gesamten Indischen Ozean die für die deutsche U-Boot-Waffe von den Japanern im Südostasiatischen Raum freigegebenen Stützpunkte anlaufen. Bereits beim Anmarsch gehen fünf Boote und der Versorger verloren, und zwar alle unmittelbar nach dem Auslaufen, während U 516 im Atlantik als Monsun-U-Boot zurückgezogen und zunächst als Versorger-U-Boot eingesetzt wird:

U 200 wird am 24. Juni südwestlich von Island von Flugzeugen angegriffen und gebombt (Totalverlust), U 506 wird am 12. Juli westlich von Vigo das Opfer amerikanischer Fliegerbomben (Überlebende) und U 509 am 15. Juli nordwestlich von Madeira durch Flibo USS Santee. U 514 geht am 8. Juli Ausgang Biscaya durch britische Flugzeuge verloren (Totalverlust), und U 847 wird am 27. August im Mittelatlantik, im Sargassa Meer, von drei

Maschinen des VC. Sqdr. 1 des USS Card vernichtet (Totalver-
lust). Das Versorgungsboot U 462 geht ebenfalls kurz nach dem
Ausgang Biscaya nordwestlich von Kap Ortegal am 30. Juli durch
Bomben der Halifax S des RAF. Sqdr. 502 verloren (Überlebende).
Von den Booten der ersten Monsun-Gruppe haben also nur fünf
ihr Operationsgebiet erreicht. Hier werden sie bereits von dem
Hilfstroßschiff Brake *unter Kapitän Kölschbachs ›glücklicher*
Hand‹[12] auf dem geheimen Treffpunkt erwartet. Nach der Ver-
sorgung, die zwischen dem 8. bis 14. September ohne Zwischen-
fall durchgeführt werden kann, laufen die Boote zum Einsatz in
ihre Operationsgebiete im Indischen Ozean ab ...

Auf U 168 — Knappe vier Wochen danach ...

In den nördlichen Gebieten des Indischen Ozeans weht Nord-
ost-Monsun. Er hat wenigstens das heiße, vom Dunst des Meeres
vollgesogene Gespenst des sommerlichen Südwest-Monsuns ver-
drängt.

Im Vorschiff liegt wie auf allen Booten vom Typ IX C die O-
Messe. In ihr hocken, eine Tasse mit dampfend heißem Tee vor
sich, noch Stunden nach Mitternacht der Kommandant, der LI
und der blutjunge IIWO, intelligent, so intelligent und klug, daß
sein Besserwissen manchmal störend wirkt. Vor der Back steht,
in abwartender Haltung, der Torpedomaat.

»Es könnte«, so sinnt der LI, »an dieser blöden Hitze in der
Röhre liegen.« Mit dem Bleistift zeichnet er auf ein Stück Kon-
zeptpapier einen Torpedo.

Der IIWO langt blitzschnell über den Tisch hinweg und zeigt
auf einen Punkt. »Klar, nur das ist der Grund.«

Kapitänleutnant Pich wehrt mit erhobener linker Hand ab,
mit der rechten Hand wischt er sich mit einem neuen Handtuch
den Schweiß aus dem Gesicht und von den Schultern.

»Nein«, sagt er ruhig, »wir haben die Aale ganz einfach zu
tief eingestellt. Die Tanker, die in den Golf von Oman einfah-
ren, sind leer. Sie liegen zu hoch aus dem Wasser heraus. Also
mußten wir ...«, Pich unterbricht sich. Der Funkmaat ist in die
Messe getreten. »Was ist?«

»BdU Funkspruch, Herr Kaleu. Hier, bitte.«

Dabei muß sich der Funker vorbeugen. Wasser läuft von seiner
Schulter über den Arm auf die Hand. Es tropft auf das Papier.

»Tschuldigung, Herr Kaleu.«

Pich wehrt ab, lacht. Aber dann wird sein Gesicht ernst. Das FT aus der Heimat meldet, ein russischer Tanker habe im Golf von Oman in den Stunden vor Mitternacht ein U-Boot gesichtet und durch Funkspruch gemeldet. »Das waren wohl wir, als wir den einen der beiden Tanker angriffen. Der hat den zu tief eingestellten A-To gesehen. Bei der spiegelglatten See und bei diesem tropischen Vollmond bestimmt auch uns.«

»Ein anderes Boot operiert hier ja nicht«, sagt der LI.

»Nicht mehr«, ergänzt der IIWO, und er reißt damit auf, an was sie alle nicht denken wollen, was sie in sich tief, sehr tief vergraben haben. Nur der Gedanke an die anderen Kameraden wirkt wie ein Riß von oben nach unten.

»Ja, ja ... natürlich nicht mehr«, hört sich Pich sagen. Unvermittelt blickt er auf die Uhr, steht auf, schiebt sich zwischen Bank und Back in den Gang und sagt zum LI: »Beckmeier, wir unterhalten uns nachher weiter. Es ist sowieso gleich Wachablösung.«

Die Wachablösung geht ihn, den Kommandanten, nur indirekt an. In Wirklichkeit hat Pich das Verlangen, ein paar Minuten allein mit sich zu sein. Hinter dem grünen Vorhang, der einzigen Trennwand für ihn an Bord, hockt er sich auf den Rand seiner Koje ...

Seine Gedanken wandern zurück.

Am 1. Oktober 1942 notierte sich Pich: »Mein Boot, U 168, ist heute in Dienst gestellt. Man kann eigentlich schwer beschreiben, wie stolz man ist, wenn man ein eigenes Boot unter sich hat, aber auch wie kümmerlich man sich auf einmal fühlt ... denn jetzt mußt *du* alles selbst machen. Als Konfirmand* kutschiert man ja nicht selbst. Man hält sich immer etwas zurück, sieht, wie's gemacht wird. Nun aber ist man allein, letztverantwortlich ... Und siehe da, es geht.«

Später, bei der AGRU-Front passierte es. Pich brauste in der Dämmerung eines Dezemberabends hinter dem Übungsgeleit hinterher. Auf einmal tauchte vor ihm auf der Höhe von Hela ein grünes Licht aus der See auf ... Er konnte noch »Beide Maschinen Stopp« und »Hart Backbord« brüllen, da knallte es auch schon. Das andere, gerade auftauchende U-Boot, riß U 168 die

* Konfirmand = U-Boot-Kommandant-›Anwärter‹.

44

ganze Steuerbord-Seite in Fetzen. Aber der Druckkörper hielt, und über die Liegezeit im Heimathafen Stettin war keiner böse. Noch eine Atempause vor dem ersten Einsatz . . .

75 Tage dauerte es dann.

Mit acht Booten liefen sie zusammen aus. Der FdU hatte noch rechtzeitig den zuerst festgelegten Auslauftermin auf Null machen lassen, sie hätten sonst an einem Freitag die Leinen loswerfen müssen. So war es ein Samstagmorgen, als Geleitboote und Zerstörer Pich und seinen Rottenkameraden Schäfer auf U 183 bis an die 200-m-Grenze geleiten. Sie fuhren in Rotten, der ›Bienen‹ wegen. Zu zweit hoffte man, angreifende Flugzeuge besser abwehren zu können. Und dann meldete der Mann am FuMB eine Ortung . . . Pich gab das verabredete Zeichen: ab in den Keller. Erst im Indik, bei der *Brake*, hörten sie wieder über ihren Rottenkameraden. Er hatte bereits mit den anderen Booten während der befohlenen Zeit zwischen dem 8. und 11. September versorgt.

»Wir hatten Sie schon abgeschrieben«, waren Kapitän Kölschbachs Begrüßungsworte, als Pich, im Schlauchboot der *Brake* geholt, sein rechtes Bein über die Reling des Tankers schwang.

»Weil ich erst heute, am letzten Termintag, erscheine? Wir sind sparsamste Fahrt gelaufen. Wer garantierte mir denn Ihre Anwesenheit?«

»So kann man's auch nennen, wenn die Navigation nicht stimmt«, brummte Kölschbach. Aber aus seinem Zorn sprach ehrliche Sorge um dieses Boot. Er war so froh, daß wenigstens Pich noch kam, denn auch er hatte die Programmzeiten auf der U-Boot-Schaltung mit abhören lassen. Auch ihm war bekannt, daß hier dieses, dort jenes U-Boot wiederholt und vergeblich gerufen wurde und wird . . .

Daß ein ›kleiner‹ und junger U-Boot-Kommandant noch seinen Bordarzt und seinen Bordmeteorologen ungebeten mit in den Kapitänssalon zu bringen wagte, grub noch tiefere Furchen in Kölschbachs Stirn ein. Großartiger Salon übrigens: alles edelholzgetäfelt, mit herrlichen japanischen Zwergbäumen ausgeschmückt. Pich ertappt sich dabei: wenn so was mal absaufen muß . . . statt sich über das tiefgekühlte Bier zu freuen, das der brummige Kapitän dann doch mit nun sanfter Stimme spendierte.

Erstes Operationsziel für U 168 nach der Versorgung: Der Seeraum von Bombay.

Wie heißt es doch in der operativen Weisung so hoffnungsschwer: »Die Operationen vor Indiens Westküste sollen ein neuer ›Paukenschlag‹ werden . . .«

Für Pich und für die Kameraden wurde nicht einmal ein ›Trommelwirbel‹ daraus. Die Japaner haben dieses Seegebiet schon vorher abgegrast und die Abwehr mobilisiert. Der Verkehr ist inzwischen auch hier zu Geleitzügen zusammengefaßt worden. Einzelfahrer sind so selten wie Kometen am Himmel. Dafür mehren sich auch hier die überwachenden Flugzeuge.

Schwarz wie eine Teertonne war die Nacht, als sie verwegen versuchten, in den Hafen von Bombay einzudringen. Bevor sie das Land sahen, rochen sie es bereits, hatten sie den süßlich, schweren Duft tropischer Flora in der Nase. Und dann sahen sie die Küste und die Perlschnüre der Lichter der Stadt und des Hafens, die auf einmal für Sekunden erloschen, als eine Sternschnuppe über den Tropenhimmel fuhr und die Nacht mit fast sonnengleicher Kraft erhellte, als sie zerplatzte. Sie tasteten sich bis in die Einfahrt, bis in die riesige Bucht vor dem Hafen vor. Meeresleuchten beunruhigte sie dabei. So stark, so intensiv hatte es keiner je gesehen.

Sie entdeckten kein Schiff. Nur ein harmloses kleines Fischerboot bohrten sie in dem mondlosen Dunkel direkt vor der Einfahrt um ein Haar in den Grund. Wer auf der Brücke stand, hat heute noch den gutturalen Entsetzensschrei der braunen Fischer in den Ohren.

Kurz bevor sich die Sonne aus ihrem saphirblauen Bett erhob, verholten sie sich in die Tiefe. Auf 30 Meter legten sie sich auf den Grund. Es müssen doch ein paar tausend Tonnen aus dem riesigen Hafen herauskommen . . . es müssen . . . Ihre ganze Hoffnung. Sie warteten. Vergeblich. Die nächste, die übernächste Nacht bescherte ihnen beim Überwassermarsch wieder dieses unheimliche Meeresleuchten, gleichsam, als ob ein unterseeischer Gong heraufschlägt und kreisförmige Strahlen nach oben schickt. Bei nur 30 bis 40 Meter Wasser unterm Kiel und akuter Luftgefahr schmeckte das keinem an Bord.

Bei Tage standen sie etwas weiter ab. Da waren sie schon, die Bienen, meist Catalinas, runter mit dem Boot, wieder hoch, wieder runter. Sie suchten dann später nördlich, dann südlich von Bombay . . . Kein Schiff, nur Flugzeuge.

Und die große Hoffnung, nun hier im Golf von Oman in den Persischen Golf fahrende oder aus ihm herauskommende Tanker zu erwischen, ist durch die unheimlichen Versager der Torpedos zu einem Schlag ins Wasser geworden.

Der grüne Vorhang vor des Kommandanten Unterkunft zerteilt sich.

»Na, Beckmeier«, sagt Pich zu dem Oberleutnant (Ing.), »wenn Sie so ungerufen kommen . . .«

»Es ist nichts, Herr Kaleu. Aber wenn wir es nun nicht waren, der den Russen angriff, dann . . .«

»Nein, Beckmeier, seit Tagen schon wird Hennings Boot vergeblich gerufen. Wie ich den Unterlagen auf der *Brake* entnahm, wollte auch er in dieses Seegebiet. Diese hellen Nächte, dazu jetzt noch Vollmond. Eine Zeitung läßt sich ja mühelos lesen. Aufgetaucht karren wir in der Nacht wie auf einem glitzernden, blitzeblanken Spiegel einher. Und dann diese Fehlschüsse.«

»Ich bin fest davon überzeugt, daß die Batterien der E-Tos bei dieser Affenhitze einfach zu heiß geworden sind. Das ist der Grund.«

»Wenn Sie mir das als Techniker sagen, möchte ich das gern glauben. Es ist gar nicht so leicht, sich damit abzufinden, daneben oder drunter durch geschossen zu haben.«

»Etwas müssen wir doch aber hier erwischen. Und wenn wir ein paar von diesen Dhaus unter Arabiens Küsten mitnehmen.«

Pich sagt nichts darauf. Der LI wertet sein Schweigen als Bedenken. »Die Briten würden keine Sekunde zögern, auch solche Schiffe zu vernichten. Das sind ja ganze Flotten, die den Monsun ausnutzen, die da kriegswichtige Waren zwischen Persien, Arabien und der ostafrikanischen Küste hin und her schleppen.«

Als U 168 in der nächsten, silberhellen Nacht aus der Tiefe hervorbricht, ziehen in kaum einer Seemeile Entfernung die dreieckigen Segel solcher Dhaus vorbei. Deutlich heben sich die schwebenden Schatten gegen Omans Küstenstreifen mit seinen sich dahinter auftürmenden Bergmassiven ab. Der IWO zählt mehr als zwanzig Segler. Alle sind tief beladen, jedenfalls scheint das so.

»Also«, befiehlt sich Pich. »Klar zum!«

Fünf oder sechs dieser Dhaus versinken. Durch Rammstoß, durch Artilleriefeuer vernichtet. Die anderen entkommen unter die nahe Küste. Wenn es hochkommt, haben diese Schiffe zusammen tausend Tonnen geladen.

Aber jede Tonne Frachtraum zählt . . .

Das Schießen wird die RAF alarmiert haben. Pich verzichtet auf Verfolgung der anderen, er dreht ab.

»Und wenn es Pilgerschiffe gewesen sind?« bohrt der IIWO. »Schiffe mit englandfeindlichen Arabern an Bord?«

Pich überhört die beschwörende Frage, und Assistenzarzt Dr. Wenzel trägt laut, zu laut, seine Vorschläge für den neuen Küchenzettel der kommenden Tage vor. Dieser Dokor Wenzel ist nicht nur ein hervorragender Arzt, der allein schon durch seine immer gleichbleibende Fröhlichkeit viel für die gute Stimmung an Bord tat, er ist ja auch Wirtschafts- und Proviantminister an Bord. Und vor allem ausgezeichneter Psychologe.

»Ich denke, wir versuchen noch einmal an Indiens Westküste unser Glück«, sagt der Kommandant, so unvermittelt und bestimmt, daß alle fühlen, daß er sich schon seit Tagen mit diesem Gedanken vertraut gemacht hat . . .

»Ich zähle fünf, nein sechs Mastspitzen«, sagt der Steuerbord-Ausguck.

»Geleitzug«, bestätigt der WO. »Na endlich. Stimmt die Horchpeilung also doch. Auf Flugzeuge achten.«

Fast gleichzeitig mit den ersten Schornsteinen und Brücken entdecken sie die beiden Punkte am diesigblauen Tropenhimmel, eben noch rechtzeitig genug, um in die Tiefe zu fahren. Die Hoffnung, sich dem Geleitzug in schneller Überwasserfahrt vorsetzen zu können, schwindet. Kaum aufgetaucht, müssen sie dieser Bienen wegen, es sind Catalinas, immer wieder 'runter.

Kapitänleutnant Pich setzt seine ganze Hoffnung in die Nacht. Sofort mit Einbruch der Dunkelheit brechen sie aus der Tiefe hervor und jagen den Schiffen nach. Es scheint zwar kein Vollmond mehr, aber auch die nur halbe Scheibe des wandlungsfähigen Gefährten der Himmelsnacht genügt, die tropische See wie flüssiges Blei glitzern zu lassen.

Der vorliche Backbord-Ausguck und der WO hatten den Schat-

Oben: Tanker waren das begehrteste Wild für die stählernen Haie. Oft gab es schaurige Bilder, wenn diese Tanker explodierten und ihre gefährliche Ladung die See in ein Flammenmeer verwandelte ...

Unten: Kalt, heiß, warm, kalt und wieder heiß ... Der Marsch in den Indischen Ozean glich einer Monstre-Saunafahrt. Aber immer, bei jedem Wetter, war hellwacher Ausguck oberstes Gebot.

Oben: Ölabgabe von U 178 an ein italienisches Boot auf dem Ge-
heim-Treffpunkt im Indischen Ozean. Bei dieser rauhen See wahrlich
kein Spaß, den Ölschlauch des Tankers auf dem U-Boot-Oberdeck
zu bedienen.

Unten: Ein zünftiger Skat hilft mit, so mancherlei Gedanken vertrei-
ben ... solche an gute Kameraden, von denen man nie wieder etwas
hörte, solche an das so ferne Daheim und über die Frage, wann und
ob man es jemals wiedersehen würde ...

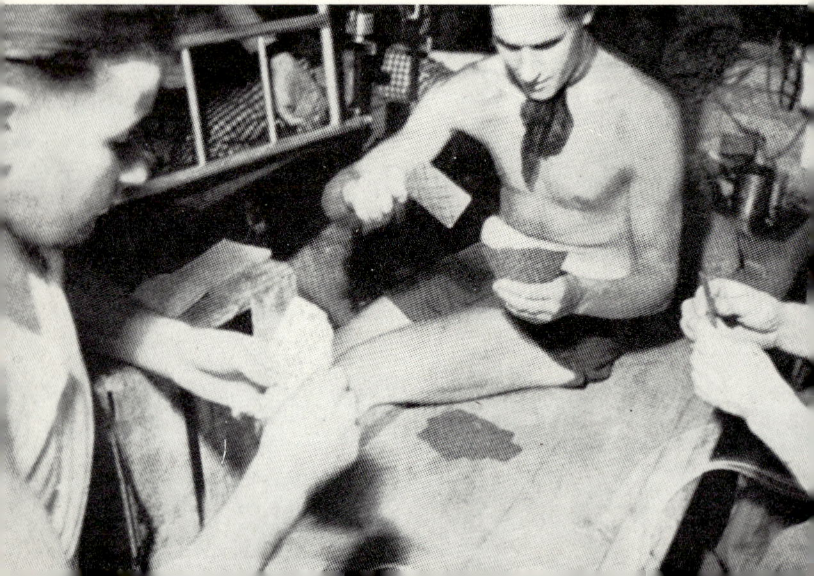

ten am samtblauen Nachthimmel fast gleichzeitig gesehen und blitzschnell erkannt, daß er immer mehr Sterne verdeckte, also immer näher kam, daß er immer größer wurde. Und mit dem Schrei der Meldung über die Sichtung hat der IWO auch sofort eine Kursänderung befohlen.

»Hart Backbord . . .«

Und Sekunden später, das Boot dreht gerade an, kommen die Bomben. Zwei fahren vorn, zwei achtern in die See. Doch bevor sie krepieren, verspüren sie alle im Boot einen metallisch dröhnenden Schlag, erst dann scheint die Welt um sie herum im Dröhnen der Detonationen unterzugehen. Das Boot bockt. Es fährt nicht mehr. Es wird regelrecht aus dem Wasser herausgehoben. Als es in sein Element zurückfällt, glauben sie nicht, daß es überhaupt noch schwimmt.

Die Maschinen sind intakt. Aber die Schäden sind so schwer, daß sie auch der so erfahrene LI mit seinen Männern nur behelfsmäßig beheben kann. Den Wassereinbruch kann er stoppen, aber die achteren Torpedorohre, die bekommt er nicht wieder hin. Sie bleiben verklemmt.

Durch FT unterrichtet Pich die Heimat. Zwei Tage später bestätigt der BdU und funkt: »Einlaufen Penang.«

Und wieder zwei Tage später warten sie vergeblich auf dem vereinbarten Aufnahmepunkt, weil inzwischen von den Japanern ein anderer bestimmt worden ist.

Schließlich werden sie auf der Höhe der nördlich von Sumatra gelegenen Insel Sabang von einem japanischen Geleitboot aufgenommen, das sie nach einer Verständigung über das internationale Signalbuch in den Inselhafen bringen will. Pich notiert später:

»Man hat bei diesen bergigen Inseln, die steil aus der kristallklaren, blauen See herauswachsen, immer das Gefühl, daß man gleich anstößt. Nichts dergleichen. Man hat immer noch zehn Meilen zu fahren. Der Hafen entsprach dem, was man sich von einer Tropeninsel in seinen Träumen vorzustellen pflegt. Er war kreisrund, ein Kraterhafen, hinter dem blütenweißen Strand Hütten unter sich wiegenden Palmen.

Nach 152 Tagen Einsatz endlich wieder der Befehl ›Maschinen aus!‹«

Ein japanischer Offizier erwartet sie bereits. Über auf beiden

Seiten zusammengeraffte englische Sprachkenntnisse erfahren die U-Boot-Männer, daß ein japanischer Admiral ihren Kommandanten zum Empfang bitte, daß die Gäste dieses Herrn aber vorher von dem angebotenen Bad Gebrauch machen möchten.

Und ob! Pich wird in einem japanischen Badehaus mit tierischem Ernst und viel Eifer von drei japanischen Soldaten in einem mit beinahe siedend heißem Wasser gefüllten Holzfaß abgebrüht und abgeschrubbt. Als er dieser ungewohnten Prozedur entsteigt, fühlt er sich wie neugeboren. Die gleichen Früchte, die man ihm reicht, sind inzwischen auch seinen Männern dargeboten worden: Einige davon sind schärfer als Pfeffer.

Der japanische Admiral nimmt an den so gar nicht gesellschaftsfähigen Khakiuniformen seiner Gäste, des Kommandanten und dessen IWO, ganz und gar keinen Anstoß. Im Gegenteil.

»Er machte uns und wir ihm Komplimente. Wir waren ja so froh, daß wir endlich einen Tag Ruhe hatten und sahen uns nach dem Empfang die Eingeborenen-Hütten am Strand und die Affen an. Im übrigen wußten wir nicht, wie es weitergehen würde. Der freundliche Admiral hatte lächelnd gebeten, wir möchten uns gedulden.

Geduld, ein Wort, das in Asien ganz groß geschrieben wird, das aber in uns nagte wie Sand in einem Getriebe.«

Aber auch diese quälenden Wartestunden fanden nach einer ruhig verbrachten Nacht am nächsten Morgen schon ein Ende. Sabang hatte mit Penang telefoniert. Das Geleitboot, das sie einbrachte, sichert U 168 ›nach herzlichem Abschied von den ersten japanischen Waffengefährten‹ auch auf dem Marsch durch die Malakkastraße.

»Noch sind wir nicht da«, unkt der IIWO. Und er hat es kaum ausgesprochen, da wird auf dem Begleiter voraus die rote Lampe geschwenkt; das vereinbarte Signal für U-Boot-Gefahr.

Aber es geht alles klar, auch das Einlaufen in den Hafen von Penang, willkommen geheißen vom Stützpunktchef Kapitänleutnant Conrad Hoppe. Welch eine Überraschung für Pich. Sie kennen sich beide aus der Zeit der Seefliegerei.

Nur das Festmachen klappte nicht. Pich hatte im Hafen, in dem drei andere, inzwischen eingelaufene deutsche U-Boote festgemacht haben, einen schneidigen Kreis gefahren. Er will sein Boot mit dem Bug in die Richtung zur See an den Pier legen. Ein bißchen Kleinholz läßt sich nicht vermeiden. Während der eigens von Singapore herübergekommene japanische Militär-Musikzug, zusammen mit einer japanischen Band aus Tokio, abwechselnd deutsche und japanische Märsche intoniert, versuchen Pichs Seeleute das Boot zu vertäuen. Eine Leine haben sie am Pier bereits um einen provisorischen Holzpoller gelegt.

»Achtung ...! Wahrschau ...!«

Dann ein Knall. Die Leine ist gebrochen.

Wohl zur gleichen Zeit hat der Tidenstrom eingesetzt. Jetzt herrscht Zustand. Vierzig Minuten lang plagen sie sich herum, um das kopfscheu gewordene, störrische U-Boot mit jeder Menge an Ruder- und Maschinenmanövern endlich festzubekommen.

Pich in sein Tagebuch: »Inzwischen spielte die Kapelle munter weiter. Die wurden so langsam heiß, wir aber auch, ehrlich gesagt.

Und wieder ein Knall. Diesmal war's keine Leine, die brach. Die Pauke war's. Ihr Fell zerfetzte.«

»Wohin und zu wem?« will Pich von Hoppe, den sie hier unter sich den Tenno-Hoppe nennen, endlich wissen, als die ersten Begrüßungszeremonien vorüber sind.

»Du mußt hier nun eine ganze Reihe von Besuchen machen, vorher aber baden ... sehr heiß baden; du, deine Offiziere, alle Männer. Solch ein Bad wird in Japan statt Blumen gereicht.«

Pich über das, was nun folgt: »Das Baden kannten wir ja schon. Dann, nachdem ich mich vergewissert hatte, daß es meiner Besatzung an nichts fehlte, gingen diese Besuche los. Bei zwölf höchsten und höheren japanischen Offizieren. Angefangen beim Admiral, beendet bei einem Kapitän. Erst war es immer ein wenig steif. Aber bei jedem wurde ein kleines Gläschen gereicht. Bei dem einen war der likörähnliche Inhalt eiskalt, bei anderen lauwarm. So verschieden sind hier die Geschmäcker. Ich habe an diesem Vormittag 68 Stück Köhms verputzen müssen.

Zum letzten Antrittsbesuch kamen wir daher schon sehr fröhlich an. Man war nicht indigniert, nein, man freute sich sehr darüber, und der Gastgeber zeigte uns auch gleich seine Frau. Plötzlich, als er unser unverhohlenes Interesse an der grazilen Dame mit malayischem Einschlag sah, veränderte sich seine Miene.

Seine Züge zeigten Angst. Er steckte die Dame, die er seine Frau nannte, schnellstens wieder weg.

Abends war zu unseren Ehren in dem Club der japanischen Marine ein großer Empfang arrangiert. Erst wurden kernige Worte des Dankes gewechselt, und schließlich, ich traute meinen Augen nicht, zogen die Herren Gastgeber, alles höhere und höchste Offiziere, ihre Jacken aus.

So begann das Mahl. In Hemdsärmeln.

Mich redeten sie mit ›Pitschi-San‹ an. Wie froh war ich, daß ich nur ein kleiner Kapitänleutnant war, denn Korvettenkapitän Ehrhardt, von Singapore zur Begrüßung herübergekommen, hießen sie ›Ehrhardt-Kakker‹.«

Beim Frühstück am nächsten Morgen, unter Palmen auf der Veranda der Villa, legt LI Beckmeier etwas auf den mit frischen Früchten reichlich gedeckten Tisch.

»Was ist das denn?« sagt Pich und dreht das längliche Stück Metall zwischen den Fingern hin und her. Es ist verschrammt, es wurde, das ist offenkundig, mit roher Gewalt verbogen.

»Dieses Teilchen haben wir vorn auf dem Boot gefunden, unter den Grätings verklemmt. Dort, wo wir glaubten, daß uns ein Bombensplitter traf. Es ist der Zünder einer Bombe. Sie schlug genau auf die Mitte des Bootskörpers auf.«

Beckmeier saugt an seiner Zigarette. Und als Pich nichts sagt und den Zünder noch immer in seiner Hand wiegt, als wäre er aus Edelmetall, fügt der LI noch hinzu:

»Und nicht krepiert . . . !«

2

Nur vier Monsuner überlebten

Nach U 168 haben von den restlichen fünf Booten der ersten Monsun-Gruppe, die zwischen Indien und dem Golf von Suez operieren sollten, nur vier die neuen deutschen U-Boot-Stützpunkte erreicht.

Die Relation für den Indik sieht mit nur einem Verlust bei fünf operativ eingesetzten U-Booten dagegen günstiger und beruhigender aus, wenn auch Anzeichen darauf hindeuten, daß die Luftüberwachung auch in diesem Gebiet zuzunehmen beginnt. Die Erfolge liegen unter der Erwartung des BdU, aber mit 25 000 BRT pro Boot im Mittel immer noch höher als Schwarzseher fürchteten, nachdem der Gegner aus dem Auftauchen der ersten deutschen U-Boote im Raum von Madagaskar seine Konsequenzen gezogen haben wird. Den taktischen Erfolgen sind auch noch die strategischen hinzuzuzählen. Das Zusammenfassen der meisten Frachtschiffe in Geleitzügen, der vermehrte Einsatz von Sicherungsstreitkräften auf See und in der Luft und der durch die Verlegung von Routen dicht unter die Küste durch Umwege bedingte Zeitverlust sind ganz erheblichen Tonnageverlusten gleichzusetzen.

Die größten Erfolge haben mit je fünf versenkten Schiffen U 188 und U 532 erzielt. Die von U 532 wurden unter fürchterlichen Bedingungen erkämpft . . .

Über die Hitze in der mit Technik und schwitzenden Menschenleibern vollgepfropften Röhre sollte eigentlich nicht mehr gesprochen werden. 35, 36, ja 40 Grad in der Zentrale und anderen Räumen und 60 und 65 Grad am Diesel beim Überwassermarsch sind im tropischen Indik ›normal‹. Als sich U 532 nach der Versorgung durch Kölschbachs *Brake* endlich dem ihm zugewiesenen Operationsgebiet zwischen Ceylon und den Gewässern vor dem südwestlichen indischen Subkontinent nähert, fällt der im achteren E-Maschinenraum in Höhe der Bilge zu den Flurplatten montierte Frischwassererzeuger aus. Die Brüdenpumpe ist zum Teufel. Einer derartigen Beanspruchung ist das Material nicht gewachsen.

»Ja, wenn man gewußt hätte, wohin wir sollten, dann . . .«, knurrt der LI zum x-ten Male in seinen Fusselbart.

Was hatte Obermaschinenmaat Robert Wörle, der Seemann aus München, für einen beinahe trefflichen Kommentar darauf? »Aber die Werftgrandies in Lorient, die habens g'nau gewußt. Der eine hat mir's zuageflüstert: Ihr seid's für den Indischen Ozean bestimmt. Morgen sollen wir euer Boot ganz hellblau pöhnen.«

Natürlich waren auch dem LI solche Gerüchte nicht verborgen

geblieben, aber hellblauer Außenanstrich hätte ja auch Karibik oder südlicher Südatlantik bedeuten können ... Woher nur wußten die Werftgrandies es besser? Und was die Werftgrandies wissen, das wissen die Franzosen.

Jedenfalls ist der Ausfall des Frischwassererzeugers eine böse Sache, vor allem, weil durch irgendeinen Organisationsfehler weder der Proviant noch der Frischwasservorrat von der *Brake* randvoll aufgefüllt worden waren.

Nach dem zweiten Frachter, den sie auf dem Marsch ins Op-Gebiet erwischen, passiert, was einer beschwor: Aller guten Dinge sind drei, aber auch aller schrecklichen.

Wie sich Fregattenkapitän Junker zur Regel gemacht hat, war er nach Versenkung volle vierundzwanzig Stunden im Keller geblieben. Schließlich, das ist sein Argument, ist eine Torpedierung immer Beweis für die Anwesenheit eines U-Bootes. Es muß also mit Flugzeugen und Sicherungsstreitkräften gerechnet werden. Die Altbefahrenen unter der Besatzung haben über diese Vorsichtsmaßnahme ihres Alten anfänglich nachsichtig gelächelt, denn der Kommandant, unter dem sie vorher fuhren, lief nach einer Versenkung mit AK ab und suchte sofort neue Opfer ... Na ja, dieser neue Alte ist wirklich ein Alter. 1905 in Freiburg geboren, gehört er der Seeoffizier-Crew des Jahres 1924 an. U-Boot hat er zwar vor dem Krieg gefahren, dann aber ist er von 1938 bis 1942 Gruppenleiter beim TEK, beim Torpedo-Erprobungskommando, gewesen.

Später, als sie nach einer Unternehmung, die sich sage und schreibe über volle drei Jahre erstrecken soll, mit ihrem Boot gesund und glücklich in Europa festmachen dürfen, als sie hören, daß die See auch die Boote ihrer so bewährten vorherigen Kommandanten fraß, werden sie anders über Ottoheinrich Junkers Praktiken denken ...

U 532 ist jedenfalls erst in der Nacht nach der zweiten Versenkung wieder aufgetaucht. Junker weilt auf der Brücke ... Es wird Zeit zum Tauchen, denn vor Hellwerden will er wieder verschwunden sein.

Schon an der Stimme merkt der Kommandant, daß im Boot etwas unklar gegangen ist, als der LI anfragt, ob er nach oben kommen dürfe.

»Bleiben Sie, ich komme in die Zentrale«, ruft er zurück. Wie ein Wiesel schlüpft er ins Loch.

»Furchtbares ist passiert, Herr Kapitän«, sind des LI's erste Worte.

Junker notiert: Das Gesicht seines Leitenden ist kreidebleich. Das jenes Matrosengefreiten, der hinter ihm steht, ist nicht nur bleich, dessen Augen verraten Angst.

Eines scheint sicher: das Boot ist nicht in Gefahr.

»Immer langsam, LI. Eins nach dem anderen. Also, was ist Furchtbares passiert?«

»Ich habe diesem Mechanikergasten«, sagt der LI und weist auf den Matrosengefreiten hinter sich, »Befehl erteilt, die Torpedozellen für die Heckrohre klarzumachen. Dabei hat der Mann ausgerechnet die Reserve-Trinkwasserzelle, also die mit Süßwasser gefüllte Torpedozelle, statt der anderen gelenzt.«

»Wie konnte das denn passieren?« fragt Junker ruhig.

Der Mechanikergast will antworten, aber Junker winkt ab. Die Antwort erwartet er von seinem LI.

»Ich bin fassungslos, Herr Kapitän. Wahrscheinlich hat der Mann die Zelle falsch angeschlossen und das Süßwasser nun außenbords gepumpt.«

»Hm«, sinnt Junker und schiebt mit seinem rechten Fuß einen Fussel Putzwolle über die öligen Flurplatten zur Seite. Dann scheint ein Entschluß in ihm gereift zu sein. Zu dem Matrosengefreiten gewandt, sagt er: »Gehen Sie, machen Sie Ihren Dienst weiter und passen Sie in Zukunft besser auf.«

Als der Mann, dessen Augen Erstaunen und Nichtbegreifen ausdrücken, nach einer Kehrtwendung durch das Schott gefallen ist, bricht es aus dem Leitenden heraus: »Sie wollen ihn nicht bestrafen? Sie wissen doch selbst, was dieser Frischwasserverlust für uns unter den augenblicklichen Umständen bedeutet . . .«

Und der LI meint in seinen Ohren die Namen jener anderen U-Boot-LI's zu hören, die Dönitz ablösen ließ, weil die von ihnen betreuten Boote wegen Trinkwasserkalamitäten ihre Feindfahrt in der Schlacht um den Atlantik abbrechen mußten, genauso wie sich Fregattenkapitän Junker in diesem Augenblick an die von Dönitz gemaßregelten Kommandanten dieser Boote erinnert.

»Natürlich weiß ich das, LI. Nun sind wir 15 000 Seemeilen marschiert, wir stehen vor unserem Operationsgebiet, da droht, daß uns eine solche Panne zum Abbruch der Unternehmung zwingt ... Das ist mir schon klar. Aber, sagen Sie doch selbst, was hätte das für einen Sinn, diesen Seemann obendrein noch zu bestrafen? Der Junge hat Pech gehabt, einfach Pech. Wir sind Menschen. Fehler machen wir alle. Aber hier, unter diesen ungewohnten klimatischen Umständen, sind die physischen Belastungen auch ungewohnt und größer. Sie haben doch gesehen, wie der Mann aussah ... wie der Junge leidet ... Ihn zu bestrafen würde bedeuten, daß er nur noch mehr den Kopf verliert, daß er beim nächsten Alarmtauchen vielleicht wieder einen Bedienungsfehler macht und dann...? Dann gefährdet er das Boot und uns alle. Nein, LI, mit einer Bestrafung des Mannes ist uns wahrlich nicht gedient. Kommen Sie, lassen Sie uns überlegen.«

Ein Zentralgast bekommt Befehl, den Bordarzt zu wecken. Tatsachen sind: 1. Die theoretisch ohnehin auf vier Kubikmeter verminderte Frischwasserkapazität des Bootes beträgt jetzt noch ganze 2,3 Kubikmeter. Von diesen sind noch 800 Liter für die Batterieaufladung abzuziehen. 2. Der Operationsbefehl aber sieht auf Grund der dem BdU in der Heimat bekannten Treibölvorräte Operationen von mindestens noch vier Wochen vor. U 532 hat über 50 Mann Besatzung an Bord. Wenn nun jeder Mann nur noch einen Liter Wasser pro Kopf und Tag bekommt, sind das 50 Liter je Tag. Das sind an zehn Tagen 500 Liter, 1000 Liter an zwanzig, 1500 Liter an dreißig. Junker hat die Zahlen auf ein Stück Papier hingeworfen und dabei leise vor sich hingesprochen. Er ist so in Gedanken, daß er den Bordarzt gar nicht bemerkt hat, und der nun das Wort ergreift.

»Nach bisher drei Liter Wasser pro Tag und pro Kopf, Herr Kapitän, ist in dieser tropischen Hölle nur noch ein Liter eine ... na, sagen wir ... ebenso rigorose wie riskante Maßnahme. Von diesem einen Liter geht ja noch das Frischwasser für die Kombüse ab, wenn wir auch die Kartoffeln in Salzwasser kochen können.«

»Natürlich«, bestätigt Junker, »anders geht's einfach nicht.« »Wenn dann also noch ein halber Liter zum Trinken bleibt, könnten wir es, vorausgesetzt, daß jeder Mann die Energie dazu aufbringt, vier Wochen durchstehen. Vier Wochen sind aber wirklich das Alleräußerste, das ich zu verantworten wage. Ob die Gefechtsbereitschaft der Männer dann noch vollwertig zu nennen ist, wage ich zu bezweifeln.«

»Das technische Personal kann sogar eine Tasse Trinkwasser mehr zugeteilt erhalten«, hat der LI inzwischen ausgerechnet.

»Einverstanden«, sagt Junker. »Vier Wochen genügen.« Er erhebt sich, als sei gar nichts weiter geschehen, schwingt sich durch das Kugelschott in die Zentrale und befiehlt, das Boot zum Tauchen klarzumachen ...

Zurück bleibt der Arzt. Seine wirklichen Bedenken hat er Junker nicht genannt. Wenn die Körper der Männer nicht genügend Wasser erhalten, kommt es zu gefährlichen Wärmestauungen ... dann dickt das Blut ein ... dann werden die Nieren die abgebauten Giftstoffe nicht mehr ausschwemmen ... Diese werden dann durch die Haut ausgeschieden ... Weiter aber werden innere Organe austrocknen ... Schäden an den Nieren, am Herzen und auch am Gehirn sind zu erwarten ... Diese werden sich durch Apathie und in schlimmeren Fallen durch Psychosen ankündigen ... Nur zwei Wochen mit nur einem Liter Wasser sind bei diesen klimatischen Bedingungen ein sehr großes Risiko. Aber oft hält ein Mensch mehr aus als nach medizinischem Ermessen.

Schon am nächsten Morgen sucht der LI seinen Kommandanten in dessen Raum auf. »Herr Kapitän, das geht nicht. Das Maschinenpersonal hält das nicht durch. Bei 60 Grad im Dieselraum ist die Wasserration einfach zu wenig.«

»Das wird schon zu schaffen sein, Buggisch. Die Männer müssen sich daran gewöhnen.«

»Es wird zu schaffen sein, Herr Oberleutnant«, versichert am gleichen Tag E-Maschinist Rotermehl seinem LI. Zusammen mit Obermaschinenmaat Wörle will er den einen Frischwassererzeuger reparieren. Sie sind sehr zuversichtlich, auch, wenn so etwas bisher noch keinem Boot auf See gelang.

U 532 versenkt in den nächsten Wochen noch einen dritten und einen vierten Frachter.

Die Besatzung hält sich nun, nach drei Wochen, nur noch mühsam aufrecht. Furunkel, unter denen die Leute sonst zu leiden hatten, sind allerdings verschwunden, denn keiner schwitzt mehr an Bord. Das ist aber auch das einzig Erfreuliche. Das Essen würgen sie von Tag zu Tag mit immer größeren Anstrengungen herunter. Der Speichel fehlt. Der Mund ist trocken, und die Zunge gleicht einem Reibeisen. Die Haut, die nicht mehr schwitzt, die aber die abgebauten Giftstoffe ausscheidet, ist klebrig. Alles im

Boot scheint mit Kleister überzogen. Alles pappt. Auch das Kojenzeug. Und kaum einer benutzt noch das WC.

Es ist genau um Mitternacht, da U 532 in Suchfahrt durch die von einem strahlend, fast sonnengleichen Vollmond versilberte See ackert, als aus dem E-Motorenraum ein Schrei durch das Boot schwingt. Das in Gemeinschaftsarbeit von der Maschine gebastelte, würfelförmige Aggregat funktioniert. Es wirft soviel Kondenswasser aus, daß mit gut 150 Liter Süßwasser am Tag gerechnet werden kann. Aber in den Ausruf der Freude mischt sich ein ganz dicker Wermuttropfen: Der Arzt verbietet, die bräunliche Wasserbrühe zu trinken.

Auf Wörles Vorschlag haben die Bastler schließlich, als sie keinen anderen Rat mehr wußten, die Innenseite mit Kuril abgedichtet. Dieses Kuril ist eine teerähnliche Dichtungsmasse. Die Teersubstanzen teilen sich nun bei der Aufbereitung des Seewassers dem Kondenswasser mit, dessen Salz als sogenannte Brüde ausgeschieden wird*. Dieses braune Teerwasser zu trinken, käme einem Selbstmord gleich.

»Aber vielleicht wird der Teergeschmack weniger, Herr Stabsarzt«, läßt Wörle hoffen.

»Sie sind Techniker, nicht ich.«

»I glaub scho, daß wir dös Zeug in a paar Tag trinken können.«

»In ein paar Wochen vielleicht, vorher auf keinen Fall. Und nicht ohne meine ausdrückliche Genehmigung«, bestimmt der Doktor und denkt:

Morgen oder übermorgen müssen wir sowieso abbrechen. Schon gestern sind zwei Leute für Minuten zusammengeklappt. Weitere Ausfälle sind zu erwarten. Er braucht sich die Kameraden nur anzusehen. Wenn es die anderen erst packt, wird es wie eine Epidemie über sie herfallen. Morgen oder übermorgen will er dem Kommandanten reinen Wein einschenken, will er ihm zum Abbruch der Unternehmung raten. An eben diesem Tage sichten sie einen Frachter, gelingt das unbemerkte Vorsetzen und in der Nacht die Versenkung als Nummer Fünf.

Weil wieder einmal Vollmond ist, weil die phosphoreszierende See wieder einmal in Milliarden leuchtende Perlen zerfällt, wenn der Bug des U-Bootes das Wasser zerteilt, hat der Kommandant,

* Daher Brüdenpumpe.

um seine Anwesenheit und seinen Angriff nicht zu verraten, trotz Nacht wieder unter Wasser angreifen lassen . . .

Taumelnd wie Trunkene tun sie in U 532 ihre Pflicht. Sie sind so apathisch, daß sie das Absaufen des Gegners nur zur Kenntnis nehmen. Sogar den temperamentvollen IWO, Oberleutnant Krohn, der für jedes versenkte Schiff eine Buddel Knallkümmel in Aussicht gestellt hat, rührt dieser Erfolg nicht.

Bei diesem Angriff gingen die letzten Torpedos drauf, denn schon beim zweiten Frachter hatten sie 25 Prozent ihres Torpedobestandes verschießen müssen. Ergo bleibt nur noch der Marsch nach Penang im Südostraum. Als ihn Junker befiehlt, tauchen vor seinem Auge gespensterhaft wieder die Szenen bei der Versenkung dieser Nummer Zwei auf. Zum wievielten Male schlägt ihm seine Erinnerung dieses Bild wieder auf.

»Oder eben doch nicht komisch«, resigniert Ottoheinrich Junker erneut, als er, in der Messe sitzend, in seinen Aufzeichnungen blättert, während die LI den Stabsarzt mit viel technischem Beiwerk in seinen Worten zu überzeugen versucht, daß das Teerwasser in einigen Tagen bestimmt kein Teerwasser mehr sein wird, was der Doktor entschieden bezweifelt. Aber das macht ja nichts, man wird sowieso bald im Hafen sein . . .

Ja, die Sache mit der Nummer Zwo.

Eigentlich war Junker an diesem Tag, am 21. September, hinter einem anderen Untersatz her, einem, den sie, als das Boot tagsüber unter Wasser stand, durch Horchpeilungn in die Fänge bekommen hatten. Als sie auftauchten, war das westwärts ziehende Schiff trotz Fernsicht unter die Kimm getaucht. Dafür aber trottete ihnen aus derselben Richtung ein anderer Frachter direkt entgegen.

Die See war spiegelglatt . . . Junker mußte wieder tauchen. Aber gegen Abend hatten sie das Schiff auf zwanzig Seemeilen querab.

»Jetzt hilft nur noch Glück, Herr Kapitän«, unkt der IIWO, Leutnant Woweries.

Ja, Glück brauchen sie jetzt, denn die Dämmerung ist sehr kurz, und bei dieser Entfernung kann der Frachter, wenn er einen von U 532 nicht richtig einkalkulierten Zack einlegt, durchaus noch entwischen.

»Er hat jetzt noch Südwestkurs«, überlegt Junker laut. »Kein

Zweifel, daß er nach Colombo will. Der Kapitän da drüben wird mit Einbruch der Dunkelheit einen Schlag nach Osten machen. Also tun wir's auch.«

Genauso kommt es. Drei Stunden nach Einbruch der Dunkelheit meldet der Steuerbord-Ausguck einen zunehmend größer werdenden Schatten. Der Frachter läuft U 532 direkt vor die Rohre, so nahe, daß Junker im Widerstreit mit seinen Überlegungen doch nur einen Torpedo losmacht. Widerstreit deshalb, weil eine andere Stimme in ihm sagt: Spare bloß nicht an falscher Stelle. Aber wenn man 15 000 Seemeilen durch die Meere geackert ist, um zum Einsatz zu kommen, hält man eben doch mit den Torpedos zurück.

Der Aal trifft nach 40 Sekunden Laufzeit. Er krepiert mittschiffs. Bootsmann Meske, die Nummer Eins und bester Fla-Maschinenmann an Bord, kommentiert die Detonation: »Der funkt nicht mehr.«

Wie beruhigend der Gedanke, daß die da drüben nicht mehr auf die Taste drücken werden.

»Nanu«, staunt der IWO, »der zockelt ja weiter. Fliegender Holländer etwa? So was gibt's doch nur bei den Wagners in Bayreuth!«

Tatsächlich. Der vierkant torpedierte Frachter, ein Schiff von über 9000 BRT, ist zwar ein wenig nach Steuerbord ausgeschoren, setzt aber seine Fahrt mit unverminderter Geschwindigkeit fort. U 532 schiebt sich vor, und in dem Augenblick, da Junker erneut angreifen will, sehen sie, daß die Fahrt da drüben langsam weniger wird. Nach gut zehn Minuten ruht das torpedierte Schiff gestoppt auf der dünenden See.

»Rohr zwei . . . Fertig . . . Los . . .«

Wieder verläßt ein Magnet-Torpedo das Boot. Wieder beobachten sie einen Mittschifftreffer. Und wieder sehen sie dieses sonderbare, ja unheimlich wirkende magnesiumfarbene Licht bei der Detonation. Als die gläsern leuchtende Wasserfontäne in sich zusammensinkt, schwimmt der Frachter genau wie eben vorher weiter auf der See.

»Der hat aber robuste Schotten«, meint einer.

Erst denkt Junker das auch und gerade, als er sich vor dem Schiff vorbei an die Steuerbordseite setzen will, um von hier aus sein Glück noch einmal zu versuchen, entdeckt er, als der andere in vorliche Position eindreht, nach beiden Seiten backspierenähnliche Ausleger. Unter diesen hängen, für ihn ganz deutlich erkennbar, Netze. Die Spieren sind gut 15 Meter lang. Das erklärt alles.

Junker durchfährt es wie mit glühenden Nadeln: Seit vier Jahren sind wir nun darauf erpicht, einmal zu beobachten, wie eine solche Abwehr auf Magnet-Torpedos wirkt, und nun erlebst du es selbst ... Ein Teil der Frühzünder wird bei Angriffen anderer Boote wohl genauso, wie hier in diesem Falle, auf solche Netze zurückzuführen sein. Nie aber hat eines der Boote eine Beobachtung darüber gemeldet ... Diese Netze sind, davon ist Junker als alter Torpedo-Fachmann überzeugt, mit VES versehen, mit einem Stromkreis also, der die Magnetpistolen früher, das heißt weit *vor* der Bordwand, zur Entzündung bringt.

Auf die Entfernung, in der Magnet-Torpedos dann vorher hochgehen, haben die Druckwellen auf den Schiffskörper keine Wirkung mehr.

»So hat das also keinen Zweck, jetzt mußt du es mit einem Torpedo mit Aufschlagzündung versuchen«, überlegt Junker.

Der Aal trifft prompt. Er knallt auf die Bordwand im vorderen Viertel. Er ist durch das Netz dort hindurchgefahren, wo die beiden anderen Aale durch ihre Detonationen ein Loch in die Maschen gefetzt haben.

Dumpfer Schlag. Hört sich an, wie in Watte gepackt. Detonationswolke. Minuten später schon legt sich das Schiff auf die Nase. Drüben bringen sie ein Boot zu Wasser. Nur ein Boot! Seine Insassen machen sich an der Bordwand zu schaffen, danach fahren sie um ihr Schiff rundherum. Es scheint so, daß sie die Schäden am Netz und am Schiffskörper untersuchen.

Drei Aale hat der Kasten schon gekostet, mit dem einen auf den Frachter Nummer Eins sind das vier zusammen und damit 25 Prozent des Gesamtbestandes.

»Wollen wir es nicht mal mit unserer Kanone versuchen, Herr Kapitän?« Leutnant Woweries ist es, der den Vorschlag macht.

Schon bei dem vierten Schuß brechen explosionsartige Brände aus dem Schiff heraus. Wahrscheinlich Benzin oder Öl. Im Scheine dieses Feuerwerkes schälen sich unerfreuliche Einzelheiten aus dem Dunkel heraus: Vorn eine große Kanone, achtern gleich zwei, auf beiden Seiten, vom Schornstein etwas versetzt, Podeste, wie sie die deutschen K-Kreuzer für ihre Scheinwerfer haben, und darauf drei Fla-Kanonen, auf der Brücke jede Menge MGs. Ein Hilfskriegsschiff?

Junker fährt zweimal um den 9000-Tonner herum. Er läßt ihn von allen Seiten beschießen: »Zielwechsel achtern!«

Dies gerade noch rechtzeitig in dem Augenblick, als einige Seeleute da drüben versuchen, eine der beiden großkalibrigen Kanonen zu richten. Aber sie kommen zu spät. Bei den ersten Treffern ins Achterschiff fliegt die gesamte Bereitschafts- und Signalmunition in die Luft. Die Wucht der Explosionen fegt die beiden Kanonen wie Spielzeug über Bord.

45 Schuß sind raus. Der Gegner brennt. Von vorn bis achtern. In das Knistern der Flammen hinein gellen Hilferufe. »Help . . .! Help . . .!« Es sind Überlebende in einem Rettungsboot.

Aber Junker hilft nicht. Er hat jede äußerlich sichtbare Gefühlsregung ausgekuppelt, in seinem Innern reiben sich die Empfindungen wie Glassplitter aneinander, denn im Innersten bleibt auch ein U-Boot-Kommandant in erster Linie Seemann. Aber der Selbsterhaltungstrieb läßt nur den kalten, nüchternen Verstand ans Ruder.

Nach zweieinhalb Stunden erlischt der Brand. So plötzlich, wie man das Flackerlicht einer Kerze auspusten kann.

Der Frachter ist gesunken.

Hatte er nun Schutznetze? Oder hatte er keine?

Fregattenkapitän Junker sagt: »Ja, er hatte.«

Er erklärte weiter: »Abgesehen davon, daß ich auf meinem zweiten Einsatz im Indik eine gleiche Beobachtung machen konnte, hatte ich sechs Wochen nach dieser Versenkung und sofort nach meinem Einlaufen in Penang, am 31. Oktober, mit der japanischen Marine über diese Feststellung gesprochen.«

Deren Antwort lautete: »Das wissen wir schon lange. Wir kennen sogar die Maschenweite und auch die Stärke solcher Netze.«

Übrigens, was der Obermaschinenmaat Wörle versprach, trifft ein. Das Teerwasser wird von Tag zu Tag heller. Schließlich genehmigt der Arzt, sich damit die Zähne zu putzen, um so den ausgedörrten Mund wenigstens zu erfrischen.

»Aber ausspucken das Zeugs!«

»Jawohl, Herr Stabsarzt, ausspucken«, bekräftigten die Männer und schlucken das Zahnputzwasser runter, kaum, daß der Arzt ihnen den Rücken zugekehrt hat. Dem zehrenden Durst zu widerstehen, haben sie nicht mehr die Kraft.

Gottlob, es geht gut. Es treten keine Vergiftungserscheinungen auf.

Acht Tage vor dem Einlaufen in Penang ist das Wörle-Wasser so sauber, daß sie damit sogar Kaffee kochen. Bohnenkaffee mit Teergeschmack ... es schmeckt dennoch wie eine Delikatesse.

Und noch etwas: Daß U 532 überhaupt den Indik erreichte, daß es nicht das Schicksal der Kameradenboote teilte, war fast nur Glück.

Kurz nach dem Auslaufen aus Westfrankreich, etwa 800 Seemeilen westlich der Straße von Gibraltar, hatte Junker das tägliche Prüfungstauchen befohlen. Als das Boot aus der Tiefe wieder herausbrach und bis zum Umschalten auf Dieselmotorenkraft für kurze Zeit kaum Fahrt voraus machte, sah die Nummer Eins die aus den Schäfchenwolken herausstoßende Trägermaschine zuerst. Das FuMB hatte sie nicht gemeldet, konnte auch nicht, seit die Briten ja, was die deutschen Experten als unmöglich ansprachen, auf eine andere Welle gegangen sind. Die Biene war wie der Blitz über dem Boot, aber sie hatte keine Bomben mehr. Nur ihre MG-Garben zersägten den Schacht für das Funkmeßgerät [14].

3

U-Boot-Stützpunkt Penang

Die Grauen Wölfe versenkten während der drei Monate Juni, Juli, August 1943 auf den Meeren der Welt, das Mittelmeer ausgenommen, nicht mehr als 58 Handelsschiffe mit 327 081 BRT; nahezu die Hälfte dieser Versenkungen wurde in Seegebieten in Südafrika und im Indik erzielt. Der Preis, den die deutsche U-Boot-Waffe dafür zu zahlen hat, sind 74 Boote, deren größter Teil, wie schon dargestellt, in der Biscaya verlorenging; hier nämlich 25, auf der nördlichen Transit-Route 4, auf der Nordatlantik Convoy-Route 24, in entfernteren Seegebieten 17, vor

Norwegen 1, in der Ostsee 2, in der Arktis 1. Allein 58 U-Boote wurden die Opfer von Flugzeugen und von Trägern und Land-basen. Den Indischen Ozean noch ausgenommen, hat sich also die alliierte U-Boot-Bekämpfung nun auch auf die entfernteren See-gebiete im Mittel- und Südatlantik erfolgreich ausgewirkt.

Im Indischen Ozean, in dem auch weiterhin deutsche und ja-panische U-Boote zusammen operieren, wurden bis zu dieser Zeit* versenkt:

im Januar	6 mit 56 213 BRT bei total	50 mit 261 359 BRT,
im Februar	3 mit 15 787 BRT bei total	73 mit 403 062 BRT,
im März	2 mit 6 161 BRT bei total	120 mit 693 389 BRT,
im April	6 mit 43 007 BRT bei total	64 mit 344 680 BRT,
im Mai	6 mit 32 300 BRT bei total	58 mit 299 428 BRT.

Im Juni, in dem sieben deutsche U-Boote und der Hilfskreuzer Michel im Indik operierten, verlor der Gegner 12 Schiffe mit 67 929 BRT (zwei durch den HSK), und

im Juli stieg die Verlustquote beim Gegner auf 17 Schiffe mit insgesamt 97 214 BRT an, alle das Opfer deutscher U-Boote. Die Totalverluste lagen im Juni bei 28 Schiffen mit 123 825 BRT und im Juli bei 61 mit 365 398 BRT.

Der britische Admiral Sommerville sah sich vor nahezu un-überwindliche Schwierigkeiten gestellt, in diesem riesigen See-raum mit seinen sich kreuzenden Routen ein einigermaßen öko-nomisches und wirksames Convoy-System aufzustellen. Lediglich für die Routen Durban–Aden, Aden–Bombay, Colombo–Bom-bay und Kalkutta können schnellstens Geleitzüge organisiert werden. Geleitfahrzeuge, an denen es der Eastern Fleet noch schmerzlich mangelt, werden, soweit überhaupt verfügbar, von den südafrikanischen Gewässern hinaufgeschickt, weil dort Ruhe scheint, während die Royal Indian Navy alle Anstrengungen macht, die Handelsschiffe dicht unter die eigenen indischen Kü-sten und die des Persischen Golfs zu ziehen.

Mit der Eastern Fleet arbeitet im Hauptquartier Colombo die 222. Gruppe der RAF zusammen, während die anderen Luftwaf-fen-Hauptquartiere in Ostafrika, Indien und Aden von Fall zu Fall mit massierten Aufgaben in der U-Boot-Jagd selbst aus-gelastet sind: Eine Vereinfachung für eine konzentrierte Luft-

* nach Roskill.

überwachung ist also im Interesse der Schwerpunktansätze dringend notwendig. So wird dann die Verantwortlichkeit der Gruppe 222 auch auf die anderen RAF-Hauptquartiere ausgedehnt, so daß die 222. Gruppe nunmehr als ›Coastal Command‹ vollverantwortlich mit der Eastern Fleet zusammenarbeitet. Im Herbst 1943 schon verfügt Marschall Lees über 13 weitreichende Aufklärer-Squadrons; elf davon sind mit Catalinas ausgerüstet. Die Flugzeuge starten und wirken von den verschiedensten Basen aus.

Gegen Ende des Jahres kommt es zu einer mehr organisatorischen Neuregelung. Das Prinzip, daß der Luftbefehlshaber den ihm am besten geeigneten Weg einer Zusammenarbeit mit seinen Navy-Kollegen bestimmt, bleibt erhalten, aber die einzelnen Luftkommandos werden zu dem ›Air-Commander-in-Chief South-East-Aasia‹ zusammengefaßt, der nunmehr mit dem ›Naval-Commander-in-Chief‹ eng zusammenarbeitet; die praktische Luftkontrolle jedoch verbleibt dem Kommandeur der 222. Gruppe.

Da der Aufbau dieser Zusammenarbeit und die Heranführung von Geleitschiffen aber nur langsam vorankommt, wirken sich diese Maßnahmen vorerst noch nicht aus.

Im August versenkten deutsche U-Boote 7 Schiffe mit 46 401 BRT bei 25 mit 119 801 BRT total. Lediglich U 197 kann durch die von Madagaskar startende RAF vernichtet werden.

Während sich die Boote der ersten Monsun-Gruppe aus der Brake versorgten, wurden im Indik 6 Frachter mit 39 471 BRT (total 29 mit 156 419 BRT) versenkt. Nach Roskill durfte ein Teil (nach diesem der größte) dieser Versenkungen japanischen U-Booten zugeschrieben werden, da zu dieser Zeit acht Boote im Indik operierten. Also haben die Japaner die Lücke gestopft, wie der deutsche Militärattaché im Juli meldete: »Japanischer Marineattaché mitteilt, daß demnächst erneuter Einsatz japanischer U-Boote gegen indische Versorgungsschiffahrt beabsichtigt.«

Im Oktober, in dem U 533 im Golf von Oman verlorengeht, verliert der Gegner 6 Schiffe mit 25 833 BRT (total 29 mit 139 861 BRT). Während die Boote der ersten Monsun-Gruppe nach Penang laufen, führen im Indik einige japanische U-Boote weiterhin Handelskrieg. Ihre Operationen kosten den Gegner in in den Monaten November und Dezember 9 weitere Frachter mit 60 321 BRT (total 60 mit 312 915 BRT).

Das Ergebnis dieser Phase des U-Boot-Krieges im Indik, in

dem nie mehr als sieben deutsche und bzw. oder acht japanische
U-Boote operierten, betrug während dieser Periode 57 Schiffe
mit 337 169 BRT, von denen nur fünf aus Geleitzügen versenkt
wurden. Viel schwerwiegender als dieser Verlust waren, so be-
tont Roskill, *die strategischen Auswirkungen.*

Im Südostraum Asiens ist folgendes geschehen: Die Japaner
haben die drei italienischen Transport-U-Boote nach dem am
25. Juli 1943 erfolgten Sturz Mussolinis nur schleppend überholt
und zögernd beladen. An sich sollte das von Shanghai nach Singapore verlegte italienische Kolonialschiff* *Eritrea* diese drei
Fracht-U-Boote betreuen. Hier aber kam es zu keiner Zusammenarbeit, da das Mißtrauen, das die Japaner damals von Natur aus
Europäern — oder richtiger gesagt — Weißen schlechthin ent-
gegenzubringen pflegten, durch die Ereignisse in Italien erneut
geschürt und vertieft worden war.

Für die Japaner schien die Lage bei den Italienern derart unsicher, daß sie das Auslaufen des Anfang September dann doch
beladenen und seeklar gemeldeten ersten der drei italienischen
U-Boote zu offenkundig verzögerten. Als Marschall Badoglio
über Radio Rom den bereits am 3. September 1943 zwischen der
Regierung der Monarchie Italien und General Eisenhower unter-
zeichneten Waffenstillstand bekanntgab, gelang es dem über die
neue Lage rechtzeitig informierten Kleinen Kreuzer *Eritrea* am
Tag des Inkrafttretens des Waffenstillstandes, am 12. September,
unbehindert aus Singapore zu schlüpfen. Daß der Kreuzer, der
in Singapore lediglich eine Verlegung vorgetäuscht hatte, nachher, als seine Flucht bemerkt worden war, auch die Malakka-
Straße passieren konnte, dürfte Beweis für die völlig unzuläng-
liche Überwachung der von den Japanern besetzten Gebiete sein.

Die *Eritrea* lief am 15. September in Colombo ein. Ihr Kommandant, Fregattenkapitän Janucci, übergab das Schiff der britischen Navy. Wenn der Kreuzer zunächst auch beschlagnahmt
und die Besatzung interniert wurde, so darf doch behauptet wer-

---

* Italienisch: Nave coloniale. Dieses Schiff stellte einen Sondertyp
  dar, der allenfalls in seinen Aufgaben, keineswegs aber in seiner
  Bauart an einen Kreuzer erinnerte. In Deutschland entsprach ihm
  etwa der *Aviso Grille.*

den, daß die Aufhebung der Internierung und das Wiederhissen der italienischen Flagge auf dem wieder voll gefechtsklar hergerichteten Kleinen Kreuzer nicht bloß ihre tieferen Gründe in der von Fregattenkapitän Janucci ›erwiesenen Treue zum Italienischen Königshaus‹ gehabt hat. Janucci hatte nämlich den Engländern außer der *Eritrea* auch ausführliche Berichte über Einsatz, Taktik und Gepflogenheiten der deutschen U-Boote im allgemeinen sowie deren Versorgung durch Troßschiffe im Indischen Ozean übergeben, hatte er doch die Berichte der italienischen U-Boot-Kommandanten, die in Westfrankreich als Bundesgenossen der Grauen Wölfe in viele und oft in die geheimsten Planungen Einblick bekommen hatten, ebenso geschickt auszuwerten verstanden wie seine Kenntnisse über die Pläne der deutschen U-Boot-Führung in Südostasien.

Unmittelbar nach der Flucht der *Eritrea,* am gleichen Tag noch, beschlagnahmten die Japaner jedenfalls die drei italienischen U-Boote.

Erst nach langwierigen Verhandlungen des deutschen Marineattachés in Tokio wurden sie schließlich wieder den Deutschen unterstellt, die sie ihrem ursprünglichen Zweck — dem Transport von Rohstoffen nach Europa — wieder zuführen wollen. Dieses Zugeständnis setzte aber voraus, daß diese Boote, die in der Zwischenzeit von Japanern gründlich untersucht und zum Teil sogar auseinandergenommen worden sind, künftig ausschließlich unter deutscher Besatzung fahren sollten.

Zusammen mit den drei Exitalienern sind nun acht U-Boote von den deutschen Dienststellen im Südostraum zu betreuen. Für das Eindocken stehen in Singapore Kriegshafen Selatar Docks zur Verfügung, aber nur nach vorheriger Terminabsprache mit den Japanern, wobei die Termine durch Notstände bei Einheiten der japanischen Flotte, die von den Amerikanern immer härter bedrängt wird, oft genug aufgehoben und verschoben werden müssen. Japans Flottenchef, Admiral Fukodome, verschließt sich zwar nicht der Erkenntnis, welchen großen Nutzen die Operationen deutscher U-Boote auch für Japans Kriegführung darstellen, aber er kann schwerlich deutsche U-Boote japanischen Kriegsschiffen vorziehen lassen.

In Penang gibt es nur noch Werkstätten für Notreparaturen, denn das große Schwimmdock ist während der ersten Kriegsmonate weggeschleppt worden. Tandjok Priok, der Hafen von Batavia, ist noch nicht vollends wiederhergestellt. Ein Eindocken und eine Grundüberholung der Boote ist dort, schon aus Mangel an Spezialarbeitern, noch nicht möglich. In kleinerem Maßstab bietet sich zwar Soerabaja auf Java für U-Boot-Überholungen an. Hier aber muß erst eine deutsche Dienststelle eingerichtet werden. Vorerst ist sie nur geplant.

Doch das sind nicht die einzigen Sorgen und Probleme:

Die Beschaffung von Ersatzteilen, von Munition, von Textilien für die Zivilkleidung und Bordpäckchen, von Nahrungsmitteln für europäischen Bedarf und vor allem ihre Konservierung für die U-Boot-Verwendung sind andere, nicht weniger schwierig und ernsthaft. Hier aber wieder bildet das für den U-Boot-Dosen-proviant erforderliche Weißblech bald schon den ärgsten Engpaß. Eine lächerliche, aber dringend notwendige Taschenlampenbatterie zu besorgen, macht eine regelrechte Expedition nach Bangkok notwendig. Und nicht selten tritt der Fall ein, daß diese Verbindungswege von Partisanen angegriffen werden.

Ein weiteres Problem: An Spezialpersonal zur Überholung der U-Boote ist schon gar nicht zu denken. Hafenablösungen, wie sie die Besatzungen der in Europa einlaufenden Boote gewohnt sind, stehen in den Sternen. Wenn die Männer blaß, erschöpft und mit keuchendem Atem aus ihren Booten klettern, wenn viele von ihnen endlich nach vielen Monaten wieder einmal die Sonne sehen, kann ihnen ihr Kommandant nur eine kurze Erholung gönnen, während die Überholungen der Boote, die in der Heimat hundertprozentig von der Werft durchgeführt werden, mangels Fachpersonal und bis auf Außenbordarbeiten auch aus Geheimhaltungsgründen von den ohnehin erschöpften Besatzungen selbst durchgeführt werden müssen. Japanische Fachkräfte heranzuziehen, scheitert von vornherein. Die Japaner scheuen sich, vor den Augen Farbiger körperlich zu arbeiten. Später können wenigstens noch die Besatzungen der italienischen U-Boote für diese Zwecke herangezogen werden. Die italienischen Kameraden bewähren sich in dieser Hinsicht hervorragend. Obwohl der Verfasser in einer anderen Publikation die weiteren Probleme in Verbindung mit einem kurzen, zusammenfassenden Kapitel über den Einsatz deutscher U-Boote in Asien bereits dargestellt hat [13], erscheint es im Zusammenhang der ausführlichen Geschichte der

Monsun-U-Boote und der bisher unbekannten, aber so hoch-interessanten Einzelschicksale dieser Boote hier doch notwendig, das, was dort bereits gesagt wurde, zu zitieren:

»Die Arbeitszeiten werden, soweit vertretbar, in die Morgen- und späten Nachmittagsstunden verlegt, um eine Überbeanspruchung in der heißesten Tageszeit — 40 bis 50 und mehr Grad Celsius — zu vermeiden.

So sieht der Zeitplan eines in Penang oder später Batavia einlaufenden U-Bootes aus:

Drei Tage Ausräumen des Bootes, Ziehen und Abgabe der Torpedos;

zwanzig Tage dringendste Konservierungs- und Überholungsarbeiten am Bootskörper, den Taucharmaturen, Maschinen und Waffen;

drei Tage Einpacken des Bootes, Überführung nach Singapore zum Dock;

vierzehn Tage Dockzeit zur Reinigung und Konservierung der oft übermäßig und fahrtvermindernd wirkenden bewachsenen Außenhäute, Beseitigung äußerer Schäden, zur Ölentnahme und der anschließenden Überführung zum Absprunghafen;

etwa vierzehn Tage beanspruchen die Neuausrüstung des Bootes mit Treiböl, Schmieröl und Proviant, die Munitionsergänzung, die Erholung der Besatzung, Probefahrten und Prüfungstauchen.

In der Praxis treten stets unvorhergesehene Verzögerungen ein. Sie sind auf die Anfälligkeit der Boote gegenüber dem feuchten Tropenklima zurückzuführen.

Die günstigste Überholungszeit liegt bei siebzig Tagen . . .«

Wie gut nur, daß weder die Seelords noch ihre Offiziere den Humor verlieren. Das Paradies würde ihnen sonst als Hölle erscheinen.

»Zurückgekehrt vom Erholungsplatz Penang Hill«, notiert sich Kapitänleutnant Wilhelm Spahr, »machten wir uns mit viel Eifer und noch mehr Schweiß an die Überholungsarbeiten des Bootes. Zu den Binnenbordsarbeiten durften keine Ausländer herangezogen werden, Spezialkräfte waren sowieso kaum aufzutreiben. Für die Außenbordsarbeiten wurden Arbeiter auf dem öffentlichen Arbeitsmarkt angeheuert. Ich hatte fünfzehn Mann angefordert. Sie sollten sich am nächsten Morgen gegen 10 Uhr an Bord melden, wohlbemerkt, ich hatte rücksichtsvoll schon ›gegen‹ 10 Uhr gesagt. Wir legten alles klar. Kratzer, Mennige, Farbe. Es wurde 10, 12, 14 Uhr. Kein Schwanz ließ sich blicken. Die Nummer Eins wurde zum Arbeitsmarktboß geschickt, sollte nachfragen, wo denn nun die bestellten und zugesagten Arbeiter blieben?

Er berichtete mir nachher, daß ihn der japanische Boß ganz erstaunt angesehen habe, als er außer Atem angelaufen kam und nach den Arbeitern fragte. Der Seemann vermeinte aus den unverständlichen Lauten — die wohl bedeuteten: Geduld, Geduld, sie werden schon noch kommen! — im Unterton herausgehört zu haben: »Nur Verrückte haben es eilig!«

Nachdem wir volle vier Tage mehrfach rückfragten, erinnerten, mahnten, baten, gaben wir es auf — und als nach 14 Tagen die Binnenbordsarbeiten fast erledigt waren, erschienen die 15 Piepels. Sie meldeten sich devot und mit freundlich lächelnden Gesichtern und machten sich unverzüglich an die Arbeit. Diese haben sie dann aber sehr schnell und äußerst zufriedenstellend ausgeführt.

Am nächsten Tag verlegten wir nach Singapore ins Dock. Nach beendeter Werftzeit liefen wir zu einem Tieftauchversuch aus, wenn man bei den dortigen Wassertiefen bis höchstens 40 Meter überhaupt von einem solchen sprechen kann. Trotzdem zerplatzte uns bei diesem Manöver der Backbordbunker. Wir liefen weiter nach Penang und versuchten, den Schaden selbst zu reparieren. Der Plan, ihn mit Hilfe eines aufgesetzten Blechkastens und anschließendem Lenzversuch zu beheben, schlug fehl. Also zurück nach Singapore, wohin uns die kleine *Quito* begleitete.

Plötzlich U-Boot-Alarm! Und schon schnurrten zwei Torpedos auf uns zu. Wir konnten ihnen aber noch ausweichen. Während wir auf das feindliche U-Boot, dessen Sehrohr gut zu sehen war, mit AK zuliefen, tauchte dieses weg.

Ohne weitere Zwischenfälle erreichten wir Singapore. Hier mußten wir allerdings geraume Zeit warten, denn nach der ›Schlacht in der Javasee‹ waren alle Docks belegt. Als dann aber wir am Drücker waren, hatten uns die chinesischen Arbeiter, die Vorzügliches leisteten, schon nach acht Tagen wieder seeklar.

Von Singapore ging es dann nach Penang, wo uns der unbezahlbare Willy Vogel unter seine Fittiche nahm . . .«

Für die, die aus den feuchtheißen Röhren entstiegen, ist dieses Penang Hill der Garten Eden. Chinesische Köche und Bedienung sorgen für ihr leibliches Wohl. Bloß die Affen, soviel Spaß und fröhliche Aufregung sie anfänglich auch auslösen, fallen den Lords so nach und nach auf den Lukendeckel. Ihr Spektakel ist grausam, und ihre Streiche sind oft keine mehr.

Dschungelwald erstreckt sich bis an die Bungalows heran. Riesige uralte Bäume, Schlingpflanzen, bunte schillernde Schmetterlinge. Wie in Urzeiten. Jeder darf hier oben tun und lassen, was er will. Wecken und Zapfenstreich sind unbekannt.

Den Männern wird von heute auf morgen ein fast traumhaftes Maß an Freiheit gewährt: ohne Dienstgrad, ohne Orden, ohne Ehrenzeichen, ohne Uniformen und ohne *Vater Philipp*.

Rundherum um die Insel führt eine Autostraße zu den traumhaften Vororten Batu Feringai oder zum Mount Pleasure mit seinem Schwimmbad unter Palmen.

»A propos Autofahren«, sagt Obersteuermannsmaat Thomsen von der *Brake* zu seinen Kollegen von den U-Booten. »Unsere PKWs werden alle von Eingeborenen gefahren. Hat man endlich einen sicheren Fahrer erwischt, so ist es hier in Ostasien ungeschriebenes Gesetz, daß er an ›Gesicht‹ nur gewinnt, je schneller er fährt. Je höher die Stellung seines Herren, um so rücksichtsloser wird er sein. Wenn wir ein solches Verhalten auch nicht gutheißen, ist es dennoch völlig falsch, dem Fahrer etwa Vorhaltungen zu machen, wie er zu fahren habe, oder etwa gar selbst zu fahren, um ihm zu zeigen, daß man langsamer auch zum Ziele kommt, und zwar viel gefahrloser. Unbelehrbaren Selbstfahrern sei dabei gleich noch ins Ohr geflüstert, daß unsere Nerven den chaotischen Verkehrsverhältnissen in den volkreichen ostasiatischen Städten gar nicht gewachsen sind. Ein europäischer Selbstfahrer, besonders wenn er vermögend ist, läuft ständig Gefahr, bei einem Verkehrsunfall ›ersatzpflichtig und schuldig‹ gesprochen zu werden. Wie leicht kann er dann zeitlebens eine zwanzig- und mehrköpfige Chinesenfamilie ernähren. Eingeborene Fahrer hingegen sind in den Augen hiesiger Richter immer unschuldige Opfer ›verzeihlicher Irrtümer‹ im Verkehr. Bei ihnen ist ja ohnehin nichts zu holen. Und noch etwas: Nur Neulinge in Ostasien tanken ihren Wagen und verkehren selbst mit der Reparaturwerkstatt. Ihr Kraftfahrer wird sich natürlich um seine

›Provision‹ betrogen fühlen. Kein Geschäft in Asien ohne Provision. Wer die nicht zahlen will, soll zu Hause bleiben!«

Es geht auf die Mittagsstunde zu. Die im Hafen an ihren Booten arbeitenden Schichten haben schon lange Ausscheiden gemacht. Während der heißen Tagesstunden wird nicht gearbeitet. Einige der U-Boot-Fahrer hocken noch am Ende vom Pier. Sie haben die Schuhe ausgezogen und lassen die nackten Füße in das kristallklare Wasser baumeln, während andere im Stützpunktbereich in Liegestühlen eisgekühlte Getränke genießen. Wenn es sich hier um Dienstgrade handelt, werden sie, nur auf einen Fingerwink hin, lautlos und prompt von ›ihren‹ Eingeborenen bedient.

Eine fürchterliche Detonation läßt die Luft erdröhnen und die Gebäude erzittern. Die Männer in den Liegestühlen werden durch einen taifunartigen Druck herausgerissen, hochgehoben oder zur Seite geschleudert ... Die im Hafen wirft es auf den Kai hin, so wie eine plötzliche Orkanbö Holz und Reisig davonwirbelt. Staub und Sand stieben auf. Die Palmen biegen sich. Von den Dächern fliegen Ziegel herunter. Glas splittert.

Und dann sehen die, die sich hochrappeln, wie sich eine dicke schwarze Wolke über der meist von japanischen Transportern voll belegten Reede in den Himmel schraubt. Danach donnern weitere, kleinere Explosionen. Aus der sich nach oben verbreiternden Wolke schießen und wirbeln Masten, Relingstützen, Lukendeckel, Eisenfetzen und wohl auch Menschen heraus ...

Und dann sehen sie alle auch die lodernden Flammen.

»Um Himmels willen, muß ja 'n ganz großer Kasten in die Luft geflogen sein«, bricht es aus Dechow, Oberfähnrich und Funker im Stützpunkt, heraus.

Sein Begleiter, Oberfunkmaat von U-Lüdden, ist genauso bestürzt. »Wird doch nicht etwa unsere *Quito*, unser Versorgungsdampfer sein?«

»Nein, der liegt da nicht. Aber los ...«

Sirenen heulen auf. Japanische Lastwagen donnern in Richtung Hafen vorbei. Der Oberfähnrich winkt einem Sanitätsfahrzeug. Es hält mit einem Ruck. Der japanische Fahrer steckt den Kopf durch das Fenster. Dechow deutet zum Hafen hin und schwingt sich, ohne des Japaners Antwort abzuwarten, auf das Trittbrett, der Funker von U-Lüdden steht auf der anderen Seite.

Der Fahrer legt ein so irrsinniges Tempo vor, daß sie froh sind, als sie im Werftgelände halten.

Von hier aus sehen sie das auf Reede vor Anker liegende Schiff genau. Es ist ein Japaner, auf dem es im Augenblick der Katastrophe von Menschen wimmelte. Es hat schwere Schlagseite. Das ganze Oberdeck brennt. In den Laderäumen explodiert ständig Munition. Giftige, grüngelbe Wolken quellen aus ihnen heraus. Gellende Hilferufe der Verletzten stehen in der Luft.

Es sind bereits deutsche Seeleute da. Sie haben Schlauchboote und Kutter zur Rettung Überlebender klargemacht. Schwerverwundete treiben im Wasser.

Überall auf dem Kai und im Werftgelände stehen japanische Matrosen und höhere Dienstgrade der Marine herum. Viele haben die Hände in den Hosentaschen. Andere rauchen. Gleichgültig, ja ausgesprochen gelangweilt starren sie auf den brennenden Dampfer. Die schrillen Schmerzensschreie und das Wimmern der Verwundeten scheinen sie nicht zu hören.

Das Bild der glühenden Hölle macht auf sie nicht den mindesten Eindruck.

Den beiden deutschen Funkern stellt sich ein japanischer Marineoffizier in den Weg. Seine ausgestreckte Hand weist nach hinten. Seine Miene ist böse. Er spricht ein hartes Deutsch.

»Verlassen Sie den Hafen. Sie sind hier unerwünscht.«

Die beiden Deutschen begreifen nicht. Den anderen deutschen Seeleuten in den Booten schreit der gleiche Japaner zu: »Mit Arbeiten sofort aufhören, die Boote verlassen.«

Die U-Boot-Männer denken gar nicht daran. Es hat doch Schwerverwundete gegeben ... sie treiben im Wasser ... Als sich diese Deutschen mit ihren Rettungsmaßnahmen noch mehr beeilen, statt diese, wie gebieterisch verlangt, einzustellen, wird der japanische Fregattenkapitän ausgesprochen wütend. Was er in seiner Erregung nun auf Japanisch herausschreit, versteht keiner mehr.

Die Männer im Stützpunkt erleben ähnliches.

Gleich nach dem Knall wurde alles abkömmliche Personal zusammengerafft. Mit wortloser und tausendmal einexerzierter Selbstverständlichkeit erscheinen die deutschen Soldaten in ihren ältesten Klamotten. Die Ärzte, die Sanitäter legen Verbandszeug, Wolldecken, Medikamente klar. Alles preußisch ausgerichtet.

Der Stützpunktleiter ist sofort zum japanischen Admiral gerast, ihm die Hilfe der deutschen Waffenbrüder anzubieten. Er kommt zurück, langsam, mit schleppendem Schritt. Dann befiehlt er:

»Alles wegtreten.«

In der Luft sind noch immer die entsetzlichen Schreie der Verletzten. Über dem Hafen weht braunroter, widerlich süßlich riechender Rauch.

Was ist denn da los, daß sie, die retten und helfen wollen, wegtreten sollen?

Erst später findet der Chef Worte, um über seinen Besuch beim japanischen Admiral zu sprechen.

Das sei ein Heeresschiff, habe ihm der japanische Admiral auseinanderzusetzen versucht. Er erklärt es mit fast tonloser Stimme. Das japanische Heer habe ja seine eigene Marine, es verfüge sogar über eine eigene Luftwaffe. Also, so habe der Admiral gefolgert, sei es auch Sache des Heeres, sich um die Rettung der Verletzten und die Bergung der Toten zu kümmern. Für die Marine bestünde noch gar kein Grund zum Eingreifen, solange nicht die Kameraden vom Heer ausdrücklich darum bitten würden.

Für den Stützpunktleiter ist dies praktisch ein Befehl. Die U-Boot-Kommandanten, die sich mit ihren Männern trotzdem und mit wortloser Selbstverständlichkeit an den Rettungsaktionen beteiligten, bekommen später böse Worte von der japanischen Marine zu hören.

»Da kann man wirklich sagen: andere Länder, andere Sitten«, flucht Kuddel Hollenkamp und zieht mit den Ballen seiner breiten Seemannshand seine Hose in den Hüften hoch.

Zwischenoperationen der ersten, Einsatz der zweiten Monsun-U-Boot-Gruppe

Während die U-Boote überholt werden, startet die Skl in Berlin noch einmal den Versuch, Rohstoffe aus Asien durch ihre eigens als Blockadebrecher hergerichteten Motorfrachter nach Westfrankreich fahren zu lassen. Die Skl hofft, diese schnellen Schiffe im Schutze der längeren Winternächte im Nordatlantik und auf der letzten Etappe unter besonders starker Sicherung durch Zerstörer und Torpedoboote einbringen zu können. Diese ›Blockadebrecher in der Kautschukfahrt‹ werden im Oktober 1943 in Häfen des Südostraums beladen und in Marsch gesetzt. Es sind dies die Motorschiffe Osorno, Rio Grande, Alsterufer, Burgenland und Weserland. Nur der Osorno glückt der Durchbruch, die anderen Frachter werden das Opfer der nun engmaschigen Überwachung des gesamten Atlantiks, vornehmlich der berüchtigten Natal-Freetown-Enge. Damit ist die ›klassische Blockadebrecher-Aktion‹, die Rohmaterialien und insbesondere Maschinen, zum Teil Einrichtungen für ganze Fabriken und Elektrizitätswerke nach Asien und Rohstoffe, hier vornehmlich Rohkautschuk, Wolfram und Chinin, von Asien nach Westfrankreich transportierte, zusammengebrochen.

Einen Hoffnungsstrahl in dieser Situation versprechen die im Südostraum den Deutschen zurückgegebenen italienischen U-Boote. Mit deutscher Besatzung an Bord werden sie nach und nach als UIT 23, 24 und 25 wieder in Dienst gestellt [14].

Um die gleiche Zeit ist in der Heimat die zweite Monsun-Gruppe ausgerüstet worden. Drei dieser Boote gehen bereits kurz nach dem Auslaufen verloren.

Genau wie bei den Booten der ersten Monsun-Gruppe ist für die zweite eine Versorgung im südwestlichen Indischen Ozean vorgesehen worden. Sie soll diesesmal wieder durch das Hilfstroßschiff Charlotte Schliemann erfolgen. Dessen Stationierung ist terminlich so eingeplant, daß auch die aus dem Südostraum Anfang Januar 1944 ausgelaufenen vier Kampf-U-Boote nach ihren durch den geringen Torpedobestand [15] an sich begrenzten Ope-

rationen im Indischen Ozean für ihren Weitermarsch in den Atlantik und Rückmarsch in die Heimat versorgt werden können.

»Unverständlich bleibt«, so sagt der damalige Fregattenkapitän Ottoheinrich Junker heute, »warum der deutsche Stützpunkt im Südostraum die dort über den B-Dienst bekannt gewordene Tatsache, daß am 10. Januar im Indik ein britischer Hilfsflugzeugträger mit Flugbooten an Bord in See gegangen war [16], den ausgelaufenen U-Booten nicht gefunkt hat. Hätte ich einen solchen Funkspruch gehabt, als ich später, im Indischen Ozean, durch immer wieder neue Befehle hin und her dirigiert, doch wieder Penang anlaufen mußte, wäre ich hellhörig geworden, ebenso aber auch die Kommandanten der anderen Boote, vor allem aber der Kapitän der *Charlotte Schliemann*. Daß der Gegner Hilfsflugzeugträger einsetzte, war nicht überraschend, daß er aber Flugboote mit weitreichendem Aktionsradius von einem beweglichen Träger startete, war neu und für unser Verhalten von entscheidender Bedeutung.«

Es war der 11. Februar 1944, als U 532 10.30 Uhr MOZ 75° Ost die *Charlotte Schliemann* in Sicht bekam.

Mit ihrem Kapitän, Louis Rothe, hat Fregattenkapitän Junker zunächst eine längere Besprechung. Dieser, der auf dieser Position Ende Januar bereits U 178 und das aus der Heimat eingetroffene U 510 versorgt hat, teilt Junkers zweifache Bedenken:

Einmal ist das Wetter derart unhandig geworden, daß die Versorgung nur unter erschwerten Umständen, möglicherweise sogar nur mit Verlusten durchgeführt werden kann, zum anderen aber hat das U-Boot einen Funkspruch vom BdU empfangen, der die bisherige Versorgungsposition bereits als ›unsicher geworden‹ erklärt. Die beiden Kapitäne vereinbaren einen neuen Treffpunkt in südlicheren Gefilden. Für den Fall, daß auf dem Marsch nach dort Flugzeuge in Sicht kommen und die *Charlotte Schliemann* anfliegen und angreifen, will Junker nicht tauchen, sondern versuchen, die Angreifer auch mit seinen Waffen abzuwehren.

Es ist 14 Uhr, als der Tanker mit Südkurs, rechtweisend 200 Grad, wieder Fahrt aufnimmt. In 72 Stunden wird man, wenn alles gut geht, die neue, 600 Seemeilen südlicher gelegene Position, erreicht haben. U 532 wird an der Grenze der Sichtweite mitlaufen. Obwohl weder U 532 noch die anderen U-Boote in diesem Gebiet Flugzeuge beobachtet haben, erscheint es Junker zweckmäßig, durch die Anwesenheit eines U-Bootes in unmittelbarer Nähe eines Tankers nicht von vornherein Verdacht zu erregen.

16.11 Uhr ist es, als sie auf der *Charlotte Schliemann*, die gerade auf 22° 11 Süd, 73° Ost steht, in rechtweisend 70° und gute 15 Seemeilen entfernt ein Flugboot entdecken. U-Junker, das noch in ziemlicher Nähe des Tankers schwimmt, wird sofort durch das Signal: ›Fritz! Fritz‹ verständigt. Zur Verwunderung der Schiffsführung des Tankers taucht das U-Boot aber plötzlich weg.

Fregattenkapitän Junker ist nicht ohne Grund von seinem eigenen ersten Befehl ›Es wird nicht getaucht, es wird abgewehrt‹, abgewichen.

Donnerwetter auch, so überlegte er sich blitzschnell und auch zu Recht, wo kommen denn hier in dieser Landschaft Flugboote her? Der nächste Stützpunkt dafür ist die Madagaskar vorgelagerte Insel Réunion. Die Entfernung bis dorthin beträgt gute 1500 Seemeilen. Also wird sich diese Maschine, wenn sie nicht von einem Träger stammt — und das wäre ja völlig neu —, mit Anbruch der Dunkelheit wieder auf den Rückflug begeben müssen. Bei ihrer Geschwindigkeit von etwas mehr als 250 Stundenkilometer wird sie sowieso sechs bis sieben Stunden dafür brauchen . . .

Junker beobachtete noch, wie die Catalina den Tanker in respektvollem Abstand umkreiste, wie sie von diesem das Erkennungssignal forderte, dann verschwand er von der Wasseroberfläche. Mit dem langsamen Flugboot wird die massierte Flak des Tankers — die 1-7,5 cm, 1-3,7 cm in Doppellafette und die 4-2 cm — schon allein fertig werden. Und wenn sie in der Catalina das U-Boot nicht gesehen haben — eine Funkmeßortung haben sie ja im FuMB nicht —, dann ist noch lange nicht 'raus, ob sich die so vorzüglich getarnte *Charlotte Schliemann* nicht, ohne ihre Tarnung preisgeben zu müssen, als Neutraler durchmogeln wird.

»Bei einem Flugboot ist mit Seestreitkräften in der Nähe nicht zu rechnen«, bekräftigt Junker, als er in der Zentrale vor seinem LI und seinen WO's die Abkehr von seiner Übereinkunft mit dem Tankerkapitän motiviert. Die Männer nicken. Junkers Gründe sind einleuchtend.

Weder in der Nacht, als sie auftauchen und mit AK auf den Punkt zulaufen, den Junker mit Kapitän Rothe für den Fall einer Trennung vereinbart hat, noch am nächsten Tage, noch in der folgenden Nacht bekommen sie den Versorger in Sicht; nur wieder ein Flugboot, das sie aber rechtzeitig entdecken.

Fünf Tage steht U 532 auf dem vereinbarten Ausweichtreffpunkt auf und ab. Vergeblich.

Was sie auf Junkers Boot nun alle fürchten, trat schon in der Nacht des 12. Februar ab 0.30 Uhr ein. Wohl hatte sich die Catalina gegen 17 Uhr entfernt, Kapitän Rothe ließ aber noch bis 20 Uhr Scheinkurse in Richtung Australien steuern, um erst dann wieder auf den vereinbarten Kurs zu drehen. Inzwischen hatte das Gegnerflugzeug aber ein eigens auf deutsche Versorgungsschiffe angesetztes Kriegsschiff eingewiesen.

Kurz nach Mitternacht wird auf dem Tanker achteraus in 220° der Schatten von einem Überwasserfahrzeug ausgemacht. Der Fremde, den sie auf dem Versorger 0.30 Uhr als Kreuzer ansprechen, ist der Zerstörer *Relentless* mit der taktischen Nummer H 85.

1 Uhr, als der Verfolger das Feuer aus allen Rohren eröffnet, läßt Kapitän Rothe stoppen, die Besatzung aussteigen und die Sprengladung abreißen. Aus einer Entfernung von höchstens zwei Seemeilen schießt der Gegner noch acht Torpedos. Nur einer trifft die Backbordseite unter der Brücke. Wenig später, 2 Uhr, versinkt der Tanker. Ein Teil der Besatzung, 41 Mann, wird von dem Zerstörer übernommen. Das Schicksal der anderen, die in ihren Rettungsbooten im Schutze der Dunkelheit entwischen und je 27 Tage und 31 Tage unterwegs sind, ist eine Odyssee an Leiden und Strapazen.

Was hatte der von H 85 gerettete Oberleutnant zur See d. R. Wimmel zufällig gelesen, als er vom britischen Kommandanten auf die Brücke und ins Kartenhaus gebeten wurde...? Die *Relentless* war danach bereits am 5. Februar ausgelaufen ... ›for German supply ship ...‹ wie es ausdrücklich hieß.

Vielleicht hätte U 532 der *Charlotte Schliemann* doch helfen können, hätte es nicht getaucht, wäre es in unmittelbarer Nähe des Tankers verblieben, vielleicht hätte sich in der Nacht die Chance zu einem Angriff auf H 85 geboten. Aber das sind Unwägbarkeiten. Im Augenblick des Auftauchens der Catalina hat sich U 532 in beiderseitigem Interesse richtig und vernünftig verhalten.

Vier Wochen später, U-Spahr hat inzwischen U-Junker mit 30 Kubikmeter Treibstoff ausgeholfen, ereilt die als Ersatz für die *Charlotte Schliemann* ausgelaufene *Brake* dasselbe Schicksal. Wieder auf einem geheimen Versorgungstreffpunkt, und zwar gerade, als Kapitän Kölschbach einige U-Boote betreut.

U-Lüdden ist schon, U-Pich muß in dieser Stunde noch weiter versorgt werden. U-Junker hat bereits Brennstoff, aber noch kein Schmieröl übernommen, zudem ist der Kompressor ausgefallen. Man hofft, daß er von dem Werkstattpersonal des Troßschiffes repariert werden kann. Außerdem soll U 532, wie auch die anderen in die Heimat gehenden Boote, noch drei Tonnen Gummi und eine halbe Tonne Zinn an Bord nehmen.

Um die gleiche Zeit nun funkt das aus Bordeaux kommende exitalienische Transport-U-Boot 22, es könne wegen Mangel an Treibstoff den Treffpunkt nicht erreichen.

Es funkt, funkt und funkt immer wieder.

»Ich spür's im . . . na ja, ich spür's eben, es liegt Unheil in der Luft«, orakelt auf U 168 Ersatz-IWO Conrad Hoppe, als der Funker dem Kommandanten immer neue, vom FT-Raum entschlüsselte Notrufe vorlegt.

»Du meinst, was UIT 22 betrifft?« sinnt Pich.

»Auch das, mehr aber noch, was uns hier angeht. Du bist nach Antritt der Unternehmung umgekehrt. Ein Seemann kehrt nicht um.«

»Aberglauben hin, Aberglauben her, das hier sind doch Haarspaltereien, Herr Kaleu«, mischt sich der LI ein. »Wir sind doch nicht nach Singapore, von wo aus wir die Unternehmung antraten, wir sind nach Penang zurückgelaufen. Und schließlich sind Sie jetzt an Bord. Sie sind ein neues Zahnrad im Getriebe.«

»Trotzdem«, murrt Hoppe und schlürft seinen Tee. Das Frühstück interessiert ihn nicht. Pich denkt daran, daß ihm das Pech in Penang ja auf den Füßen gefolgt wäre, womit die Regel als abgegolten gelten dürfte. Aber er sagt es nicht.

Es ist nachmittags — U 168 hat obendrein noch Maschinenschaden, der der Reparatur mit Hilfe des Versorgers bedarf — als von U 532 Flugzeuge gesichtet werden. Es ist genau 16 Uhr, als die Alarmmeldung eingeht. Der Angriff der Maschinen konzentriert sich auf die *Brake*, auf U-Lüdden und U-Junker, während das wegen Maschinenreparatur 15 Seemeilen auf und ab stehende U-Pich ungeschoren bleibt. Als dann wie bei der *Charlotte Schliemann* ein Kriegsschiff auftaucht und den Tanker unter gezieltes Feuer nimmt, hofft *Brake*-Kapitän Kölschbach vergebens. Keines der von den Bienen unter Wasser gedrückten U-Boote greift den Gegner an, der zumal stark zackt und nach Erfüllung seiner Aufgabe im Hinblick auf die akute U-Boot-Gefahr sofort und ohne eine Rettungsaktion abläuft.

U-Pich, das als erstes Boot zur Stelle ist, übernimmt die Überlebenden und Verwundeten des Versorgers, der sich im Feuer der gegnerischen Granaten befehlsgemäß selbst versenkt und die Boote ausgesetzt hatte. [17]

»Ich kann Ihnen doch Männer abnehmen«, schlägt Fregattenkapitän Junker vor, als er später, in der Nacht schon, auf dem Katastrophenplatz auftaucht.

»Nicht nötig, Herr Kapitän. Denke, daß ich damit schon klar komme.«

Pich hofft, daß alles klar geht. Mit den 136 Überlebenden werden sie 190 Mann an Bord sein. Seine Koje hat der Kommandant an den völlig erschöpften *Brake*-Kapitän abgetreten, die anderen Kojenbesitzer ihre Schlafplätze an die Verwundeten. Gerade als der letzte Überlebende in das Boot übernommen, treffender gesagt, gerade als er in die Röhre hineingestopft wird, gibt es erneut Fliegeralarm. 136 Mann mehr an Bord entsprechen gut und gern einem Mehr von 200 Zentnern. Pich taucht mit einem gewichtsmäßig noch nicht ausgerechneten Boot, und die Fliegerbomben detonieren in verdammt bedrohlicher Nähe. Aber der Druckkörper hält stand. Dem LI aber gelingt es, U 168 noch vor Erreichen der Sicherheitsgrenze abzufangen.

Während U-Lüdden ohne nochmalige Kontaktaufnahme mit den Kameradenbooten inzwischen auf Kurs Heimat gegangen ist, haben Junker und Pich noch kurz vor dem erneuten Fliegeralarm verabredet, sich nach Osten abzusetzen. Von hier soll dem BdU über FT die Lage berichtet werden. Und diese ist alles andere als erfreulich. Der Ausfall der *Brake* wirft die Pläne der U-Boot-Führung hier im Indik über den Haufen.

»U-Pich zurück nach Batavia — stop — U-Junker wie befohlen weiter nach Westfrankreich«, bestimmt der BdU, als er das FT von U 532 erhält, in dem Junker den Verlust des Tankers berichtet, auch, daß er U 168 nach einem erneuten Fliegeralarm verloren und später nicht wiedergefunden habe. »U-Junker bekommt neuen Kompressor und Schmieröl im Südatlantik von ausgehendem Boot«, heißt es in der BdU-Antwort weiter.

»Das fehlt uns gerade noch«, sagt Junker mit zerfurchter Stirn. Ob der Ausmarschierer überhaupt ankommt? Wer weiß das denn überhaupt? Wer garantiert dafür? Und was, wenn er vorher absäuft?

Und was ist inzwischen mit UIT 22 passiert?

Hatten Kapitänleutnant Wunderlichs Hilferufe Erfolg? Half ihm ein Kameradenboot aus?

Zur Stunde, da Fregattenkapitän Junker erneut Kurs auf die Roaring Forties nimmt, um in deren Schutz das Kap der Guten Hoffnung zu runden, schwimmt UIT 22 überhaupt nicht mehr.

Das ging voraus:

Nachdem Wilhelm Dommes wegen Erkrankung ausgestiegen war, hatte U 178, das jetzt unter Spahrs Kommando fuhr, auf seinem Weg in den Atlantik und nach Westfrankreich wieder einmal eine Reparatur in der Maschine. Diese, nur bei aufgetauchtem Boot durchführbar, ging nicht reibungslos über die Bühne. Ein Flugzeug drückte U 178 mitten in der Arbeit ganz plötzlich unter Wasser. In 40 Meter Tiefe krepierte eine Bombe. Zum Glück weit ab. Und zum Glück auch nur eine.

Nach dem Auftauchen angelt der Funker ein FT aus dem Äther: »Treffen mit UIT 22 auf Position . . .«

Es ist der 11. März 1944, mittags.

Spahrs bester Ausguck, Fähnrich Lange, meldet ruhig und bestimmt: »Fünf Flugzeuge rechts voraus!«

Auf Sehrohrtiefe angekommen, beobachtet Spahr, wie die Maschinen abkippen. Minuten später sind unter Wasser harte Detonationen zu hören.

»Jetzt haben sie den Wunderlich beim Wickel.«

»Wunderlich wird sich wundern, was hier los ist«, sagt der Zentralemaat. Er meint es nicht spöttisch.

Die Maschinen bleiben den ganzen Nachmittag in der Luft. Erst am nächsten Morgen kann Spahr auftauchen.

Auf dem Treffpunkt genau breitet sich ein riesiger, buntschillernder Ölfleck aus.

Was sich hier abgespielt hat, ist Spahr und seinen Männern klar.

»Trotzdem blieb ich«, so schreibt Spahr ins KTB, »eine Weile über Wasser und suchte das Seegebiet ab. Aber nichts, außer dem Öl, war zu entdecken. Ich tat noch ein übriges, ich tauchte, um UIT 22 mit UT zu rufen. Wir blieben geraume Zeit unter Wasser, bekamen aber auf diese Anrufe keine Antwort . . .«

Wenige Tage nach dem Ende der *Brake* bekommt U 532 Befehl, UIT 24 zu versorgen. Der Exitaliener ist unter Oberleutnant zur See Pahl das erste regelrechte Transport-U-Boot, das mit Kautschuk, Chinin und Edelerzen an Bord nach Westfrankreich unterwegs ist. Wegen schwerer Seeschäden scheint aber ein Weitermarsch durch den Atlantik zu risikoreich. Nun soll Junker Pahl mit hundert Kubik Brennstoff aushelfen, damit UIT 24, das sonst im Südatlantik nachtanken sollte, zum Südostraum zurückmarschieren kann.

Was erzählt der Kommandant von U 532 heute?

»Das war eine sehr problematische Angelegenheit, denn wir hatten ja gar keine richtigen Versorgerschläuche. Wir haben das nun mit unseren Feuerwehrschläuchen gemacht. Wenn man da aber einmal Treiböl hindurchgepumpt hat, sind die schon halb hinüber. Der Gummibelag ist dann schon halb zerfressen, hatten diese Dinger doch schon beim Treffen mit U-Spahr herhalten müssen.

Aber es half ja nichts. Wir mußten diesem Boot die hundert Kubik geben. Bloß hatte ich Sorgen, daß das sehr lange dauern würde und daß die Trägergruppe wieder kommen könnte. Ich sagte mir, das mußt du eben riskieren. Wir hatten aber Glück: Wahrscheinlich waren die Briten durch ihren Erfolg bei der *Brake* müde. Oder satt. Außerdem sagte ich mir: Wie günstig, es ist ja Wochenende. Du versorgst am Sonntag. Die Engländer sind gute Christen. Die werden den Sonntag heiligen.

Welchem Umstand wir es zu verdanken haben, weiß ich nicht, jedenfalls haben wir den ganzen Feiertag über, zwar mit viel Mühe und noch mehr Not, aber unbelästigt U-Pahl versorgt.

Wegen der wesentlich schlechteren Steuerfähigkeit des Exitalieners schoren die Boote immer wieder auseinander. Der Schlauch brach mindestens ein halbes dutzendmal. Das hinterließ Ölspuren, die auf 20 bis 30 Meilen zu entdecken waren. Ja, und dann der Kummer mit den Anschlußstutzen, die verschiedene Durchmesser hatten. Aber das technische Personal hat Mittel und Wege gefunden, auch diese Schwierigkeit zu überbrücken...«

U 532 läuft nach acht Tagen der erwartete, die beiden Boote trennende Zwischenfall in Form eines Dampfers über den Weg. Junker greift an und versenkt das Schiff, das zweite dieser Reise. Frachter Nummer eins hat das Boot vierzehn Tage nach dem Auslaufen, genau am 21. Januar, fünf Torpedos gekostet. Zwei bei dem Unterwasserangriff. Sie detonierten prompt, aber der Kasten schwamm weiter. Drei am Tage, als sich U 532 vorgesetzt hatte. Sie gingen vorbei oder unten durch. Junker glaubte deutlich wieder diese Schutznetze zu sehen, die ihm Ursache für die Frühkrepierer der Magnettorpedos schienen.

»Dann habe ich versucht, ihn noch einmal zu stellen und bin bis zum Abend hinterhergelaufen. Ich habe mich auch bis zu einem gewissen Grad vorgesetzt, und als dann der Mond aufging, gab es eine merkwürdige Sichtveränderung. Es war fast windstilles Wetter, und ganz plötzlich war keine Kimm mehr zu sehen. Es herrschte dabei kein Nebel, aber es war einfach kein Horizont mehr da. Eine ganz merkwürdige Atmosphäre. Da tauchte ich, um zu hören, ob der verfolgte Frachter noch in der Nähe stand. Da ich mich bei Tage weit vorsetzen mußte, hatte er mir aber in Verbindung mit dieser sonderbaren Atmosphäre einen Streich gespielt. Wie ein halbes Jahr vorher der andere, kam er mir nicht wieder vor die Rohre. Na ja, da habe ich mir gesagt: Auf den hast du nun fünf Torpedos ohne Erfolg verschossen. Vielleicht ist es ganz gut so, daß er abgehauen ist, sonst wären vielleicht die restlichen fünf Aale auch noch draufgegangen.«

Trotz der Angriffsmanöver auf Frachter Nummer zwo findet U-Junker nachher den Exitalianer wieder. Aber die Freude, nun also doch gemeinsam in Penang einlaufen zu können, weil sich eine Umkehr zu zweit leichter ertragen läßt, soll nur von kurzer Dauer sein. Für U 532 gibt es bald eine neue Überraschung.

U 510 hatte sein Operationsgebiet verlassen, und Kapitänleutnant Eick hat seine Erfolge, beachtliche sogar, dem Löwen gefunkt. Es heißt da weiter: »Vorschlage BdU: Treibstoff-Versorgung aus U-Junker. Könnte Operationen dann noch fortsetzen.«

»Jetzt bin ich aber neugierig«, brummt Junker und dreht sich auf die andere Seite. Zwei Stunden später klopft der Funkmaat wieder an die Koje.

»Ah, die Antwort?«

»Woll, Herr Kapitän, eine, die uns in einer Sache betrifft, von der wir selbst noch nichts wissen.«

Fregattenkapitän Junker liest, mit einem Ruck sitzt er aufrecht. »Was funkt der BdU da an Eick . . .?« murmelt er und liest halblaut vor: ». . . kann Versorgung durch U-Junker nicht zustimmen. Junker muß U 1062 beölen.«

Wer ist denn nun dieses U 1062?

Erst später geht ein weiteres, nun für Junker bestimmtes FT aus der Heimat ein:

»Nach Ausfall *Charlotte Schliemann* versorgt U 532 das aus der Heimat im Indik zu erwartende U 1062 mit Treiböl.«

Rein in die Kartoffeln . . . 'raus aus den Kartoffeln. Das aufregende Hin und Her ist fast noch ärger als eine Waboverfolgung. Und die sechs Tage, die sie wieder einmal auf einem Treffpunkt auf und ab stehen, zehren an ihrer Nervensubstanz Mühlsteinen gleich, zwischen denen Körner so gründlich wie ihre Hoffnungen zermahlen werden.

Abends schreit der achtere Backbord-Ausguck auf: »U-Boot achteraus.«

Kommandant von U 1062 ist Oberleutnant zur See Albrecht. Er wirkt auf die Männer von U 532 ein wenig nervös. Aber vielleicht scheint das auch nur so.

Dieses U 1062 ist das erste reguläre Nachschub-U-Boot. Es hat Torpedos für die Stützpunkte im Südostraum an Bord. Wie beruhigend.

Aber es ist wie bei einem morschen Socken.

Wo ein Loch dichtgestopft wird, tauchen zwei neue daneben auf. — Aber diese Überlegungen spricht Junker nicht aus. Wozu die Leute beunruhigen. Was kommen muß, kommt früh genug.

U 510 ist das einzig überlebende Boot der zweiten Monsun-Gruppe.

»Eick nachmachen. Sofort Gebiet Lüdden besetzen«, hatte Dönitz gefunkt, als U 510 nach der Versorgung durch *Charlotte Schliemann*, der unter Südafrikas Ostküste ein vergeblicher Angriff auf einen Frachter voranging, quer durch den Indik geackert war. Lüdden hatte sich verschossen. Nun soll Eick dessen Operationsgebiet — den Dampfertreck zwischen Colombo und Aden besetzen. Während es aber Lüdden glückte, innerhalb von zehn Tagen acht Einzelfahrer zu torpedieren, bekommt U 510 nicht mal eine Rauchfahne in Sicht.

»Nachmachen ist leicht gesagt«, knurrt Eick, denn der Feind ist aufmerksam geworden, nachdem Lüdden diesen Seeraum abgegrast und beunruhigt hat. Die Frachter im Verkehr zwischen Aden und Ceylon fahren jetzt andere Kurse. Nach japanischen Meldungen — Eick erhält sie über die Funkstelle von Dommes in Penang — soll unter Arabiens Küsten mit Geleitzügen zu rechnen sein. Na klar, da müssen doch die aus dem Persischen Golf kommenden Tanker entlangmarschieren. Also hin, denn Eick ist ansonsten völlig frei in seinen Entschlüssen.

Dem in Essen geborenen Kapitänleutnant ist bis vor nicht allzu langer Zeit die U-Boot-Waffe gar nicht sympathisch gewesen. Bis zu dem Tag, da er zu den Grauen Wölfen abkommandiert wurde — keine Rede etwa von einer Freiwilligenmeldung —, hatte er als stolzer WO auf dem stolzen Zerstörer *Richard Beitzen* gefahren. Immer hatte er mit körperlichem Unbehagen, ja mit Grauen an die Enge, an diese fürchterlichen Luftverhältnisse in einer solchen Stahlröhre gedacht, wo auch immer er ein U-Boot sah. Und als er auf dem kleinen Schul-Boot in Pillau das erste Tauchmanöver erlebte, wurde er, wohl das einzigemal in seiner Soldatenzeit, so weiß wie eine frischgekalkte Wand. Dem Kommandanten des 250-Tonnen-Bootes hatte er seinen Zustand mit Seekrankheit entschuldigt. Und der hatte gar nicht ironisch gelächelt, nur verständnisinnig genickt und gesagt: »Das legt sich, Eick. Passen Sie nur auf.«

Eicks Boot zählte zu den ersten, die mit der neuen Geheimwaffe ausgerüstet wurden, mit dem ›Zaunkönig‹, jenem Torpedo, der sich auf Schraubengeräusche einsteuern soll.

U 510 hatte zwei davon in den Rohren. Befehl vom BdU:

»Wenn du sie nicht brauchst, vor Einlaufen im Südostraum versenken.«

Warum und wieso? Die Japaner sind doch Deutschlands Bundesgenossen?

Aus der Zentrale meldet der Obersteuermann: »An Kommandant. Sonnenaufgang in 20 Minuten. Zeit zum Tauchen.« Gut 14 Tage stehen sie nun schon hier im Golf von Aden unter Arabiens Küsten. Die klimatischen Verhältnisse zehren körperlich, sie nagen seelisch an den Männern. Die Temperaturen verhindern erholsames Ausruhen. Beim Unterwassermarsch von meist zwölf Stunden wirkt sich die stickige, heißfeuchte und sauerstoffarme Luft lähmend auf die Besatzung aus. Nur eiserner Wille hält die Männer aufrecht.

»Klarmachen zum . . .«

Minuten später hat der LI U 510 auf Sehrohrtiefe eingependelt. Eick legt sich endlich schlafen. Unter dem wirbelnden Lüfter über seinem Kopf fließt ihm der Schweiß vom nackten Oberkörper. Wache hat der Obersteuermann, der auch das Sehrohr von Fall zu Fall bedient, aber nur von Fall zu Fall, denn die See da oben ist spiegelglatt. Die Dünung ist so träge wie flüssiges Blei.

»Herr Kaleu!« weckt der Oberfunkmaat Maul den im Halbschlaf dahin dösenden Kommandanten. »Horchraum . . . Schraubengeräusche bleiben. Sie werden sogar deutlicher.«

Der Obersteuermann sucht die Kimm mit der Optik ab, während Eick im Horchraum hockt. Es ist nichts zu sehen. Die Schraubengeräusche bleiben. Sie werden sogar deutlicher.

Der LI hat eine Erklärung: »Hier in diesem Golf sind die Horchmöglichkeiten ganz ausgezeichnet. Schätze sie auf zehn bis zwölf Seemeilen. Das kann an der Wasserschichtung oder auch an der Temperatur liegen.«

Wenig später entdeckt der Obersteuermann Rauchfahnen. Erst drei, dann vier; dann zählt er sechs und mehr. Alles geht so schnell, ehe Eick ihn ablösen kann.

»Tagesangriff unter Wasser kommt nicht in Frage«, entscheidet der Kommandant. Das Risiko ist zu groß. Er läßt den Konvoy an sich vorübermarschieren. Dumpf rumoren die Schrauben der Frachter und Tanker. Durch das Sehrohr beobachtet Eick:

»Tanker. Zwölf an der Zahl. In der Mitte in Dreierkolonnen.

An den Seiten Liberty-Frachter. Nur zwei Zerstörer als Sicherung. Einer vorn, einer hinten.«

Der Konvoy ist kaum außer Sicht, da läßt Eick auftauchen, um hinterherzuackern. Immer wieder zwingen ihn Flugzeuge zum Tauchen. Vorsichtig, daß die Bienen das U-Boot nicht entdecken. Wenn es nicht glückt, rechtzeitig aus der Fahrt heraus zu tauchen, läßt Eick sogar vorher stoppen, um verräterisches Kielwasser zu vermeiden.

U 510 sackt immer weiter achteraus. Ob das vielleicht die Absicht der Flugzeuge ist?

»Der geht uns in die Binsen«, denkt Eick für sich. Seine Offiziere und der Obersteuermann befürchten Gleiches.

Die Nacht ist da. Endlich, der Run beginnt. Aber erst, nachdem ein zurückgebliebener Zerstörer wieder Fahrt aufgenommen hat. Kluge Burschen, diese Briten. Zehn bis zwölf Stunden Dunkelheit stehen zur Verfügung. Zwei Stunden nach Mitternacht hat der Horcher wieder Peilung. Aber jedes Horchen kostet Vorausfahrt, denn zum Horchen muß das Boot tauchen.

Zwei Stunden vor Sonnenaufgang haben sie sich endlich mit AK vorgesetzt: Schulmäßiger Angriff von Backbordseite gegen eine regelrecht zusammenhängende Front dunkler Schiffsleiber.

Vier Torpedos, vier Treffer.

Die Liberty-Frachter schwärmen aus, einer läuft vierkant auf U 510 zu und hinter ihm her. Ein Zaunkönig für ihn ... Aber Eick läßt den Wunderaal im Rohr — um es später bitter zu bereuen.

Beim Nachladen werden die Mixer und ihre Gäste nervös. Ein Aal verklemmt sich. Als sie endlich klar melden — in den Heckrohren ruhen ja die Zaunkönige für den Fall der Fälle — leuchtet am Osthorizont schon ein schwacher Silberstreifen.

Die Dämmerung ist schon da, als Eick noch einmal schießen läßt. Entfernung 2000 Meter. Näher heranzukommen, gestattet der anbrechende Tag nicht mehr. Der IWO hatte den Vorhalt errechnet und eingestellt. Aber der Geleitzug war mit der Fahrt heruntergegangen, er läuft nur noch sechs statt zehn Knoten. Die Folge: nur einer der vier Aale trifft noch, die drei anderen ziehen vorn vorbei. Einen Liberty-Frachter hat es erwischt. Treffer Vorschiff, unterhalb der Back.

U 510 verschwindet. Es wurde höchste, allerhöchste Zeit.

Gegen elf Uhr meldet der Horchraum: »Schraubengeräusche kommen auf, vermutlich Zerstörer.«

»LI, auf Sehrohrtiefe«, sagt der Kommandant.

Der Leitende arbeitet mit der Präzision eines Uhrmachers. Das Sehrohr lugt nur eben mit dem Kopf aus dem Wasser. Oh, verteufelt ... Was ist denn das ...? Eick wird geblendet ... Von einem lichtstarken Morsescheinwerfer ...

Dicht voraus schwimmt ein Zerstörer, der auf ihn zuläuft. Gerade holt Eick Luft, gerade öffnet er den Mund, um die Zaunkönige einzusetzen, da sagt Oberfunkmaat Maul etwas von einer weiteren Peilung achteraus. Aha, der voraus morst mit einem anderen Zerstörer, der genau in Linie zum Standort des U-Bootes steht.

Da ist auf einmal noch ein dritter Zerstörer an der Backbordseite da.

Gute Arbeit. Sie haben das U-Boot eingekreist. Aber sie greifen nicht an. Der, der auf U 510 zuhält, dreht auf drei Seemeilen Entfernung plötzlich mit 90 Grad ab. Dann verschwinden die drei. Mit Höchstfahrt.

Sonderbar? Es scheint so ... Oder hat sich die für Zerstörer tödliche Wirkung der Horchtorpedos schon herumgesprochen?

Sie hat. Und die Alliierten haben auch schon eine Gegenwehr entwickelt. Wozu also kostbare Zerstörer unnötig opfern, wenn ihre bloße Anwesenheit genügt, den Angreifer in ein gehetztes Wild umzuwandeln und vom Geleitzug abzudrängen.

In seinem Tagebuch vermerkt Kapitänleutnant Eick:

»Dieses ausgesprochen ökonomisch zu wertende Verhalten der britischen Zerstörerkommandanten darf nicht zu falschen Schlüssen führen. Es ist für jeden, der die Briten nur ein wenig studiert hat, eine alte Weisheit: Sie werden um so zäher, je dichter ihnen das Feuer auf der Haut brennt.«

Abends: Bewußt langes FT über Erfolge und die Lage, danach läuft U 510 ab, nicht in Richtung Penang, wie der Gegner vermutet, weil er annimmt, daß sich das Boot ja verschossen haben muß. Irgendwo muß der Verkehr laufen, der von Australien über Colombo nach Aden führt, nagt es in Eick. Lüddens Goldader zu finden, ist wie das mühsame Spiel von Schatzgräbern. Aber nördlich der Laccadiven graben sie sie aus. Mit Pannen und auch mit Erfolgen. Und zum Deutschen Kreuz drahtet der Löwe für Eick nun noch die Verleihung des Ritterkreuzes und für viele Männer das EK Eins.

Eicks Blechkrawatte ist das erste Ritterkreuz im Indik.

Als es auf das Ende der Reise zugeht, ertappt sich Eick bei zunehmender Wurstigkeit. Erst viel später, im Stützpunkt, jagt ihm diese Erkenntnis der Lähmung des kritischen Spannungsvermögens Schauer den Rücken herunter. Aus purer Verzweiflung über die elende Monsun-Hitze taucht er jedenfalls schon zwei Stunden vor der Dunkelheit auf. Dies im Bereich vor Colombo. Das ist gegen jede sonstige Gewohnheit. Der Himmel ist mit dicken grauen Wolken bedeckt, und Flugzeuge wurden hier bisher kaum festgestellt. Angeblich.

Dennoch! Dieses Dennoch ist auch aus den Gesichtern der Offiziere und der Männer herauszulesen, soweit diese überhaupt Dienst tun, des WO's, des LI's der beiden Tiefenrudergasten, des unbedingt notwendigen Maschinenpersonal in der E-Maschine.

Alles andere liegt bis zum Auftauchen auf den Kojen und japst und hechelt und dampft.

Den Dampfer, dessen Rauchwolken sie ausmachen, greift Eick nach Einbruch der Dunkelheit mit zwei Aalen an. Zwei Detonationen und eine riesige dunkle Wolke. Wo der Dampfer schwamm, ist nichts mehr, als sich der Qualm verzieht.

Der LI glaubt eine Erklärung zu haben: »Kohlenschiff. Kohlenstaubexplosion.«

»Jaja, so wird es wohl gewesen sein.«

Die immer stärker werdende Apathie ist wie schleichendes Gift in die Seelen der Männer eingesickert. Daß der Gegner so plötzlich verschwand, wie ein Luftballon zerplatzt, rührt sie nicht. Daß da drüben keiner überlebte, keinen an Bord bewegt es ... Der Monsun, dieser verdammte Monsun ...

Und dann ist das Treiböl alle. Also auf denn, nach Penang, auf ins Paradies.

»Vor Einlaufen unbedingt die Zaunkönige versenken«, funkt die Heimat.

Kopfschütteln, Staunen, Verbitterung.

»Dann hätten wir sie ja beim Geleitzug auf die Zerstörer ansetzen können«, sagt der IWO ärgerlich.

»Noch besser in der Natal-Enge ... Wissen Sie noch, als wir

erst den Schatten auf dem geheimen Prisenweg für unsere Blokkadebrecher entdeckten ... den, der wie die *Osorno* aussah ... als wir dann später den alten US-Vierschornsteinkreuzer und den großen Zerstörer sichteten ... als der Kreuzer vierkant auf uns zulief, dann aber in den Wind drehte und wir feststellten, daß er Flugzeuge einsetzte ...«

Ja, das war die ganz große Chance für die Zaunkönige gewesen. U 510 hätte so vielleicht das Schicksalsblatt eines der anderen Blockadebrecher noch einmal zurückgeschlagen.

Aber da war der Befehl: »Die neuen Torpedos dienen in erster Linie der Defensive!«

Das war schon richtig, jedenfalls damals noch, als sie noch absolut geheime Chefsache waren.

»Eick-San ...«, so sagt der japanische Admiral nach dem Einlaufen in Penang, nach dem Begrüßungszeremoniell, in kleinem Kreise, »... wo haben Sie denn die neuen Torpedos gelassen?«

»Ich verstehe nicht«, weicht der U 510-Kommandant mit gespielter Gleichmütigkeit aus, »... was für Torpedos meinen Herr Admiral? Die mit den Magnetknöpfen? Die sind doch schon uralt.«

»Oh, nein, ich meine diese ganz neuen Dinger, die, die auf Schraubengeräusche ansprechen.«

»Aber davon weiß ich gar nichts.«

»Aber wir, Herr Kapitänleutnant«, übersetzt der Dolmetscher des Admirals letzte Worte, die er noch im Aufstehen spricht.

Die Japaner verdankten ihre Kenntnisse, das erfährt Eick von des Admirals Adju, der amerikanischen Presse. Was nicht von der Hand zu weisen ist.

Acht Tage später legt Korvettenkapitän Dommes Eick einen langen Funkspruch der Skl vor. Danach hat das OKM den Japanern auch das Geheimnis der Horchtorpedos anvertraut, eine nun schon beinahe uninteressant gewordene Gekados-Technik, denn inzwischen sind die meisten alliierten U-Boot-Jäger, die Zerstörer, Fregatten und Korvetten, mit ›Rabbatz-Bojen‹ ausgestattet worden.

5

Einsatz für Südostasien: Ab jetzt einzelbootweise

Aus der Heimat sind inzwischen weitere Kampfboote zu Operationen im Indischen Ozean und anschließender Überholung und Neuausrüstung im Südostraum in Marsch gesetzt worden. Ihr Einsatz erfolgt nunmehr einzelbootweise.

Es handelt sich um die Boote:

U 68, Typ IX C, unter Oberleutnant Albert Lauzemis, vormals
IWO an Bord;

U 177, Typ IX D2, unter Korvettenkapitän Heinz Buchholz;

U 181, Typ IX D2, unter Fregattenkapitän Kurt Freiwald;

U 196, Typ IX D2, unter Korvettenkapitän Eitel-Friedrich
Kentrat;

U 198, Typ IX D2, unter Oberleutnant Burkhardt Heusinger
von Waldegg;

U 537, Typ IX C 40, unter Kapitänleutnant Peter Schrewe;

U 843, Typ IX D, unter Kapitänleutnant Oskar Herwartz;

U 851, Typ IX D2, unter Korvettenkapitän Hannes Weingärtner;

U 852 ,Typ IX D2, unter Kapitänleutnant Heinz-Wilhelm Eck;

U 859, Typ IX D2, unter Kapitänleutnant Johann Jebsen;

U 860, Typ IX D2, unter Fregattenkapitän Paul Büchel;

U 861, Typ IX D2, unter Korvettenkapitän Jürgen Oesten;

U 862, Typ IX D2, unter Korvettenkapitän Heinrich Timm;

U 863, Typ IX D2, unter Kapitänleutnant Dietrich von der Esch;

U 867, Typ IX C, unter Kapitän zur See von Mühlendahl;

U 871, Typ IX D2, unter Kapitänleutnant Erwin Ganzer.

Von diesen Booten gehen auf dem Anmarsch verloren:

U 68, Mertens Erfolgsboot, am 10. Mai 44 im Mittelatlantik nordwestlich von Madeira; Gysaes Erfolgsboot, U 177, am 6. Februar 44 im Südatlantik, südwestlich Ascension; U 851 im März 44 im Nordatlantik; U 867 am 19. September 44 nordwestlich Bergen; U 871 am 26. September nordwestlich der Azoren; U 863 am 29. September 44 im Südatlantik südöstlich von Pernambuco.

U 181, im November 1943 von Fregattenkapitän Freiwald übernommen, ist mit der Hypothek großartiger Erfolge, höchster Auszeichnungen und der auch bei dickster Luft bewiesenen glücklichen Hand des Vorgängers, Korvettenkapitän Lüth, belastet. Wolfgang Lüth, ein geistreicher und zäher Balte, hatte auf der letzten, bis in die Randgebiete des Indik führenden Unternehmung, auf der er während 205 Seetagen zehn Frachter mit 45 331 BRT versenkt, die Brillanten zum Ritterkreuz mit Eichenlaub und Schwertern erhalten; dies, nachdem er seit Kriegsbeginn ohne Unterbrechung an der ›U-Boot-Front‹ stand ... als Kommandant von U 9, von U 138, von U 43 und schließlich U 181*.

Ist es ohnehin für jeden neuen Kommandanten schwer, eine schon länger in Dienst stehende Einheit zu übernehmen, so hat es Freiwald besonders schwer. Im Vergleich zu Lüth kann er zwar eine gute Friedensausbildung, auch auf U-Booten, aber nur eine kurze, knapp drei Monate während U-Boot-Ausbildung während des Krieges aufweisen. Die andere Zeit, fünfeinhalb Jahre, hatte er in Stäben verbracht, erst in der Seekriegsleitung, dann als Adjutant des ObdM, Raeder, später in gleicher Eigenschaft bei dessen Nachfolger, Dönitz. Ihn direkt vom Schreibtisch auf den Turm eines der erfolgreichsten U-Boote zu kommandieren, war eine Überforderung. Oder ... eine Auszeichnung? Denn wer schon sollte dieses Boot mit seiner eingefahrenen und durch die Praktiken und Erfolge des berühmten Lüth verwöhnten Besatzung denn sonst übernehmen?

Der einfache Seemann hat meist sehr bald schon die Qualitäten eines ›neuen Alten‹ abgetastet. Er empfindet unbelasteter, unkomplizierter, intuitiver: »Diese Ruhe hatte Lüth nicht«, sagt einer nach den ersten Wochen.

»Wenn er draußen auch so ruhig bleibt, haben wir keinen schlechten Tausch gemacht«, ein anderer.

»Hast du gestern gesehen, wie er mit dem Boot aus der Schleuse in die Gironde fuhr?«

»Und ob. Lüth war seemännisch vorsichtiger, bei ihm mußten wir immer Tampen an Land geben, vorn zwei und achtern zwei. Und mit der Fahrt heruntergehen. Und dieser Freiwald verzichtet darauf. Er karrt mit ›Zweimal Kleine‹ einfach ohne Schlepperhilfe durch. Allerhand, allerhand.«

In der Tat verlangt ein solches Manöver vollendete Beherr-

---

* Siehe auch Brennecke: Jäger — Gejagte, Koehlers Verlagsgesellschaft, Biberach/Riß 1956³ (jetzt Herford).

schung aller Manövriereigenschaften eines U-Bootes dieses Typs und gründlich studierte Fahrwasserbedingungen für den, der aus dem Schleusenkanal ohne Schlepperhilfe in die starke Strömung der Gironde eindrehen will.

Als Freiwald auf der Gironde vor dem Strom am Kai anlegen wollte, als er die Schnauze des Bootes genau dorthin dirigierte, wo sie hin sollte, um die Vorleine an Land zu geben, bummste es... nur ein wenig, aber spürbar. Freiwald ärgerte sich, er machte, als das Boot festlag, auch seinen Männern gegenüber kein Hehl daraus. Und deren Antwort? Erstaunen und dann: »Aber Herr Kapitän, das war doch prima, das Manöver... Wie mit einem Torpedoboot!«

Kopfschütteln, ungläubiges Erstaunen an Bord, als Fregattenkapitän Freiwald, nachdem das Boot am 16. März 1944 aus Bordeaux zur Unternehmung ausgelaufen ist und nun schon tief im Atlantik steht, mit einer Pütz in der Zentrale auftaucht. In der Holzpütz ist heißes Seewasser, und in diesem schwimmt des Kommandanten Wäsche. Er, der sich hier auf die Kartoffelkiste gesetzt hat, knobelt sie selbst. Sonst besorgt das der Aufklarer, der jedem Kommandanten zusteht. Als dieser seinem Boß nun die Pütz mit der eingeweichten Wäsche abnehmen wollte, hatte ihn Kapitän Freiwald mit einigen freundlichen, aber bestimmten Worten weggeschickt. Die Art, wie er das sagte, wie er auch in diesem Falle, wie in anderen, den Mann abfertigte, ist vielen neu. Sie ist anders als bei anderen Kommandanten, hat doch Freiwald Übung in der hohen Kunst, Autorität mit vollendeter Höflichkeit zu verbinden.

Die Offiziere, insbesondere die Aktiven, zu gewinnen, fällt schon schwerer. Sie sind kritischer eingestellt. Gewiß, was die Besatzung fühlt und denkt, empfinden im Grunde genommen auch sie, aber mit ihren ausgereiften Erfahrungen suchen sie nach der Antwort auf Fragen wie diese: »Was aber, wenn... Bei Lüth, den wir kennen, wußten wir...«

Freiwald kontert. Er erfindet für den Offiziersbereich den FvD: den Feigling vom Dienst.

Jeden Tag wird ein anderer Offizier mit dieser in der U-Boot-Waffe und wohl in der Kriegsmarine einmaligen Sonder-Dienststellung auf einer frontfahrenden Einheit betraut.

Der FvD darf an der Offiziersback der schreibtischgroßen

Messe tadeln, beanstanden, kritisieren, meckern, nörgeln. Er darf alles sagen, auch Überlegungen, die über die engmaschigen Grenzen dessen hinausgehen, was in der Heimat unweigerlich als Zersetzung der Wehrkraft mit Kriegsgericht geahndet wird. Der FvD genießt sozusagen Narrenfreiheit. Dabei weiß Freiwald, daß dessen Stimme oft die der Offiziere ist und daß er Bedenken ausspricht, wie sie sonst keiner der WO's so glasklar formulieren würde und daß er offen zeigt, was kein guter Offizier deutlich werden lassen darf: Angst, pure nackte Angst, daß die vom Kommandanten gehegten Absichten Boot und Besatzung ins sichere Verderben führen könnten.

Die Debatten, die der FvD entzündet, sind daher hundertprozentig ehrlich. Sie sind offener als anderswo. Und sie haben dreifachen Nutzen:

1. aufrichtiger und dankbar werden Anregungen von Freiwald entgegengenommen,

2. sie entspannen die Besserwisser, und

3. sie verhüten Kritik hinter dem Rücken.

Mit dem FvD hat Freiwald so etwas wie eine demokratische Kommandoführung eingeführt, ein Novum auf einem Schiff und auf einem Kriegsschiff dazu.

Festzustellen bleibt jedoch: als Kommandant befiehlt Freiwald am Ende doch, was er für richtig hält.

U 181 hat am 20. Mai das Kap der Guten Hoffnung umfahren und am 2. Juni den BdU-Befehl erhalten, in das Gebiet der Malediven zu gehen, falls sich das bisherige Operationsgebiet im Raum von Madagaskar als zu unergiebig erweisen sollte.

Bereits zweimal hat der BdU von U 181 nun schon Standortmeldung gefordert. Er braucht die jeweilige Position seiner Boote, denn die operative Führung auch der Monsun-Boote erfolgt aus seinem Hauptquartier.

»Wenn wir uns jetzt nicht melden, Herr Kapitän, bekommen unsere Muttis daheim den obligatorischen Brief«, erlaubt sich Funkmeister Wurmbach zu bemerken, als er die FT-Mahnung Freiwald übergibt. Er versucht seinen Hinweis zu bagatellisieren, in Wirklichkeit ist Angst und Sorge in seiner Stimme. U 181 wird jetzt schon seit Tagen gerufen.

»Wie war das denn früher hier an Bord?«

»Unter Lüth haben wir viel gefunkt. Ganz wohl war mir als

Funkfachmann dabei nicht. Aber die Briten hatten damals ja keine so großangelegte Überwachung aufgezogen.«

»Sie meinen, heute ist das anders?«

»Herr Kapitän, ich sage Ihnen nichts Neues, daß man Funksprüche einpeilen kann, auch die aus sechs Buchstaben bestehenden Kurzsignale. Wir Funker sind uns darüber schon lange im klaren.«

»Aber um solche Peilungen auszunutzen, brauchen sie mindestens zwei Positionen. Erst diese ermöglichen dem Nautiker einen Schnittpunkt in dem betreffenden Seegebiet.«

»Jawohl, das heißt, sie müssen an allen Küsten Funkpeiler haben.«

»Und . . .?« bohrt Freiwald.

»Haben sie auch. Das ist meine ganz private Meinung.« Und auf einmal wird der sonst so ruhige, manchmal immer etwas phlegmatisch wirkende Wurmbach höchst munter. »Diese Funkpeiler müssen ja nun Tag und Nacht besetzt sein. Das kostet viel Fachpersonal. Und das ist sehr knapp. Ich meine fast, Herr Kapitän, daß die Brüder automatische Peilgeräte haben.«

»So, so, das behaupten Sie. Aber beweisen können Sie es nicht.«

»Natürlich nicht, allenfalls Fälle, daß U-Boote nach langen Funksprüchen angegriffen wurden und danach abgeschrieben werden mußten. Da gibt's genug Beispiele. Wenn man als Funkenpuster hinter seinen Röhrenkisten sitzt, ist man ja viel enger mit dieser Materie verwachsen.«

Freiwald erwidert nichts darauf. Was Wurmbach sagt, deckt sich ganz mit seinen Überlegungen. Die Zeit im OKM gab ihm Einblick in manches Für und Wider. Wurmbach, der so energisch automatische Funkpeiler an die berühmte schwarze Wand malt, ahnt zu dieser Stunde nicht, daß er in gar nicht allzu ferner Zeit eines der strengst gehüteten Geheimnisse der Engländer in die Hände bekommen soll . . . in Singapore nämlich, als auch die Japaner kapituliert hatten . . . als die Engländer wieder Herr im fremden Hause sind und immer wieder ehemalige deutsche U-Boot-Fahrer für Reparaturarbeiten in ihren Werkstätten anforderten . . . Mit 120 Mann arbeiteten sie in der Marinewerft in Selatar, einige in der Torpedowerkstatt, andere in der für die Kanonen und er, Wurmbach, nun Oberfunkmeister, in der Hochfrequenz-Abteilung. Zusammen mit britischem Fachpersonal und indischen und malayischen Studenten als Hilfskräften sollte Wurmbach damals ein Gerät reparieren. Daß es ein Funkpeiler war, sah er als alter Fuchs mit einem Blick, aber ... dieser hier hatte kein Handrad ... innen ist ein Motor eingebaut ... und dieser ist mit einem Sender gekoppelt. Was hat ein Sender in einem Funkpeiler zu suchen? Der Ingenieuraspirant Chaudhuri aus Calcutta erklärt es ihm. »Jede Peilung wird automatisch, das heißt sofort, an die Zentrale weitergemeldet.«

Aber soweit sind wir noch nicht. Im Augenblick verlangt der BdU zum dritten und letzten Male die Position.

»Ja, aber geschehen muß jetzt etwas«, entfährt es Freiwald, als er das BdU-FT noch einmal gelesen und an Wurmbach zurückgegeben hat. »Melden wir also. Oberleutnant Giese bitte zu mir. Der Obersteuermann soll ihn so lange ablösen.« Giese ist ehemaliger Handelsschiffsoffizier, A 6er. Beim Norddeutschen Lloyd fuhr er vor dem Krieg auf der berühmten *Columbus*.

»Sie sind unser Nautiker Nummer eins an Bord«, eröffnet ihm Freiwald, als er sich beim Kommandanten meldet. »Prüfen Sie noch einmal ganz genau das Besteck, übertragen Sie die Position in die Quadratkarte — und dann ab dafür mit der Positionsmeldung ... Bin mal neugierig, was danach passiert ...«

Das FT wird in der Nacht vom 12. zum 13. Juni aus dem Gebiet zwischen Mauritius und Madagaskar gefunkt. Am nächsten und übernächsten Tag werden westlich und nördlich von Mauritius tatsächlich Feindflugzeuge gesichtet oder geortet. U 181 verzieht sich in allen Fällen in den Keller. In 32 Sekunden sind sie mit dem großen Boot auf 80 Meter. So oft haben sie Tag für Tag das Alarmtauchen zur Probe geübt, und bei jedem neuen Manöver eine Hundertstel-Sekunde eingespart.

Tatsache ist, das wissen wir heute aus den Unterlagen der Eastern Fleet, daß dieses Kurzsignal von den britischen Peilstellen aufgefaßt und eingepeilt worden ist. Es wurde aber ungenau auf etwa 15° S und 51° Ost lokalisiert. Der zuständige Seebefehlshaber veranlaßte daraufhin sofort eine Luftaufklärung, die aber ohne Ergebnis verlief ... das heißt, die Flugzeuge sahen das Boot bloß nicht, denn auf U 181 hatten sie die besseren Optiken. Und mehr und bessere Ausgucks. Außerdem ist ein Flug-

Oben: Der Bart muß ab. Nicht wie in der Heimat durften die
›Grauen Wölfe‹ ihre Bärte an Land bewundern lassen. Aus strikten
Geheimhaltungsgründen mußten sie bei den ›Monsunern‹ vor dem
Einlaufen ›fallen‹.

Unten: Tschinsche, tschinsche, mit eingeborenen Händlern. Der Rat
der Erfahrenen an die Neuen: »Immer zehn Prozent von dem bieten,
was die hier als ersten Preis verlangen.«

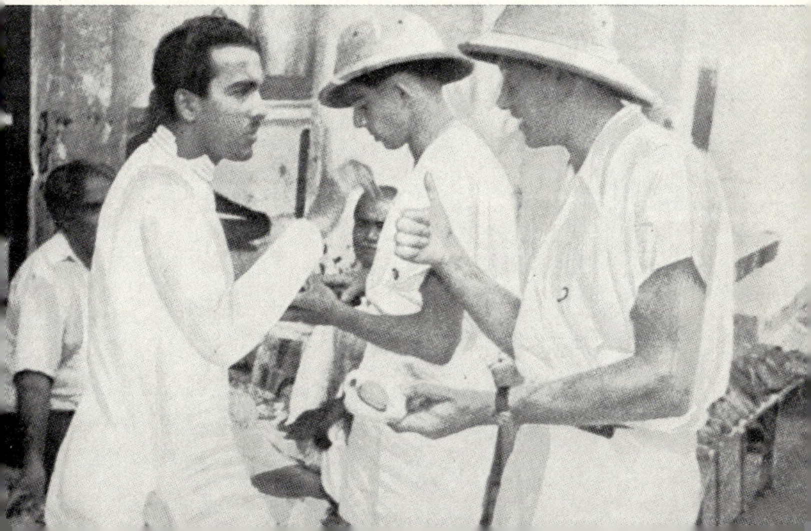

Oben: ›Verbündete Haie‹ im Paradieshafen von Penang. Innen und außen zwei deutsche Monsun-U-Boote, in der Mitte einer der japanischen U-Kreuzer. Auch ein Nichtfachmann erkennt die Unterschiede.

Unten: Eines der ehemaligen italienischen Kampf-U-Boote, die, da Rohstofftransporter, als UIT-Boote (Untersee-Italien-Transport) Verwendung fanden.

zeug in der Luft leichter als ein — im Verhältnis — kleines U-Boot auf dem blaugrauen Riesenteller eines Ozeans zu sehen.

Da die einst so fette Weide in diesem Raum einer sonnenversengten Prärie im Hochsommer gleicht, verholt U 181 mit Nordostkurs in Richtung auf den Chagos-Archipel.

Der 7118 BRT große Holländer *Garoet* sinkt am 19. Juni nach wohlgezielten Torpedos. Es geht so schnell, daß die Angegriffenen nicht mal einen Notruf senden und der Frachter von den Alliierten zunächst nicht vermißt wird.

Während die BdU Freiwald nun südlich der Malediven koppelt, stößt U 181 in das Gebiet der Laccadiven und an die Südwestküste Indiens vor. So kommt es, daß die Heimat vom B-Dienst ermittelte Frachtschiffversenkungen U 181 zuteilt, nämlich die *Shadzada*, die indessen auf das Konto von U-Kentrat kommen.

In der Nacht des 15. Juli detonieren zwei U-181-Torpedos an der Bordwand des 7174 BRT großen Briten *Tanda*, den Freiwald und Giese vorsichtshalber etwas kleiner ansprechen.

›Weniger ist oft mehr.‹ Diesem Wahlspruch stimmte auch der Handelsschiffexperte Giese zu, bevor die Aale aus den Rohren fauchten und auf den 6000 BRT geschätzten Frachter zurasten.

Dieses Schiff hatten sie in den frühen Nachtstunden nur 25 Seemeilen von der indischen Küste entfernt ausgedampft. Und da der Frachter zackte, war das sogar recht schwierig.

Plötzlich meldete der Funkraum Radarimpulse in höchsten Lautstärken. Vielleicht ein Flugzeug . . .? Freiwald entschloß sich zum sofortigen Angriff. Wegen der drohenden Luftgefahr hatte er sofort alle Fla-Waffen voll besetzen lassen.

Zwo Torpedos, zwo Treffer!

»Einsteigen . . . einsteigen . . . Beeilung!«

Nur der Kommandant bleibt noch oben. Er hat ›Alarm‹ befohlen. Aber er kennt die Wassertiefe in diesem bekanntermaßen relativ flachen Seegebiet nicht.

»Loten!« Sein nächster Befehl ins Boot. Die Zentrale versteht statt ›Loten‹ aber ›Fluten‹. Und sie handelt prompt.

Während Freiwald, auf die Tiefenmeldung wartend, den torpedierten und absaufenden Frachter beobachtet, merkt er erst in letzter Sekunde, daß sein Boot versinkt und taucht. Eben noch, aber gerade eben noch, geht diese Sache klar. Den 181ern bleibt ihr Kommandant erhalten.

Fregattenkapitän Freiwald will wegen der überlauten Ortungen im FuMB zunächst den ganzen Tag unter Wasser bleiben und erst in der späten Nacht wieder auftauchen. Dieser Tag ist ein Sonntag. Sie spüren es auf der Zunge. Am Nachtisch, den der Smuts spendiert.

In den ersten Nachmittagsstunden glaubt der Funker am Horchgerät, Schraubengeräusche zu hören.

»Hm, könnten das nicht auch Eigengeräusche sein, von Wasserschichten zurückgeworfene Eigenschwingungen?«

»Nein, Herr Kapitän. Das sind typische Schraubengeräusche von einem Frachter. Dem Rhythmus nach zu urteilen, ist's ein Schiff mit Kolbenmaschine. Alter Zossen wahrscheinlich, der seine 90 Umdrehungen macht. Turbinenschiff hört sich ganz anders an.«

Kriegsrat in der O-Messe. Anwesend sind der IWO, Oberleutnant zur See Düring, IIWO Giese, der IIIWO Limbach, Ex-Obersteuermann unter Lüth und der LI. Den FvD ›spielt‹ heute der IIIWO.

Auftauchen oder nicht, das ist die entscheidende Frage.

»Nichts wie hoch und nichts wie hinterher«, drängt der IWO. Der FvD bekräftigt mit einem satten: »Nur dieses, Herr Kapitän.«

Aber Freiwald entschließt sich erst einmal, auf Sehrohrtiefe zu gehen. Er fährt den Spargel aus. Er sieht nichts. Blanke Kimm, blanke See, am Himmel Monsungebirge aus blaugrauen Wolken,

»Voraus eine Möwe, that's all«, ruft er in die Zentrale. »Sehrohr ein.«

Der FvD murrt, als Freiwald in der Zentrale berichtet, was er sah und denkt. Komisch, die Schraubengeräusche hat der Funker noch immer im Gerät.

»Sehr komisch sogar«, das meint auch der technisch versierte LI. »Nach der Lautstärke müßte der Eimer doch zu sehen sein, kann kaum fünf Meilen abstehen.«

»Eben«, sagt Freiwald. »Es hat also gar keinen Zweck aufzutauchen. Bei der noch immer akuten Luftgefahr scheint mir das viel zu riskant, Kameraden. Der Himmel hängt voller Bienen!«

»Lüth würde auftauchen.«

Lüth fand seit Wochen, nein, seit Monaten keine Erwähnung

mehr, denn sein Nachfolger hat sich durchgesetzt und überzeugt. Daß die Weide so mager wurde, ist nicht seine Schuld. Auch das sahen sie ein. Auch daß der Indik immer mehr Gefahrenmomente birgt. So rührt denn des FvD Bemerkung an Bord schon fast Vergessenes. Die Offiziere befürchten — zu Recht — eine Zurechtweisung.

»Gut, meine Herren«, sagt Freiwald, als auch die anderen Offiziere des IIIWO's Vorschlag nicht beanstanden. »Tauchen wir also auf. Sie werden sehen, was jetzt auf uns zukommt.«

Keiner widerspricht. Keiner widerruft.

Freiwald läßt anblasen. Sie fahren der Geräuschortung nach. Aber nichts kommt in Sicht. Funkmeister Wurmbach meint, die Engländer könnten vielleicht eine Geräuschboje abgeworfen haben.

»Speck für 'ne Mausefalle«, fügt er noch hinzu.

16 Uhr lösen die Wachen ab. Auch der Zentraleheizer und BÜ Trenn, der seine Station Steuerbord vorn zwischen den Tiefenrudern und dem Hauptruder hat, hier, wo die Sprachrohre und Telefone zusammenlaufen und von wo aus er auch bei Alarmtauchen die Untertriebszelle bedienen muß, hat es eilig, in seine Koje zu fallen: Weniger Bewegung, weniger Durst; weniger Durst, weniger Schweiß.

Da ... die Sirene schrillt im Bugraum. Die Blinklichtanlage schaltet sich ein. Gleichzeitig mit dem Befehl »Alarmtauchen« stellt sich das Boot auf den Kopf. Sekunden später dröhnen nacheinander vier Hammerschläge auf das Boot, vier fürchterliche Explosionen. So laut, daß sie im Bugraum glauben, die Bomben sind auf der Bordwand aufgeschlagen und krepiert.

Trenn ist wie seine Kameraden bei Alarm und der ersten Bombe aus der Koje 'rausgestürzt ... Da fiel auch das Licht schon aus ... da hörten sie, daß mit der Maschine etwas nicht stimme, daß das vordere Tiefenruder klemmen würde.

»Mit klemmendem Tiefenruder in die Tiefe ... Na, denn gute Nacht«, fröstelt es Trenn.

Was Freiwald befürchtet hatte, ist eingetroffen.

Er selbst hatte das Flugzeug, das ihm zwar sofort, aber, da es aus den Wolken herausschoß, eben auch zu spät gemeldet wurde, erst gar nicht gesehen. Auf der Brücke waren die üblichen sieben Mann: zwei See-Ausguck, jeder hat einen 180-Grad-Sektor zu bewachen, vier Mann für die Luft, eingeteilt in 90-Grad-Sektoren, und ein Mann, der den Galgen mit der FuMB-Antenne zu drehen hat*.

Der Galgendreher hatte die Biene mit bloßem Auge entdeckt. Abstand höchstens 2000 Meter.

Alarm. Und als Freiwald als letzter in den Turm sprang, setzte die Maschine, ein zweimotoriges Flugzeug, aus einer Kurve heraus gerade zum direkten Angriff an.

In sein Tagebuch schrieb er:

»... Auf 40 Meter Tiefe fuhren die Bomben in die See. Und zwar in schräger Richtung. Die beiden ersten Explosionen waren noch erträglich, die beiden letzten schüttelten U 181 mit erheblicher Vehemenz durcheinander. Die Elektrizität fiel aus. Die Tiefenruder, die beide ›Hart unten‹ lagen und infolgedessen das Boot sehr stark vorlastig werden ließen, klemmten in dieser Stellung und erhöhten die Vorlastigkeit nur noch. Zur gleichen Zeit platzte eine Hochdruckleitung und blies mit einem ungeheuren Krach in den Raum ab. Die E-Maschinen blieben stehen. Es herrschte ein ziemlich chaotischer Zustand. Aber in dieser gefährlichen Situation hat sich die eingefahrene Besatzung außerordentlich bewährt. In Sekundenschnelle haben die Männer alle Störungen erkannt und beseitigt. Die defekte Leitung wurde im Augenblick abgedreht und die beiden Tiefenruder sofort auf Handbetrieb umgeschaltet. Neue Sicherungen für die E-Maschinen wurden eingesetzt. Sämtliche Glühbirnen im Boot waren schlagartig demoliert worden. Sie waren durch die Erschütterung einfach zerplatzt. Die Notbeleuchtung wurde eingeschaltet, die wichtigsten Lampen sofort ausgewechselt. Nach zwei Minuten hatten wir das schwer mitgenommene Boot wieder sicher und auf allen Stationen vollständig in der Hand. Aber wir tauchten nicht wieder auf. Wir gingen nun daran, die Röhre und ihre Technik im einzelnen zu untersuchen und, wo notwendig, zu reparieren. Einer der wesentlichsten und unangenehmsten Schäden war der totale Ausfall des Kreiselkompasses. Die Kalotte war gerissen. Sie mußte ausgebaut und gegen eine neue ausgetauscht werden, eine Reparatur, die allein 18 Stunden in Anspruch nahm — mit dem Erfolg, daß wir uns inzwischen nicht mehr orientieren konn-

* Bei Sonne zieht noch ein Posten ›Sonne-Luft‹ auf.

ten, denn der Magnetkompaß hatte unter Wasser Mißweisungen bis zu 180 Grad. Er war also praktisch wertlos ...«

Soweit Fregattenkapitän Freiwald.

»Nach zwei Minuten hatten wir das Boot wieder in der Hand ...«

Das schreibt sich so leicht hin, das liest sich auch so leicht. Aber was in diesen zweimal sechzig Sekunden an übermenschlichen Leistungen vollbracht wurde, vermag in seinem ganzen Umfang wohl nur einer ermessen, der dabei war ...

... als beim Alarmtauchen zu allem Überfluß diese verdammte Kupplung wieder mal hängen blieb ...

... und einfach nicht auszurücken war.

Da die E-Motoren sofort auf volle Drehzahl hochfahren, müssen sie nun nicht nur die Schraube, sondern auch die Diesel mitdrehen.

Der altbefahrene Obermaschinist am Diesel schaltet blitzartig. Um die Kompression des Dieselmotors zu vermindern, dreht er bei nach innenbords umgeschalteten Auspuffklappen alle Indikatorenstutzen auf ... Vielleicht ist diese Überbelastung die Ursache, daß auf einmal die Sicherungen für die E-Maschinen herausflogen und die Schrauben für Sekunden ganz zum Stehen kommen ...

... Vorn im Bugraum ist mit dem Zentralegasten Trenn und dem anderen Freiwächter auch der erste Torpedomechaniker, der Mechanikerobergefreite Hölscher, ein Hannoveraner übrigens, aus der Koje gesprungen. Auf die Notmeldung hin, daß die vorderen Tiefenruder klemmen, wirft er sich in seiner ganzen Länge, halbnackt wie er ist, geistesgegenwärtig zwischen die Torpedorohre auf die Flurplatten hin. Er greift mit voller Armlänge durch eine Öffnung hindurch und reißt den Hebel herum. Sein gebrülltes »Klar für Handbetrieb« übertönt sogar die vielen anderen Geräusche im Boot. Tatsächlich lassen sich die Tiefenruder des noch immer mit 35 Grad Lastigkeit nach unten schießenden Bootes nunmehr mechanisch bedienen.

Wäre dieser Hölscher durchgedreht, hätte er nur für ein paar Minuten den Kopf verloren, wäre er verwundet worden, was dann ...? Dann wäre, bis Ersatz kam, die Vorlastigkeit noch größer geworden ... dann hätte sich das Boot wohl gar auf den Kopf gestellt ... Kein Manöver hätte seinen Todesmarsch in die schweigenden Tiefen dann mehr aufgefangen ...

... Trenn, der als einziger Zentralegast im Bugraum mit der Tauch- und Entlüftungsanlage bestens vertraut ist, hat sofort die Entlüftungen, die Zu- und Abluftleitungen und sonstigen Verbindungen zugedreht. Das Kugelschott hat er in der Hand. Er ist fest entschlossen, es zu schließen, wenn Wasser von hinten nach vorn braust, wenn das Achterschiff undicht werden sollte. Von hinten nach vorn ist übrigens nicht richtig ausgedrückt. Trenn sieht regelrecht nach unten ... in den Unteroffiziersraum, in die Kombüse, in den Feldwebel- und Offiziersraum hinein ... Wer in den Gängen steht, krallt sich fest ... im Schein der Notbeleuchtung ein erregendes, gespenstisches Bild. Aus den Gesichtern schreit nur Weißes heraus. Dabei verraten Haltung und Mienen Selbstbeherrschung ... Dabei dreht keiner durch ...

Das Boot fällt, fällt und fällt. Noch immer sprechen die Tiefenruder nicht an. Endlich verändert sich die Lage. Die Männer merken es zuerst unter ihren angespannten Fußsohlen, dann an der Verlagerung ihres Körpergewichts. Das Boot schwingt langsam auf ebenen Kiel.

Auf Freiwalds Befehl steuert LI Hille, gemessen an seinem Vorgänger ein junger Mann noch, das Boot auf 80 Meter ein, dann, während U 181 mit drei Knoten Unterwasser-Marschfahrt abläuft, machen sie sich daran, die Schäden zu beheben. Einer davon ist, daß der Steuerbordbunker gerissen sein muß. Jedenfalls hat er an die 30 Kubikmeter Öl verloren. Auf Hilles Vorschlag wird das restliche Öl 'rausgedrückt und der Bunker mit Seewasser durchgespült.

Sechs Stunden später wummert die See um sie herum. Es hört sich an wie ein fernes, aber schweres Gewitter. Die Männer geben es bald auf, die Bombendetonationen zu zählen. Nach britisch-indischen Angaben habe die indische Sloop *Sutley* auf 12 ° 44 N, 73 ° Ost zwei Wasserbombenangriffe auf ein mit Sicherheit geortetes U-Boot gefahren und dabei, nach dem zweiten Angriff, eine breite Ölspur beobachtet. Das ist, mit Verlaub gesagt, eine bemerkenswert großzügige Erklärung.

Doch noch sind die Überraschungen für U 181 nicht zu Ende. Immer, wenn Freiwald während der Kreiselkompaß-Reparatur nur auftaucht, meldet das FuMB akute Luftgefahr. Also wieder 'runter. Ein Besteck zu nehmen, ist bis jetzt unmöglich gewesen. Aber Sonnenstand, Seegang, Windrichtung geben einigermaßen verwertbare Anhaltspunkte. Als nach 18 Stunden nicht nur die Luft, sondern auch die Batteriekapazität verbraucht ist, müssen sie wohl oder übel hoch. Und sie haben Glück, sie haben keine Ortung mehr.

Der Saft wird aufgeladen, die Luft ergänzt und für die nächsten acht Stunden befiehlt Freiwald ›Klar bei Hängematten‹, denn das ewige Rauf und Runter hatte die Besatzung nervös gemacht.

Freiwalds Überlegung, zunächst in das Seegebiet der Malediven zu laufen, findet auch beim FvD uneingeschränkte Zustimmung. Nur, daß dieses Gebiet wegen der vielen kleinen Inseln und Korallenriffe navigatorisch wohl doch ein bißchen schwierig sei, gibt der IWO als ehemaliger Handelsschiffskapitän zu bedenken.

»Lieber diese Schwierigkeiten, als die anderen«, meint Freiwald und zeigt mit dem Daumen nach oben.

Wieso? Ja, wieso?! Diese Inselchen und Riffe haben nämlich den Vorzug, die Flugzeugortungen zu erschweren. Verwunderung selbst beim technisch versierten LI über diese Idee des Kommandanten. Nur beim Funkmeister Wurmbach nicht: »Um zu begreifen, was so ein gegnerisches Funkmeßgerät in Flugzeugen wirklich bedeutet, taktisch wie auch strategisch, muß man sich an ein funkmeßtechnisches Denken gewöhnen, muß man die Funkmeßtechnik sozusagen in den Fingerspitzen kribbeln fühlen ... So was geht nicht von heute auf morgen.«

Die Wache für die acht Stunden ›Ruhe im Schiff‹ hat der IWO übernommen. Auch Freiwald hat sich auf der Koje ausgestreckt. Als er erwacht, ist der kleine Zeiger seiner Armbanduhr erst sechs Stunden vorgerückt. »Dann hast du ja noch zwei Stunden Zeit«, sagte er sich. Aber irgend etwas beunruhigt ihn, ein sonderbares, komisches Gefühl bohrt da im Magen. Er erhebt sich, schwingt sich in die Zentrale, nickt dem IWO zu, sagt: »Wollen mal auf Sehrohrtiefe gehen«, und untertaucht den Verdunkelungsvorhang.

Leise schnurrt der Motor für das Sehrohr. Aus einer nervösen Unruhe heraus hat Freiwald die Augen schon lange am Okular, bevor der Spargel die Wasseroberfläche ritzt. Wundervoll diese Farben, dieses kristallen leuchtende Grün des Wassers, das hel-

ler, immer heller und immer duftiger wird. Dann ist die Optik
'raus.

»Oh«, sagt Freiwald nur, »das ist aber interessant.« Und nach
unten gewandt, ruft er: »Dühring, kommen Sie doch bitte einmal
'rauf. Aber bitte Beeilung!«

Als der Oberleutnant im Turm neben seinen Kommandanten
auf den Sehrohrbock tritt, macht Freiwald den Platz frei und
sagt: »Gucken Sie mal durch, aber schnell, wir haben keine Zeit
zu verlieren.«

Dühring preßt die Augen an den Gummibelag. Nur für eine
Sekunde, dann sackt er beinahe in sich zusammen.

»Um Himmels willen . . . Zurück, bloß zurück.«

U 181 marschiert nämlich vierkant auf ein Korallenriff zu.
Wenn man den Kippspiegel etwas nach unten kantet, sieht man
unter dem Bootskörper, der sich in dem klaren Wasser messer-
scharf abhebt, den weißlich schimmernden Korallengrund und,
voraus, unter sich im Winde wiegenden Palmen ein breites Band:
mal eine hochgehende Brandung, mal wieder schneeweißer Strand.
Das Boot muß bei seinem Unterwassermarsch durch einen nicht
bekannten und auch nicht vorauszuberechnenden Strom durch
die schmale Einfahrt eines Atolls gedrängt worden sein. Dieses
Atoll ist früher mal ein riesiger Krater gewesen. Sein Rand, der
aus dem Wasser herausragt, ist heute mit tropischen Bäumen be-
wachsen. Er ist höchstens zwanzig Meter breit.

Die Manöver folgen viel schneller, als diese Zeilen geschrieben
oder gelesen werden können:

»Beide Maschinen stopp . . . AK zurück.«

Vorsichtig manövrieren sie durch den beiderseitig von wilder
Brandung umtosten Durchlaß wieder nach draußen.

Nachher, an der Back, meint Freiwald: »Wenn man diese ko-
mische Sache in Ruhe zu Ende denkt, wäre vermutlich gar nicht
viel passiert. Wir wären mit unseren zweieinhalb Knoten Fahrt
auf das Riff gebrummt, hätten uns die Schnauze verbogen, hätten das Boot, das ja sehr labil ist und bei solchen Rammings bestimmt ausweicht, gestoppt und eben zurückgezogen. Bei einem
U-Boot kann eine solche Ramming wohl kaum zu einem Verlust
führen.«

»Nein, das meine ich auch«, sagt Dühring, als die anderen zustimmend schweigen, »aber . . .« Er packt seine Kaffeetasse, lüftet sie an, trinkt und schweigt.

Ja, aber . . . Daß in diesem Freiwald dieser sechste Sinn auch während der Schlafenszeit lebendig ist und auf die Alarmtaste drückt, das ist verdammt gut für die Nerven aller an Bord, das beruhigt besser als eine Pütz voll Baldrian.

Zwei Tage später, am 19. Juli, lächelt Fortuna noch einmal. Dem nach den Fli-Bos trotz der Reparaturen nicht mehr voll einsatzfähigen Boot marschiert der 5106 BRT große Brite *King Frederick* über den Weg. Nach seiner Versenkung meldet Freiwald das bisherige Ergebnis und die Absicht, wegen der Schäden den Rückmarsch, das heißt den Marsch zum Südostraum, anzutreten.

Der BdU bestätigt.

Einer unerklärlichen Ahnung folgend tat Freiwald unmittelbar nach der Versenkung wieder etwas, was ihm und seinen Männern später einmal sehr nutzen soll. Etwas, was auch im Widerspruch zum Befehl ›Triton Null‹ [18] stand. Es war ja Nacht. Er manövrierte U 181 an die Rettungsboote heran. Er fragte, ob alles in Ordnung sei . . . ob die Überlebenden genug Proviant und Wasser hätten . . . ob sie den Kurs wüßten, der sie am schnellsten zur Küste bringen wird . . . ob sie Verletzte hätten oder sonst irgendwelche Wünsche . . .

Wohl wundert sich die Brückenwache, daß die Überlebenden beim Sichten und der Annäherung des U-Bootes verzweifelte Anstrengungen machen, mit ihren Boot davonzupullen.

Wohl entgeht den U-Boot-Männern nicht die panische Angst in den Gesichtern der Weißen und der farbigen Seeleute, auch nicht das Aufatmen, als es nachher bei diesen Fragen bleibt, dieses so ungläubige, aber so befreiende Aufatmen.

Viel später, als auch die Japaner kapitulierten, als britische Seeoffiziere in Singapore auch die Besatzung von U 181 verhören, fragt ein englischer Commander Freiwald nach dem Schicksal von zwei anderen Schiffen. Der Exkommandant von U 181 vermag keine Antwort darauf zu geben. Er weiß nur und kann dies auch belegen: Um jene Zeit stand kein deutsches U-Boot in den fraglichen Seegebieten.

»Ist eigentlich auch nur eine Routinefrage gewesen«, meint der Engländer.

»Was meinen Sie mit Routinefrage?«

Der britische Navy-Offizier winkt ab.

Übrigens, daß U 181 die *King Frederick* erwischte, war eine reine Glückssache. Das Boot war unter Wasser marschiert und tauchte in den ersten Nachtstunden zum Aufladen der Batterien auf. Sie hatten vorher keine Horchpeilung gehabt, konnten auch nicht, denn nach dem Bombenrummel funktionierte das Gerät nur manchmal, andermal wieder nicht.

Freiwald will nach dem Auftauchen gerade Rundblick nehmen, da versucht der eine Seemann, die Nummer zwo, der durch das Aufentern noch aus der Puste ist, eine Meldung loszuwerden ... Vor lauter Aufregung bekommt er kein Wort, nur unartikulierte Laute heraus. Als er dann endlich brüllt »SSSSteuerbord aaaaach-teraus ein Dampfer«, hat Freiwald den wedelnden Armen der Nummer zwo folgend die Schiffssilhouette auch schon gesehen. Entfernung 4000 Meter. Theoretisch muß der Fremde das U-Boot ebenfalls entdeckt haben. Es ist ja heller Tag. Was ist richtig? Tauchen und den Dampfer vielleicht verlieren? Oder oben bleiben, schmale Silhouette zeigen, ablaufen, vorsetzen und erst in der Dämmerung angreifen?

Freiwald entschließt sich, oben zu bleiben, das Boot zu drehen. Er muß sogar lächeln, als er beobachtet, wie sich seine Männer, diese so U-Boot-erfahrenen Kerle, wegen der klaren Sicht hinter die Reling ducken, eine verständliche, aber doch so sinnlose Reaktion. Aber die da drüben haben wahrscheinlich noch den Alkohol des Abschieds im Blut.

Angriff nach Eintritt der Dämmerung aus schmaler Silhouette. Aus 350 Meter zwei Aale. Treffer mittschiffs. Es dauert vier Minuten, bis das Opfer versinkt.

Am 6. August funkt Freiwald Einlaufmeldung. Der Smut präsentiert die Reserven.

»Nummer 18, Herr Kapitän, und Nummer 21, wenn ich vorschlagen darf ...«

Alle U-Boot-Konserven, die in den Bilgen von Mud und öl-getränktem Wasser umspült werden, sind oben mit Ölfarbe numeriert. Büchsen mit der Nummer 18 sind Entenkeulen, die mit der 21 enthalten thüringische Erdbeeren, Sonderauslese.

Es ist der 10. August, als U 181 in Penang die Vor- und Achterleinen an Land gibt.

Drei Tage später läuft auch U 196 in Penang ein . . .

Kapitänleutnant Kentrat und seine Männer von der Brückenwache sehen schon von weitem die vielen Menschen auf dem Pier. Am rechten Flügel eine Musikkapelle, daneben eine Ehrenkompanie.

»Und wenn mich nicht alles täuscht, Herr Kaleu«, sinnt der IWO und setzt sein Glas nicht ab, »dann hat sich da an die Spitze der Ehrenkompanie ein richtiger japanischer Admiral mitsamt seinem Offizierskorps postiert.«

Kentrat interessiert das im Augenblick ganz und gar nicht mehr. Die Strömung im Hafen ist ja ungeheuerlich. Trotz aller Maschinen- und Rudermanöver drückt sie das Boot immer wieder von der Pierseite ab. Endlich gelingt es der Nummer eins, hundert Meter vor der Ehrenkompanie die Vorleine an Land zu geben. Ein deutscher Seemann vom Stützpunkt belegt sie flugs. Das Empfangskomitee wird umziehen müssen. Naja, und wenn schon, Hauptsache, das Boot hat bei dieser verrückten Strömung erst einmal eine Landverbindung.

Doch was passiert da? Kommt doch da ein japanischer Posten vom Heer. Seine MP umgehängt, schreitet er, ohne Kentrat und seine Männer nur eines Blickes zu würdigen, auf den Poller zu, bückt sich und wirft die Leine wieder los — ins Wasser.

Kentrat ist im Augenblick derart verblüfft, daß er zu träumen glaubt. Was ist das denn: offizieller Empfang mit Musik und allen Schikanen und dann dieses . . .? Aus dem Tritt gebracht, braucht U 196 jetzt eine volle Stunde, ehe es zwischen den anderen U-Booten sein Loch gefunden und festgemacht hat.

Wieso und warum durfte das U-Boot denn nicht die hundert Meter vor der Ehrenkompanie festmachen? Daß gerade eine derart starke Strömung stand, das sahen die japanischen Seeleute mitsamt ihrem Admiral doch wohl auch ein? Schon, schon, aber nicht der japanische Heeressoldat. Kentrat hatte nämlich am Armeepier festgemacht, und dem Landser war es völlig wurst, daß hohe und höchste Marineoffiziere zum Willkommensgruß angetreten waren und daß der Gast Offizier einer befreundeten Nation ist.

Daß Kapitänleutnant Kentrat noch immer Kommandant von U 196 ist, ist ein Kapitel für sich . . .

Als er nach seiner letzten, 225 Tage andauernden Unternehmung in Frankreich bei Dönitz zur Berichtertattung erschienen war, hatte er den BdU um Ablösung gebeten. Er fühlte sich völlig abgekämpft. Das Naturell der Menschen ist eben verschieden. Den einen nutzen derartige Dauerbelastungen während einer langen Feindfahrt mehr, den anderen weniger ab. Und was Kentrat auf der längsten U-Boot-Fahrt auf den Meeren der Welt durchstehen mußte, hätte wohl auch andere verschlissen, vielleicht sogar umgeworfen. Dönitz zeigte Verständnis.

»Geh erst mal auf Urlaub, Kentrat. Das ist das Wichtigste und Eiligste.«

Als Kentrat zurückkehrt, hat er Gelegenheit, die Verlustlisten der letzten Monate einzusehen [19]. Die Opfer an Booten und eingefahrenen Besatzungen sind erschütternd. Der Personalmangel vor allem auch an eingefahrenen Kommandanten ist erschreckend.

»Na, Kentrat, welches Landkommando soll ich dir geben?« begrüßt ihn Dönitz bei seiner Zurückmeldung.

»Keines, Herr Großadmiral.«

Kapitänleutnant Eitel-Friedrich Kentrat will und kann seinen BdU in dieser Situation nicht im Stich lassen. Zusammen mit U 181, das der 12. U-Flottille unterstand, lief auch er mit zwei weiteren Booten am 16. März aus.

Doch lassen wir Kentrat selbst berichten:

Wie schon bei der ersten Fahrt in den Indik fanden wir im ersten Operationsgebiet: ostafrikanische Küste, kein Ziel. Wir versenkten dann im zweiten Operationsgebiet, im Arabischen Meer, bei schwerem Sturm, einen 6000 BRT großen Frachter. Ein weiterer Angriff auf einen Dampfer vor der Südwestküste Indiens, unserem dritten Operationsgebiet, scheiterte am plötzlich eintretenden Monsun-Regen. Das vom Himmel strömende Wasser fiel so dicht, daß wir unseren eigenen Bug nicht mehr sahen. Daß Freiwald in der Nähe war, wußte ich nicht, hatten wir uns doch nach dem Auslaufen und der Verabschiedung des Geleits getrennt und nicht wiedergesehen.

Aber er bekam es dann bitter zu spüren, daß ich so dicht bei ihm stand. Das kam so:

Wir mußten unser bevorstehendes Eintreffen per Funk melden. Ich setzte also zur gegebenen Zeit mein FT ab — und ging dann gleich in den Keller, eine alte Erfahrung, die ich bei der ersten Unternehmung in den Indik gesammelt hatte. Zur Programmzeit wieder hoch — keine Quittung für meine Signale. Also wieder gefunkt, getaucht, gewartet — wieder nichts. Wir saßen also in der Stillen Zone. Erst beim fünften Versuch hatten wir Glück. Während wir nun jedesmal nach dem Funken in Sicherheit waren, fuhr Freiwald ahnungslos — er hatte uns nicht gehört — aufgetaucht. Jedes meiner Signale war eingepeilt worden, und daraufhin waren die Bomber in Colombo gestartet. Er hat nicht schlecht geflucht, als wir uns in Penang trafen.

Inzwischen startete beim Einlaufen eines unserer Boote eine Arado 196 von Penang. Dort waren zwei von diesen Vögeln stationiert. Als der Pilot, Oberleutnant zur See Horn, Exfliegeroffizier vom Hilfskreuzer *Michel*, am Treffpunkt ankam und ihn in niedriger Höhe überflog, lag dort ein U-Boot. Aber es beantwortete weder die Erkennungssignale noch reagierte es auf Morsezeichen. Als dann wenig später die japanischen Geleitfahrzeuge am Horizont auftauchten, nahm das Boot, es war entweder ein Holländer oder Engländer, Fahrt auf und verschwand von der Wasseroberfläche.

Genau einen Tag später liefen wir dann ein.

Ich selbst befand mich in einer äußerst schlechten Verfassung. Während fünf Monate langer Feindfahrt zunehmende, quälende Schlaflosigkeit. Der Blutdruck stark abgesunken, also im Keller. Kreislaufstörungen hatten sich zuletzt auch auf die Augen ausgewirkt. Mit der immer stärker werdenden Nachtblindheit war ich der schärfsten Abwehrwaffe des U-Boot-Mannes beraubt. Schweren Herzens mußte ich mich entschließen, nun doch um meine Ablösung zu bitten. Bemerkt hatte ich das Übel gegen Ende der letzten Unternehmung, als wir nämlich in der Dämmerung die Silhouette eines U-Bootes in Sicht bekamen. Ich versuchte zu erklären, ob es ein eigenes oder ein feindliches war. Da hatten wir ein gutes Erkennungszeichen: Die deutschen U-Boote fuhren in Indischen Gewässern zum Schluß des Krieges ohne Kanone. Für die zwei 10,5 cm gab es ohne tödliches Risiko aus der Luft für das U-Boot ja kaum oder überhaupt keine Angriffsmöglichkeiten mehr. Trotz Glas vermochte ich nur verschwommene Umrisse zu erkennen — scheute mich dann aber nicht, meine Nummer eins zu fragen:

»Hat er eine Kanone auf der Back? Oder hat er nicht?«

Er hatte keine [20]. Der Mann hat es mit bloßem Auge erkannt. Der BdU entschied, daß ich U 196 an Striegler übergeben soll. Es war ein schmerzlicher Abschied von meiner alten Stammbesatzung. Als ich meiner Nummer eins die Hand drückte, sagte er:

›Wenn Sie an Bord bleiben würden, wissen wir, daß wir alle wieder nach Hause kommen!‹

›Reden Sie doch nicht solchen Unsinn‹, wehrte ich ab, wurde aber ein ungutes Gefühl nicht los.

Als der Brückenausguck in den ersten Morgenstunden rechts voraus gleich mehrere Rauchfahnen ausruft, halten die Kenner an Bord die Meldung für eine verzeihliche Sinnestäuschung.

»Wo soll denn hier, eben östlich von Madagaskar ein Geleitzug herkommen?« brummt IIWO Günther am Frühstückstisch. Und Kapitänleutnant Oesten, der Alte von U 861, verspürt keine sonderliche Unruhe, als er sich anschickt, die Messe zu verlassen, um nach oben zu steigen. Er war es, der sich nach dem Marsch um das Kap der Guten Hoffnung für den Weg um Madagaskar entschloß und den ursprünglichen Plan, durch die Straße von Mozambique nach Norden vorzustoßen, wegen der aufrührerischen Meldungen über starke gegnerische Luftaufklärung ziemlich mißmutig abgeschrieben hatte. Östlich von Madagaskar...? Da schwimmt doch jetzt nicht mal ein Neutraler...

Die Stimmung an Bord ist nicht gerade glänzend zu nennen. Die Erfolge fehlen. Die Mühen und Strapazen stehen in keinem Verhältnis zu den mageren Ergebnissen. Zwei Schiffe, ein Zwerg von knapp zweitausend Tonnnen vor Kap Frio und ein Liberty-Schiff vor dem La Plata, das ist alles, was ihnen nach den Kreuzschlägen im ersten Operationsgebiet, das Südatlantik hieß, vor die Rohre lief. Und das nach einem Anmarsch, der bei jedem die Nerven verbrauchte. Des BdU's Befehl war es, für Oesten wie für alle anderen Monsun-U-Boote, von Norwegen ausgehend bis zum 15. Breitengrad Süd tagsüber in jedem Fall unter Wasser zu marschieren und nur nachts aufzutauchen, um die Batterien aufzuladen. Aber die Nacht ist seit langem nicht mehr der Schutzmantel der Grauen Wölfe. Immer wenn sie oben in den nördlichen Breiten während der Nacht auftauchten, registrierte das FuMB an Bord Ortungen aus verschiedenen Richtungen. Meist aus allen. Und in allen Lautstärken. Zum Verrücktwerden. Zuerst hatte der Alte die Brückenwache einsteigen und das Boot in den Keller sacken lassen. Nach einer Stunde tauchten sie wieder auf. Derselbe Zirkus. Rundherum. Wieder 'runter. Nach einer Stunde wieder 'rauf. So trieben sie es einige Nächte hintereinander. Bis Oesten höchst unchristlich fluchte, die ›verdammte FuBM-Kiste‹ abstellen ließ, denn die Batterien brauchten endlich wieder vollen Saft.

Sie fuhren dann mit ›Klar zum‹ besetzten Fla-Waffen durch nachtdunkles, asphaltfarbenes Wasser. Aber: ein U-Boot bildet mit seiner phosphoreszierenden Hecksee ein ungleich besseres und größeres Angriffsziel als so eine Biene in der Luft, und neuerdings kommen sie in Schwärmen.

Aber es ging alles klar auf dem Weg bis zum 15. Grad Süd. Nach über zwei Monaten, nach genau 70 Tagen, sahen sie die Sonne wieder. Bis dato hatten sie wie die Barmädchen gelebt, am Abend gefrühstückt und um Mitternacht Mittag gegessen, weil das Boot dann oben schwamm und die Essensdünste von den Lüftern herausgeschafft werden konnten ...

Herausgeschafft werden mußte auch noch eine andere Sache, wenn das Boot nach dem Unterwassermarsch auftauchte: eine gewisse Pütz, für die die Maschine eine auflegbare Sitzbrille anfertigen ließ. In größerer Tiefe ist die Handpumpenvorrichtung des normalen WC's nämlich nicht mehr zu gebrauchen. Mit dem Auftauchen drang dann auch prompt der Ruf »Frage Pütz« aus der Zentrale in den Turm. Diesen randvollen ›Apparat‹, wie Hein Seemann alles und vieles benennt, über die steile Eisenleiter nach oben zu schaffen, war schon ein beachtenswertes Kunststück.
Vorsicht ... Vorsicht ... Vorsicht ... Aber es ging immer klar, obwohl jeden Tag zwei andere Besatzungsmitglieder in den zweifelhaften Genuß dieses ebenso delikaten wie artistischen Jobs kamen. Immer, wenn es ›klargegangen‹ war, erfuhren es die Heizer achter viel früher als die anderen: sie rochen ›es‹. Beim Entleeren saugte der Zulüfter ein paar Kubikmeter solcherart verdickte Luft mit in die Röhre hinein.

Am Tag, bei Marschfahrt über Wasser, hatten alle nicht unbedingt notwendigen Männer auf der Koje zu liegen. Um Sauerstoff zu sparen. Reserven sind das A und O für einen U-Boot-Kommandanten. Die alten Hasen an Bord fanden diesen Zustand ›primissima‹.

Und dann hat ein Matrosengefreiter auf einmal diese Rauchfahnen entdeckt. Als Oesten neben ihn tritt, sind sie schon mit bloßem Auge zu erkennen.

Der Alte läßt den Kurs ändern.

»Vier Dez Backbord«, ruft er in den Turm hinein. Der Gefechtsrudergänger Siegfried Schulze bestätigt. Das Boot dreht.

»Neuer Kurs liegt an«, kommt es aus dem Turm.

»Noch ein Dez Backbord.«

U 861 dreht noch weiter zehn Grad. »Drei dicke Dampfer, zwei Bewacher«, sagt der WO, in diesen Sektor einlaufend. Er setzt das Glas nicht ab und brummt: »Bißchen wenig Herde für soviel Hunde.«

Oesten kaut auf seiner Unterlippe und seinem Bart herum. Er sagt nichts. Obermaat Rutkowski registriert diese Reaktion. Er kennt sie zu genau. Unten in der Zentrale trägt der neue Steuermann, Gustav Goetsche, neben dem PK-Bildberichter, Leutnant Kiefer, dem einzigen Reservisten an Bord, die Position in die Karte ein. Oesten hat ihn, den A 6er, bei der Luftwaffe herausgefischt. Ein guter Fang ... dieser Goetsche, der nicht nur ein hervorragender Nautiker ist und der bei nächtlichen Bestecken im All geistreich plaudernd und erklärend wie in einem Sagenbuch blättert, so genau kennt er jeden Stern und all das, was sich mit seinem Namen verbindet ... »Mal sehen«, sagt er zum Obersteuermann Achmed, »wie er diesen Angriff ansetzen wird«, als er mit Kursdreieck, Parallellineal, Zirkel und Bleistift hantiert und auf einem Sonderblatt die Angriffsskizze vorbereitet.

»Geht allens klor«, versichert der Oebersteuermann, alter ›Oestenfahrer‹ und Hamburger nicht bloß von Geburt. Achmed nennen sie ihn wegen so einer Geschichte in Tanger.

»Einmal nimmt es jeden von uns zwischen die eiskalten Pfoten«, ist des nüchternen LI's stete These. »Wer sich nicht viel vormacht, den wirft keine unerfüllte Hoffnung mehr um. Von drei ausgelaufenen Booten kehrt jetzt nur noch eines aus den Hauptoperationsgebieten heim.«

Aber sie wollen ja nach Südostasien. Ins Paradies. Quasi zur Belohnung für vergangene Taten. Und auch zur Erholung. So ließ man daheim durchblicken.

Oesten manövriert das Boot zunächst einmal auf die Steuerbordseite des gesichteten Geleitzuges. Dadurch wird U 861 in den Abendstunden gegen den dunkleren Horizont zu stehen kommen. Oben auf der Brücke saugt auch der Backbord-Voraus-Ausguck, Obermaat Rutkowski, die Luft tief in die Lungen ein. Er fühlt sich gasleicht. Der Alte versteht ja sein Handwerk.

U 861 hält aber weiter große Distanz. Die Motoren hämmern. Das Boot arbeitet sich langsam immer weiter vor. Mit Anbruch der Dunkelheit staffelt es sich näher heran.

Die da drüben scheinen den Endsieg schon in der Tasche zu haben. Sie ändern auch während der Nacht nicht den Kurs. Sie zacken nicht.

Die gegnerischen Schiffe heben sich als dunkle Schatten gegen die Kimm der sternenhellen Nacht ab. Vor den bloßen Augen verschwimmen sie zu einer unklaren Masse. Durch das Glas aber beobachten sie auf dem Boot, daß der ihnen zugewandte Bewacher, es handelt sich um Korvetten, die Flanken seiner Schutzbefohlenen genau überdeckt.

Wie also 'rankommen an das wertvollere Wild? Wie?

Nur manchmal, bei Veränderungen der Fahrtstufen, sackt die Korvette für ein paar Minuten achteraus. Dann wird der schwarze Leib eines mächtigen Frachtschiffes sichtbar.

Als die Korvette wieder einmal die Fahrt verlangsamt, sieht Oesten die Chance gekommen. Er setzt sofort zum Angriff an. Er will von schräg voraus in den Geleitzug hineinschießen. Dabei gerät das U-Boot fast direkt vor den Kurs des einen der gegnerischen Bewacher.

»Mann, o Mann, der Alte hat aber Nerven«, knurrt Rutkowski. Er steht mit seinem Ausguck-Kollegen vom gegenüberliegenden Sektor Rücken an Rücken. Die Unterhaltung auf Wache ist zwar verboten. Aber zuviel Verbote fordern nur Widerstand heraus. Oesten läßt die Männer also gewähren und ruhig mal quasseln.

Der IWO am Nachtzielgerät sagt leise: »Lage ist gut.«

»Je einen Aal auf den äußeren und den mittleren Frachter«, befiehlt Oesten. Die Entfernung haben sie geschätzt.

»Rohr drei und vier fertig«, meldet der Bugraum.

»Rohr drei und vier — Achtung!«

Oesten und sein IWO warten, bis die Korvette wieder etwas nach achtern abfällt.

»Jetzt«, der IWO flüstert unwillkürlich.

Oesten am Sprachrohr: »Rohr drei und vier . . . Los!«

Im Boot schlägt der Torpedomixer auf die Handabfeuerung. Ein sanfter, aber doch spürbarer Ruck durchpulst das Boot und die Männer, als Preßluft die beiden Torpedos aus den vorgewässerten Rohren heraustreibt, E-Tos, die nun ihren todbringenden Weg angetreten haben.

»Torpedos laufen«, meldet der Bugraum an die Brücke. In der Zentrale trimmt LI Panknin das verlorene Gewicht wieder aus. Er flutet die vorderen Tanks nach.

Als das Boot jetzt hart abdreht und mit AK davonbraust, wandern die Schatten wieder im Sektor des Matrosengefreiten Tschoppe ein. Er ertappt sich bei dem Gedanken, die Aale möchten diesesmal doch danebengehen. Er ist abergläubisch. Wie fast jeder Seemann. Wenn ich euch Gutes wünsche, wird das Schicksal dann auch uns gnädig gesonnen sein? Unsinn, bohrt es in ihm. Unsinn, mein Junge. Diese Rechnung geht nicht auf. Es ist Krieg. Und du hast dich in diese Röhre obendrein noch freiwillig gemeldet. Zwischen den Erinnerungen, die in ihm plötzlich aufsteigen, zählt er weiter. Mit den Fingern seiner beiden Hände.

Gleich . . . gleich . . . müssen sie hochgehen. Das denkt auch Oesten, die Stoppuhr in der Hand. Das bewegt sie alle im Boot.

Da — zusammen mit einer steil aufsteigenden, blauweißen Fontäne hören sie den dumpfen Knall der Detonation.

Nummer eins hat getroffen.

Der zweite, für den zweiten Dampfer vorgesehen, geht ebenfalls am ersten Frachter hoch.

Leuchtkugeln spalten das Dunkel auf. Aber ihr Schein trifft U 861 nicht. Das Boot steht günstig. Der Wind weht die schwebenden Lichter weg.

»Korvette läuft an.« Der Matrosengefreite Tschoppe wundert sich, wie ruhig seine Stimme ist, als er seine Beobachtung weitermeldet. Tatsächlich, die eine der beiden Korvetten hat gedreht. Sie marschiert hinter ihnen her. Vierkant auf das U-Boot zu.

Was die da drüben mit ihren Augen und durch ihre weniger guten Gläser nicht sehen, das schafft das Radar.

Ob der Alte tauchen läßt?

Auch die Neuen an Bord haben Oesten inzwischen kennengelernt.

Es ist schwer, mit ihm warm zu werden.

Aber wenn dicke Luft ist, dann ist er da. Und jetzt ist sie zum Schneiden dick. Und sie wird gleich noch dicker.

Nerven behalten. Nur Nerven behalten. Nur nicht weich werden, sagt sich Oesten. Wenn ich jetzt in den Keller gehe, ist es mit der optischen Beobachtung des Geleitzuges aus. Dann werfen sie uns noch ein paar Wasserbomben ins Kreuz. Wie das ausgeht, das läßt sich nie so genau vorausbestimmen, das ist immer eine Spielerei mit Genickbruch. Also erst mal oben bleiben.

Die Korvette schwenkt auf einmal ab.

Na also, sie dreht ab. Sie glaubt ihre Aufgabe erfüllt. Sie hat das U-Boot vom Geleitzug abgedrückt.

»Du, der Alte, der schmeckt mir«, stößt Tschoppe seinen Rückennachbarn an, als Oesten unmittelbar danach den Kursbefehl gibt, der Korvette vorsichtig zu folgen.

»Solange es uns noch schmecken kann.«

Nach der Kursänderung sehen sie jetzt, nach achtern zu, das schäumend grünschillernde Heckwasser und dahinter, im Halbrund, nur blanke See. Der Feind kommt wieder von vorn. Es dauert eine Zeit. Dann schälen sich auch wieder für Obermaat Rutkowski Schatten heraus. Es sind die beiden Korvetten. Sie schwabbeln mit langsamer Fahrt bei dem torpedierten Frachter, der mit dem Vorschiff bereits tief im Wasser liegt, auf und ab. Wahrscheinlich bergen sie die Besatzung ab.

Doch wo sind die anderen Schiffe? Wo?

Alarmtauchen! Oesten läßt eine Horchpeilung nehmen. Der Mann am GHG hebt nur die Schultern, denn Oesten sitzt neben ihm. Er sucht weiter. Er dreht die Skala noch einmal vor und zurück.

»Nichts, Herr Kapitän!«

Also wieder 'rauf mit dem Boot.

Sie hatten den Gedanken alle gleichzeitig.

Der Alte, der WO und der Steuermann vor seinem Millimeterpapier: Der Generalkurs des Geleitzugs ist uns doch bekannt. Also hinterher. Zwei Stunden ... drei Stunden AK. Nichts kommt in Sicht. Und die deutschen Nachtgläser sind prima. Durch sie sehen die Männer fast so gut wie am Tag. Oesten ist zäh.

»Los, los, einsteigen.«

Das Boot taucht erneut zur Horchpeilung. Funker Schürmann

hebt die Hand. Immer höher. Dann nimmt er den Kopfhörer ab. Er reicht ihn Oesten.

»Das sind sie.«

»Die hatten sich schon in Sicherheit geglaubt.«

»Sie sind wohl traurig darüber?«

»Na, ja, Herr Kapitän, wenn man dran denkt, wie oft es im Leben anders kommt.«

»Und im Krieg noch öfter«, sagt Oesten, steht auf und verschwindet durch das Kugelschott in die Zentrale.

U 861 taucht auf. Es folgt dem errechneten Kurs. Da sind die beiden. Sie marschieren auf ihrem Generalkurs weiter, als sei nichts, ganz und gar nichts geschehen. Mag sein, daß da drüben alle Mann angelüftet wurden. Mag aber auch sein, daß die Kumpels von der anderen Seite so dickfellig sind und sich sagen, ›nun passiert uns nichts mehr‹. Also haben sich die Freiwächter wieder auf den Kojen ausgestreckt.

Die beiden Frachter fahren immer noch in gestaffelter Formation. Oesten kann also nur einen der beiden angreifen, er pickt sich den größten heraus, ein ca. 10 000 BRT großes Schiff *. Die Torpedos detonieren mittschiffs. Der Frachter legt sich zum Sterben auf die Seite. Der andere Dampfer dagegen reißt mit Höchstfahrt aus. Er dreht zurück. In diesem Augenblick kommen die beiden heranschnaufenden Korvetten in Sicht.

Sie verlegen Oesten den Verfolgungsweg.

Das ist die Rettung für die Nummer drei.

U 861 dreht ab, zurück ins Seegebiet von Madagaskar. Die Korvetten bleiben bei ihren Opfern.

Als sie ein paar Tage später auch im Hafen Tamatave von Madagaskar durch das Sehrohr keine lohnenden Ziele sahen und nun nach Norden ablaufen, die Bachstelze, das zusammenklappbare Drachenflugzeug starten, schreit der Mann da oben in der freiluftigen Höhe plötzlich durch sein Telefon eine Sichtung aus.

Eingefahren die Bachstelze und mit AK drauf los, was der Beobachter für Mastspitzen und Schornstein eines Frachters hält.

Komisch, sehr komisch: die Peilung steht.

Das ersehnte Fahrzeug entpuppt sich als eine Insel der Aldabra-Gruppe.

* Nach Aussagen Beteiligter.

Oesten gibt dem Drängen seiner ungestümen und abenteuer-
lustigen Offiziere und Männer nach, dieses ozeanische Eiland zu
besichtigen. Nach dem Segelhandbuch soll es zwanzig Kilometer
lang sein und in der Mitte von einem Küstensee unterbrochen
werden. Eine typische Tropeninsel. Mit Palmen und einer Neger-
siedlung. Das ist doch etwas für die Seelords aller Dienstgrade.
Und am Ende auch für den Alten.

Sie manövrieren sich vorsichtig an die Einfahrt zu dem Küstensee heran. Sie setzen das Schlauchboot aus. Was soll hier schon
passieren . . . ? Die Luken sind geöffnet. Frische Luft für alle. Die
Freiwachen dürfen an Oberdeck. Wie gut das tut, sich die Beine
zu vertreten. Dazu noch im Angesicht einer immergrünen Tropeninsel.

In dieser Situation kommt plötzlich und auch für die Pessimi-
sten unerwartet ein Flugzeug in Sicht. Die Biene, noch ist sie für
die bloßen Augen nur ein Punkt, fliegt direkt auf das U-Boot zu,
auf dem in Windeseile die Flak besetzt worden ist und nun auf
den Feuerbefehl wartet.

Oesten läßt aber nicht schießen. Die Maschine brummt näher,
näher, immer näher. Noch immer gibt der Kommandant keinen
Feuerbefehl. Als das Flugzeug bis auf 2000 Meter heran ist, dreht
es in steiler Kurve ganz hart ab. Als es so einkurvt, erkennen sie
den Vogel genauer. Es ist ein riesiges Flugboot, ein Brite.

In diesem Seeraum, nördlich von Madagaskar, gerät U 861 in
ein ekelhaftes Wetter. Es regnet Bindfäden. Als sich die Nummer eins, Bootsmann Schley, während seiner Nachmittagswache
nach seinem Kameraden umschaut . . . nur mal so . . . da sieht er
in dessen Sektor einen Dampfer schwimmen. Schläft der andere
Ausguckposten? Oder was ist da los . . . ? Oder aber ist der Frachter gerade in diesem Augenblick aus der Regenwand herausge-
treten? Er hat gut 6000 BRT, und er ist schon nah heran. Er
müßte das U-Boot sehen.

Egal. Alarm. Oesten taucht und durch das Sehrohr stellt er
fest: die da drüben haben das U-Boot offenbar nicht entdeckt, bevor es verschwand.

Später setzt sich U 861 vor, und in der Nacht verläuft alles so
routinemäßig wie bei der Agru-Front im Seeraum vor Gotenhafen: Überwasserangriff . . . Treffer.

Die Besatzung des langsam sinkenden Frachters klettert in gut zu Wasser gekommene Boote. Die Küste oder bewohnte Inseln sind ja nicht weit.

Als die Rettungsboote schon abgelaufen sind, dreht Oesten noch einmal zurück.

»Wenn nun doch noch einer, vielleicht gar ein Verwundeter zwischen den Trümmern treibt!« Dieser Gedanke läßt ihm keine Ruhe.

Auf dem Wasser schwabbeln Planken, die Reste eines Rettungskutters, und ein leeres Floß. Aber keine Menschenseele ist zu sehen. Sie rufen. Nichts.

Plötzlich leuchtet auf dem Floß etwas aus: zwei grüne Pünktchen. Das Blinken wird stärker, als der WO die Stablampe anknipst.

Im Lichtschein steht ein Hund. Er wedelt aufgeregt mit dem Schwanzstummel und bellt.

»Das ist ja 'n Molly«, ruft der Heizer, ein blonder Ostpreuße, der für eine Zigarettenlänge auf der Brücke frische Luft schnappt. »Wär gar nicht das dümmste, wenn wir ihn an Bord nehmen!«

Er turnt vom Wintergarten, dem balkonartigen Turmanbau, hinunter und läuft an Oberdeck entlang zu dem Floß hin. Er kniet nieder, streckt den Arm aus, dem zitternden Tier entgegen.

»Was macht ihr denn? Ihr könnt doch das Hundche nich schwimmen lassen.«

»Kommen Sie sofort rauf«, ruft der WO. »Wir können das Tier nicht retten ... Vielleicht sind Haftladungen an dem Floß. Sollen wir wegen eines Hundes in die Luft gehen?«

Das Floß treibt am Boot entlang nach achtern. Der Hund bellt. Er läuft aufgeregt hin und her, setzt sich, hebt bettelnd eine Vorderpfote. Dann winselt er. Schließlich bleibt er am äußersten Rand des Floßes stehen. Klagend heult er in die Nacht hinaus.

Der WO löscht die Lampe. Das Jammern des Tieres wird leiser, es entfernt sich immer mehr, bis es schließlich achteraus erstirbt.

Ein zentnerschwerer, nicht zu analysierender Seemannsfluch ist der Schlußstrich unter dieses Drama.

»Und wenn es ein Mensch wäre?« schnauft einer.

Schweigen. Nur der Wasserfall der Bugwelle rauscht.

Wie schon mittags, so hockt auch beim Abendessen der Maschinengefreite Knoll wieder wie geistesabwesend vor seinem vom Backschafter gefüllten Teller. Er hat nicht einen Bissen gegessen. Sein Gesicht glüht.

Er ist ein junger Matrose. Zum erstenmal auf Feindfahrt. Er war glücklich wie ein Kind, als er hörte, wohin die Reise ging. Aber nun quälen ihn seit Tagen unerklärliche, immer schlimmer werdende Schmerzen. Nachher, im Heckraum, wo er mit anderen Angehörigen des Maschinenpersonals wohnt, erhebt er sich plötzlich, taumelt und wankt durch das Boot. Eine Hand drückt er gegen das linke Ohr und den Hinterkopf, mit der anderen klammert er sich irgendwo fest.

In der Offiziersmesse sitzen zu dieser Stunde der Kommandant, der LI und der Bordarzt beisammen.

»Ich halt's nicht mehr aus, Herr Stabsarzt«, stöhnt Knoll. Er beißt die Zähne aufeinander.

Oesten blickt den Doktor fragend an? »Was fehlt ihm?«

»Er klagt über immer stärkere Kopfschmerzen. Ich habe ihm heute früh ein paar Tabletten gegeben.«

Im Kommandantenraum läßt er den E-Maschinengefreiten auf die Koje niedersitzen. »Das sind wohl keine gewöhnlichen Kopfschmerzen mehr, oder?«

»Nein — hier, so ganz hinten im Ohr, tut's jetzt verdammt weh. Als ob alles auseinanderplatzt.«

Der Schmerz treibt dem Jungen die Tränen in die Augen.

»Haben Sie noch andere Beschwerden dabei?«

Der Maschinengefreite bebt unter plötzlichem Schüttelfrost. »Mir ist so schwindlig, und gebrochen hab' ich auch schon ein paarmal . . .«

»Daß Sie mir so etwas verheimlichen, zum Donnerwetter! Warum sind Sie nicht gestern oder schon vorgestern zu mir gekommen!«

Knoll versucht den Kopf zu drehen, aber es gelingt ihm nicht. Sein Nacken ist beinahe steif.

Behutsam tastet der Arzt den Kopf hinter dem linken Ohr ab. Der Kranke zuckt zusammen. Die Ohrmuschel steht stark ab. Dahinter, auf dem Schädelknochen, ist eine hohe Schwellung. Der Gehörgang ist voller Eiter . . .

»Bleiben Sie einen Moment hier.« Der Doktor geht schnell zurück in die Offiziersmesse.

»Nun?« empfängt ihn Oesten.

»Mastoiditis ... akute Mittelohrvereiterung. Alle Anzeichen sind da: Schüttelfrost, Fieber, Schwindelanfälle, Erbrechen, Nackensteifheit, Eiter ...!«

»Verflucht und zugenäht! Ausgerechnet uns muß das passieren! Und wie behandelt man denn so was, Doktor?«

»Es gibt nur einen Weg: Operieren.«

»Können Sie diese Operation ausführen?«

Schweigen. Ein langes, bedrückendes Schweigen ...

»Was ist, Doktor? Können Sie's oder nicht?«

»Ich habe so einen Eingriff noch nie gemacht. Außerdem fehlen mir auch die geeigneten chirurgischen Instrumente. Für einen Blinddarm reichen sie, aber nicht für eine solche Schädeloperation.«

Oesten kaut nachdenklich auf seiner Unterlippe. »Was passiert, wenn er nicht operiert wird?«

»Dann geht die Entzündung auf das Schädelinnere über ... und das ist lebensgefährlich!«

»Wenn ich also richtig verstanden habe, Doktor, dann bleibt nur eines übrig: Den nächsten Hafen anlaufen, damit der Mann sofort ins Lazarett kommt. Der nächste von den Japanern besetzte Hafen ist Penang bei Malaya. Bis dahin brauchen wir schätzungsweise noch zehn Tage.«

»So lange lebt der Kranke nicht mehr.«

Oesten trommelt den Takt des Dieselmotors auf der Tischplatte mit. »Gibt es noch einen anderen Ausweg?«

»Nein. Der Mann muß operiert werden, Herr Kaleu. Ich muß es versuchen. Auch ohne vernünftiges Besteck — und ohne Erfahrung ...«

Der LI, gebürtiger Pommer, hat bis jetzt geschwiegen. Nun fragt Kapitänleutnant (Ing.) Panknin: »Was brauchen Sie, Doktor? Irgendwelche passenden Werkzeuge werde ich schon haben. Meine Maschinen sind genauso empfindlich wie 'n Mensch.«

Ein erschütternder Vergleich für den Stabsarzt. Was hat ein Werkzeugkasten im Dieselraum mit sterilen Instrumenten eines Operationssaales gemein? Zögernd sagt er:

»Ich brauche einen kleinen Meißel und eine Art Löffel zum Ausräumen des erkrankten Gewebes. Sehen Sie, so ...« Mit der Gabel ritzt er Konturen auf die Tischplatte.

»In Ordnung«, sagt der LI und steht auf. »So was Ähnliches

hab' ich. Muß es bloß ein bißchen zurechtfummeln. In einer halben Stunde kriegen Sie's.«

Oesten hat eine scharfe Falte über der Nasenwurzel. Mit gedämpfter Stimme fragt er den Arzt:

»Es kann genausogut schiefgehen, was?«

»Ja — weil ich eine Totalaufmeißelung machen muß. Man kann dabei leicht die Hauptader verletzen, die den Kopf mit Blut versorgt. Stoppen kann man die Blutung nicht . . . Es ist eine schwierige und große Operation, selbst für Fachärzte. Na ja, ich will alles versuchen . . .«

»Ich werde Ihnen zur Hand gehen, Doktor.«

Während der Kranke vom Stabsarzt eine Morphiumspritze gegen die unerträglichen Schmerzen bekommt, verwandelt Sanitäts-Gast Baumgartner die Offiziersmesse in einen Operationsraum. Über dem Tisch bringt Maschinenmaat Helferich noch zwei starke Lampen an.

»Offiziersmesse ist für jeden Durchgang gesperrt«, befiehlt Oesten.

Der Smutje rasiert dem Kranken den Kopf kahl. In der Kombüse brodelt Wasser zum Sterilisieren der Instrumente. Der LI bringt Meißel und Löffel und läßt sie ins kochende Wasser fallen. Die Schneide des Meißels ist haarscharf und halbrund. Das andere Instrument sieht einem Kaffeelöffel ähnlich.

Zwei Männer legen den Kranken auf den provisorischen Operationstisch. Der Sani zurrt den Patienten mit Lederriemen fest.

»Alles klar, Herr Kaleu«, meldet der Arzt. Er hat einen blütenweißen Kittel übergestreift.

»LI — auf achtzig Meter gehen«, befiehlt der Kommandant. Langsam taucht das Boot hinab in die See. Es wird eingependelt und liegt dann bewegungslos. In der Dünung der Wasseroberfläche wäre die Operation nicht möglich.

Der Arzt schrubbt sich die Hände in heißem Wasser. Sein weißer Mantel ist schon durchgeschwitzt. Die Temperatur im Boot schwankt zwischen fünfunddreißig und vierzig Grad. Oesten hat vor sich ein Tuch, auf dem die ausgekochten Instrumente ausgebreitet sind. Er assistiert bei der Operation. Als Sani Baumgartner den rasierten Schädel mit Jod abreibt, stöhnt der Patient leise.

Beruhigend streicht ihm der Doktor über die Schulter. »Keine Angst, es ist bald vorbei.« Das sagt er zu dem Kranken. Aber er sagt es auch zu sich selbst. Dann setzt er halblaut hinzu: »Narkose!«

Der Sanitäts-Gast legt die Gazenmaske auf das Gesicht des Patienten und tröpfelt Äther aus der Flasche. »Jetzt mußt a bisserl zählen.« Baumgartner verfällt in seinen Heimatdialekt. Er stammt aus Niederbayern, aus Kelheim an der Donau.

»Eins, zwei, drei, vier, fünf . . .« Knolls Stimme wird leiser. Er kommt bis dreiundzwanzig. Dann schläft er tief.

Mit dem Skalpell in der Hand tritt der Arzt an den Tisch. Noch einmal wirft er einen Blick auf Oesten und den LI, dann beugt er sich über die Operationsstelle.

Zwei Zentimeter hinter dem Ohr durchtrennt er die Haut mit einem bogenförmigen Schnitt bis auf den Schädelknochen.

Oesten steht wie angenagelt. Er starrt auf die jodgelbe Haut mit dem blutigen Einschnitt.

Der Sani spreizt die Wunde mit Haken auf, und der LI läßt Tropfen um Tropfen aus der Ätherflasche auf die Gesichtsmaske fallen.

Es ist still geworden im Boot. Im Bugraum und bei den Dieseln, in der Zentrale und an der E-Maschine — überall lauschende Männer. Sie hören nichts als halblaut gesprochene Worte in der Offiziersmesse: die kurzen Befehle des Arztes. Wird er es schaffen?

Der Doktor legt das Skalpell ab und läßt sich von Oesten Meißel und Hammer reichen. Das scharfe Werkzeug setzt er auf den Warzenfortsatz des Schädelknochens hinter der Ohrmuschel. Mit dem kleinen Hammer aus der Werkzeugkiste des LI schlägt er kurz zu.

Ein metallisches Klicken. Nicht sehr laut. Und trotzdem zucken die Männer von U 861 zusammen, als hätten sie selbst einen Hieb auf den Kopf erhalten.

Vorsichtig meißelt sich der Arzt einen Zugang zum Mittelohr hin. Das heraustretende Blut verfärbt sich schmutziggelb. Die Hitze wird immer schlimmer. Der Geruch von Äther und Jod ist beinahe unerträglich. Oesten muß sich auf eine Koje setzen. Sein Gesicht ist so totenblaß wie das des Patienten. Sein Magen rebelliert. Es würgt ihn im Hals.

Der LI verfolgt jede Handbewegung des Arztes. Manchmal

unterbricht er seine Arbeit mit der Ätherflasche und tupft ihm mit dem Tuch den Schweiß vom Gesicht.

»Den Löffel«, sagt der Doktor und legt Hammer und Meißel beiseite.

Der LI reicht ihm das primitive Werkzeug.

Behutsam senkt der Arzt das Instrument in die Paukenhöhle, vorsichtig schabt er den Eiter aus.

Die Männer haben Angst um ihren Kameraden. Unter normalen Umständen ist eine Mittelohrvereiterung wahrhaftig nicht lebensgefährlich. Aber hier hat der Kranke zu lange geschwiegen. Nur ein winziges Mißgeschick schon kann sein Ende bedeuten . . .

Wieder ein paar halblaute Worte. Heftiges Atmen. Und immer schlechter wird die Luft.

Endlich hört das widerliche, nervenzerrende Schaben auf.

Der Arzt tamponiert die Wunde aus und verschließt sie mit Klammern. Ein Stückchen Watte läßt er herausschauen. Jeden Tag wird er davon ein wenig abzupfen.

»Fertig«, sagt der Doktor, erschöpft und ausgelaugt.

»Gott sei Dank!« Oesten ist aufgesprungen. Jetzt kann er auftauchen lassen. Dieser durchdringende Geruch von Äther, Jod und Dieselöl ist nicht mehr zu ertragen.

Auf einer Tragbahre wird der Frischoperierte durch das Kugelschott in seine Koje im Heckraum geschafft. Langsam kehrt Farbe in das bleiche Gesicht des Maschinengefreiten zurück . . .

»Wird er wieder hören können?« fragt der LI.

»Bestimmt«, antwortet der Arzt und seift sich die Hände ab. Jetzt zittern sie . . .

U 861 hat die nördliche Zufahrt zur Malakka-Straße erreicht. »Glauben Sie, daß wir diese lausige Insel finden?« Jürgen Oesten ist neben den Kartentisch getreten. Er ist ausgesprochen mißgelaunt. Das Wetter ist hundsmiserabel. Ein Monsun-Regen löst den anderen ab. Die Wassertropfen sind so groß wie der Daumennagel eines ausgewachsenen Mannes. Im Boot dröhnt ein Monster-Trommelwirbel.

»Nach meinen Berechnungen und Goetsches letztem Besteck kann sie nur rechts voraus liegen«, versichert der Obersteuermann. Ein bißchen Unsicherheit schwingt aber doch im Unterton seiner Stimme mit. Kunststück, bei diesen Bedingungen und diesen behelfsmäßigen Kartenunterlagen. Der Obersteuermann tippt mit seinem peinlichst angespitzten Bleistift auf die Position. Er verlängert den Marschweg ... Naja, danach liegt die Insel tatsächlich voraus.

U 861 wird nämlich in Penang erwartet. Oesten hat seine Einlaufabsichten durch FT gemeldet ... weil es höchste Eisenbahn wird, einen Hafen anzulaufen. Die Treibölbunker fahren fast nur noch Seewasser statt schwarzblauen Lebenssaft für die Dieselmotoren. Das Boot steht über fünf Monate in See. Es ist auch sonst überholungsreif. Und die Besatzung ist es nicht minder ...

Als der Bordfunker Schürmann die Bestätigung und Antwort der deutschen Funkstelle in Penang in die Schlüsselmaschine M drückte, saß Oesten neben ihm. Sie sollen also nicht sofort bis nach Penang laufen, sondern im Eingang der Malakkastraße bei der hundert Seemeilen nördlich gelegenen Insel Langkavi auf ein japanisches Geleitfahrzeug mit deutschem Lotsen an Bord warten. Das mildert Oestens anfängliche Sorgen, sich ohne Spezialkarten und ohne Geleitschutz in diesen Flaschenhals der Malakkastraße hineintasten zu müssen. Wenn irgendwo gegnerische U-Boote auf Opfer lauern, dann doch nur hier und im Bereich der Insel Penang.

Nach diesem Spruch angelte die FT noch eine andere Meldung aus dem Äther. Sie stammte von U 859; Kapitänleutnant Jebsen ist der Kommandant dieses Monsun-U-Bootes. Es ist bereits vier Wochen länger unterwegs und funkte ebenfalls seine Einlaufmeldung.

Penang führt Regie: beide Boote sollen gleichzeitig eingeholt werden.

Die Freude auf U-Oesten ist groß, das wird Jubel, Trubel Heiterkeit geben, denn schon in den Stützpunkten Bremen, Gotenhafen und Kiel haben sie mit ihren Kameraden von U 859 manche Buddel gelenzt, manchen Bolzen ausgeheckt. Auch die Offiziere verbindet mehr als nur eine Bekanntschaft untereinander. Oesten kennt Jebsen schon aus der Zeit des Aufbaues der U-Boot-Waffe, als dieser ihn einmal als WO auf U 20 ablöste.

Noch in der Nacht sehen sie die gesuchte Insel schemenhaft direkt voraus. Dann wieder verschluckt sie eine Regenbö. Das Besteck stimmt. Einen Händedruck für den Steuermann. Im

Boot wogen die erwartungsvollen Gespräche auf und ab. Steuermann Gustav Goetsche kennt die südostasiatische Küste von früher her. Was er berichtet, geht den Lords wie Dortmunder-Union-Pils ein. Oesten tut das Seine dazu. Bis ihn die Rufe seines WO's auf die Brücke zitieren.

»WO an Kommandant, Dämmerung beginnt.«

Das versprochene Geleitfahrzeug suchen sie vergeblich. Und als schließlich im Schatten der Insel ein kleiner, schnellbootähnlicher Untersatz in Sicht kommt, blicken sie sich alle auf der Brücke betroffen an. Sollte das etwa der versprochene Geleitschutz sein? Fühlen sich die Japaner so sicher in diesem Raum? Oder ist es mit der in der Heimat so verherrlichten Stärke der Flotte unter dem Sonnenbanner bereits so schlecht bestellt?

Maschinenmanöver. Das kleine Boot schert längsseits.

Ein Oberleutnant zur See Charly Militzer meldet sich bei Kapitänleutnant Oesten ›gehorsamst als Lotse an Bord‹. Ihm folgen ein paar deutsche Seeleute. Sie schaffen zwei große Körbe mit Apfelsinen, Bananen, Kokosnüssen und japanischem Bier auf das Boot.

»Nun, kommen Sie man erst in die Messe, Militzer. Unten wartet ein heimatliches Frühstück auf Sie«, lädt Oesten den Kameraden herzlich ein.

Aber Militzer dankt. Er wehrt höflich, aber entschieden ab. Seine Augen wandern unablässig über die Reling, über die See. Er tritt von einem Bein auf das andere. Oesten lacht.

»Nicht so dienstbeflissen. Los, los. Sie werden staunen. Wir haben noch prima Hühnereier in unserer Tiefkühlanlage und auch noch frische Erdbeeren aus Old Germany. Und dann nehmen Sie das Dingsda ab.«

Mit dem Dingsda meint Oesten die gelbe, aufgeblasene Schwimmweste, die Militzer beim Einsteigen in das Boot doch nur behindern wird.

Aber der Oberleutnant läßt sich nicht beruhigen. Er behält die Schwimmweste um. Er ißt unten von dem Dargebotenen, weil er keinen Ausweg sieht. Er versucht von dem Rührei, dankt aber nervös, als ihm der gemütlich grinsende Smut noch einen Schlag nachreichen will. Er kostet ausgesprochen uninteressiert die köstlichen Erdbeeren. Oesten schaut mal ihn und dann seine Offiziere an. Sie sind ein wenig ärgerlich, daß dieser Oberleutnant den herzlichen Empfang nicht zu würdigen scheint. Schließlich aber, als sie allein in der Messe sitzen, als der Smut und seine Gehilfen nicht mehr zu sehen sind, plaudert Militzer aus dem Näh-körbchen . . .

Danach sieht die Sache ernst, verdammt ernst aus. Mit der viel-gerühmten japanischen Seemacht scheint es wahrhaftig nicht mehr weit her. Und wenn man, wie Charly Militzer, schon ein-mal durch amerikanische Torpedos absoff und noch einmal da-vongekommen ist, möchte man ein zweites Bad solcher Art tun-lichst vermeiden. Das sieht auch Oesten ein, in dessen Ohren die Worte des Oberleutnants nachklingen . . . Die Propaganda der Japaner sei ja noch viel phantasievoller als die vom Lügenlord Goebbels . . . die gelben Bundesgenossen dächten sich überhaupt nichts dabei, einfach ganze Seeschlachten zu erfinden, wenn es gälte, den Mythos von der Unbesiegbarkeit der Flotte des Tennos zu stärken . . . sie hätten den Südostraum propagandistisch her-metisch, quasi luft-, staub- und schalldicht abgekapselt . . . alle Kurzwellensender hätten sie beschlagnahmt . . .

Oesten hebt die Messerunde auf. Sie verspüren auf einmal heftiges Verlangen nach frischer Luft.

»Wenn das man gut geht«, sagt Militzer leise.

Welch ein sattes Grün, welch eine Augenweide . . . diese tropi-schen Inseln an Backbord.

Nicht ablenken lassen! Nur nicht ablenken lassen!

U 861 steuert dicht unter Land und im Zickzackkurs Penang entgegen. Sie passieren dabei eine Stelle in der Seekarte, die spä-ter einmal keiner von ihnen mehr aus seiner Erinnerung bannen wird . . .

Das Anlegemanöver wäre was für die Wochenschau gewesen, so schneidig dreht Oesten mit Dieselmotorenkraft an den klei-nen Pier des Hafens von Georgetown heran. Andere Monsun-U-Boote ruhen hier schon an den Leinen aus. Ihre Besatzungen sind an Oberdeck angetreten. Die Männer winken . . . Aber unter diesen sind keine von U 859.

U-Jebsen ist also noch nicht eingelaufen . . .? Noch immer nicht? Es stand doch voraus?

Der Stützpunkt hat wieder einen ganz großen Bahnhof arran-giert. Die schrillen Mißtöne der japanischen Militärkapellen gehen in Banzai- und Hurrarufen unter.

Seit dem 20. Juli ist nun auch bei der Marine der ›Deutsche Gruß‹ eingeführt worden. Oesten bekam den Befehl dazu durch FT auf den salzigen Ozean hinausgefunkt.

»An Bord mit erhobener Hand grüßen . . .? Bei uns nicht. In dieser engen Röhre haut womöglich morgens einer dem anderen die Hand unter den Riecher.« Also unterblieb dieses optische Bekenntnis an Bord.

Für die Begrüßung der Japaner vom Stützpunkt gilt es nun aber doch. Als Oesten dem Stützpunktleiter Meldung macht, fährt seine Hand prompt an den Mützenschirm. Dommes dagegen steht mit erhobenem, ausgestrecktem rechtem Arm vor ihm. Der japanische Admiral zwinkert mit den Augen. Offenkundig ist bei den Deutschen einiges unklar. Als wohlerzogener Japaner ist er viel zu taktvoll, sich seine Verwunderung anmerken zu lassen oder einen der beiden Herren nach dem Wieso und Warum zu fragen. Aber er denkt sich seinen Teil. Mißtrauen wird jedem Japaner in die Wiege gelegt.

»Was gehört von Jebsen?« fragt Oestens IIWO seinen Obersteuermann.

»Gerüchte, scheußliche Gerüchte!«

»Also doch, Achmed.«

Außer U 863 ging von den einzelbootweise nach Punkt Paula und Punkt Siegfried (wie Penang und Singapore aus Tarnungsgründen genannt werden) entsandten Monsunern nach Eintritt in ihr Operationsgebiet verloren:

U 852 am 3. Mai 1944 südlich von Ras Hafun vor der Somaliküste; U 198 am 12. August 1944 nordwestlich der Seychellen.

Von den restlichen Monsunern liefen außer U 181, U 196 und U 861 in Penang noch U 862 ein. Nach Batavia, das als U-Stützpunkt immer mehr an Bedeutung gewinnt, wurden U 537 und U 843 befohlen. Mit Ausnahme von U 862, U 837 und U 168 sollen diese Kampfboote als Rohstoff-Transporter den Rückmarsch in die Heimat ohne Zwischenoperationen im Indik antreten.

6

Das Unternehmen Weißblech

Es geschah zur Zeit, da der jetzt in Soerabaja sitzende Kapitänleutnant Hoppe noch Stützpunktleiter in Penang war:

Vogel und Hoppe hocken in Korbsesseln auf der Veranda ihrer Villa. Sie dösen vor sich hin. Um sie herum ist wohltuende Stille. Hin und wieder rufen sich Nachtvögel, manchmal raschelt es im Laub zu ihren Füßen. Immer, wenn einer an seiner Zigarette zieht, flutet rötlicher Schein über das Gesicht, über ernste, nachdenkliche Züge.

Vogel reckt den Kopf, hebt nach Seemannsart witternd die Nase in die Luft. Da ist ein feiner, spürbarer Windhauch.

Er weht durch die offenstehenden Flügeltüren aus dem Zimmer heraus. Dort erkennt Vogel eine Gestalt.

Bewegungslos, abwartend, verharrt sie dort.

»Wong Ho?«

»Ich bin's, Sir. Verzeiht einem Unwürdigen diese nächtliche Störung.«

»Treten Sie doch näher«, fordert Vogel, der sich jugendfrisch aus seinem Sessel herausgestemmt hat, den späten Besucher auf. Am Tag darf es Wong Ho der japanischen Geheimpolizei wegen ja nicht wagen, die Privaträume eines der deutschen Offiziere aufzusuchen. Wenn er aber kommt, dann mit einem ganz besonderen Anliegen.

Der Chinese verneigt sich wiederholt, schüttelt immer wieder die Hände vor seinem Gesicht und beteuert erneut, er sei es nicht wert, daß ihn die großen Kapitäne auch nur eines Blickes würdigen.

Vogel, mit den chinesischen Bräuchen vertraut, benimmt sich, wie es die Sitte fordert. Er bietet Wong Ho seinen eigenen Platz an, denn er, der Gast, sei Vertreter uralter Kultur und höchster Weisheiten, er sei ein Würdiger, ein viel, viel Würdigerer, was Wong Ho wiederum unter erneuten Verbeugungen und unter Selbstanklage bestreitet.

Schließlich unterhalten sie sich über das Wetter, die Gesundheit und das Wohlbefinden, und Vogel erkundigt sich teilnahmsvoll nach Wong Hos Gattin, Kam-Ho, was ›Köstliche Pfirsichblüte‹ heißt. Er fragt nach den Kindern, nach Onkeln und Tanten und Großmüttern und Großvätern. Als Wong Ho geht, wendet sich dieser noch einmal um und sagt leise: »Besuchen Sie doch einmal den Händler Tschan Li. In vierzig Kisten erwartet Sie große weiße Freude.«

Als der Vorstand einer der größten chinesischen Bäckereien, die jetzt für die Deutschen arbeitet, davongeschlurft ist, wendet sich Vogel an seinen Chef: »Sie wissen, was er meinte?«

»Weißblech.«

»Yes, Weißblech. Der kam gerufen wie Yen Huei, des Konfuzius Lieblingsjünger. Manchmal kommt es mir vor, als würden unsere chinesischen Freunde immer zur rechten Stunde ahnen, wenn uns der Schuh drückt.«

»Aber was nun? Von diesem Weißblech weiß der Japaner ebenso nichts wie von manchen anderen Posten. Die japanische Militärbehörde einweihen, würde mit der Beschlagnahme der 40 Kisten enden.«

»Als Dank bekommen wir vielleicht zehn Kisten ab«, sinnt Hoppe.

»Und verderben es mit unseren chinesischen Gönnern, die uns die Tips geben. Es scheint mir so, daß dieser Tschan Li bei der Sippe Wong Ho nicht sonderlich beliebt ist.«

»Beliebt oder nicht, wie kommen wir an die Bleche? Die letzte Partie, die Sie mit Unterstützung vom Konteradmiral Graf Maida in Batavia auftrieben, war ein Tropfen auf heißem Stein Dommes hat's mir vorgerechnet.«

»Weiß, langt nicht hin, langt nicht her.«

Vogel wandert mit schwankenden Schritten auf der Veranda auf und ab, als stünde er auf der Brücke eines Überseeschiffes. Dann bleibt er stehen.

»Wir müssen bluffen.«

»Gewaltstreich?«

»Dachte ich auch, aber . . .«

»Nichts aber, wenn die Japaner von diesem Posten Wind bekommen, wird er im Handumdrehen konfisziert. Also morgen früh: Große Uniform, Orden und Ehrenzeichen . . . Am besten ist es, Vogel, Sie verständigen gleich den Verwaltungsfeldwebel Klosseck. Der ist ja sowieso zuständig.«

»Woll«, sagt Vogel und macht sich auf den Weg. Dieser Klosseck, gebürtiger Schlesier, stammt vom Hilfskreuzer *Thor*. Da er sich in seinem erlernten Zivilberuf auf die Kunst des Konservierens versteht, hatte ihn Vogel von Tokio für den Stützpunkt Penang angefordert.

»Moment noch«, ruft Hoppe seinem Adju nach. »Da fällt mir ein, der Klosseck soll doch mal bei den Japsen herumhorchen, wie hoch jetzt der offizielle Kurs für Weißbleche steht. Aber Vorsicht, daß die Brüder nichts merken.«

Kapitänleutnant Hoppe und Oberleutnant Willy Vogel brausen am nächsten Morgen in blütenweißer Uniform, von zwei Obergefreiten begleitet, vor der Villa des Händlers vor. Während die beiden Soldaten die Straße in diesem Bezirk, in dem nur reiche Chinesen wohnen, vor Japanern absichern, läßt sich Vogel, der chinesischen Sprache mächtig, bei Tschan Li melden. Und damit der reiche Scheinimann sich nicht etwa verleugnen läßt, folgen die beiden Herren dem Diener auf dem Fuß.

Tschan Li fällt buchstäblich aus allen Wolken, als ihn Vogel in vollendetem Nanking-Chinesisch nach den 40 Kisten mit dem Weißblech fragt. Erst will er ausweichen. Er kaut mit geschlossenem Mund auf einer noch unausgegorenen Ausrede herum. Er zupft, um Zeit zu gewinnen, an seinen Bartfäden herum. Seine Gesichtshaut hat die Farbe von Lava-Asche angenommen, so entsetzt und so bestürzt ist er. Woher kennen diese Germans sein Geheimnis, sein ganz großes Geschäft?

Doch da wandert sein Blick durch das Fenster, auf die Straße, auf der die beiden Soldaten auf und ab gehen ... Was hatte der eine der beiden Offiziere durchblicken lassen: ›Wenn die Kempetai von den Weißblechen erfährt, dann ...‹

Schon der bloße Gedanke an eine Begegnung mit dieser berüchtigten und gefürchteten japanischen Geheimpolizei treibt Tschan Li, so sehr er sich auch müht, Haltung zu bewahren und Gelassenheit zu spielen, dicke Schweißperlen ins Gesicht. Er sieht es ein, Leugnen hat hier keinen Sinn. Das macht die Sache nur noch schlimmer. Außerdem: die blütenweiße Uniform, die Orden ... Also scheint die Sache offiziell zu sein.

Tschan Li verneigt sich ehrerbietig. Unter dem Rascheln der kostbaren Seide seines Gewandes murmelt er eine Entschuldigung. Er habe nicht gleich verstanden, was die Herren wünschten. Aber natürlich, natürlich . . .

Oben, unter dem Dach, läßt Tschan Li Reisstrohmatten beiseite zerren. Darunter werden Kisten sichtbar. Es sind 42 an der Zahl.

Als Vogel den Preis nennt, den er pro Tonne zu zahlen gewillt ist, hebt der füllige Chinese beide Hände. Das sei viel zuwenig. Viel, viel zuwenig. Das bedeute seinen und seiner Sippe völligen Ruin.

»Ehrwürdiger Tschan Li«, sagte Vogel höflich und leise, »nehmen Sie doch bitte Vernunft an.« Das Zetern des Chinesen ignorierte er. Dieses Jammerzeremoniell gehört zur Geschäftspraxis. Wenn nur ein Prozent davon wahr ist, ist's sehr viel sogar. »Dieser Preis, mein lieber Herr Li, entspricht dem offiziellen Kurs, den man Ihnen zubilligen würde, wenn Sie diesen Posten Weißblech den japanischen Behörden angeboten hätten . . . von sich aus angeboten, verstehen Sie . . .«

Tschan Li versteht sehr gut und auch sehr schnell, was der deutsche Offizier damit sagen will: weil er die Bleche nicht anbot, könnte die Ware jetzt ohne auch nur einen Penny Entgelt beschlagnahmt werden, dieweil er, der angesehene, vermögende, aber zu seinen eigenen Landsleuten nicht immer hilfsbereite Tschan Li, in sehr engen vier Wänden in der Gesellschaft von Ratten dann Zeit zum Überlegen haben würde, was falsch war und weshalb und wieso sein Geheimnis ans Tageslicht drang.

»Also?« bohrt Vogel. »Keinen Penny mehr, keinen weniger.«

»Okay. Aber nur, wenn der Japaner nichts erfährt.«

»In Ordnung. Du bekommst noch einen Sack Reis dazu.«

Nun nimmt das Pergamentgesicht wieder Farbe an. Tschan Li lächelt ölig. Reis ist für einen Chinesen fast noch schwerer zu beschaffen als Weißblech für die Deutschen.

Bei Nacht und Nebel läßt Willy Vogel die Kisten abfahren. Den LKW, den die Japaner dem Stützpunkt zur Verfügung gestellt haben, darf kein japanischer Posten anhalten. Das hat Hoppe durchgesetzt.

Und Sorgen, daß Tschan Li aus dem Geschäft etwa aussteigen, daß er die Kisten während des Tages etwa beseitigen lassen könnte, hat er nicht. Ein einmal abgeschlossenes Geschäft ist für einen Chinesen tabu.

»Bei Licht besehen, war's ein regelrechter Überfall«, meint Hoppe hinterher.

»Man kann's auch Erpressung nennen. Scheußlich.«

»Unsinn. Keiner von uns hat doch im Ernst daran gedacht, Tschan Lie etwa zu melden, wenn er abgelehnt hätte. Einigen wir uns darauf, daß es Notwehr war.«

Und Notwehr war es, zu dieser Selbsthilfe greifen zu müssen, seitdem sich die Verproviantierung der zahlenmäßig immer stärker angewachsenen U-Bootgruppen im Südostraum zum Problem Nummer eins entfacht hat.

Als sich die beiden Offiziere umgezogen haben, stößt Hoppe seinen Adjutanten an:

»Wissen Sie, Vogel, was mir einfällt: Es waren 42 Kisten. Mit der Zahl 42 scheint es bei Ihnen eine ganz besonder Bewandtnis zu haben.« Als er dies mit einem Augenzwinkern sagte, läßt er ›Black and White‹ in zwei Wassergläser fließen. Ja, die Zahl 42.

Als um jene Zeit im Südostraum Penang als U-Boot-Stützpunkt ausgerüstet werden sollte, wurde der schon früher von Südamerika nach Japan herübergekommene deutsche Frachter *Quito* [21], der bisher den Japanern Transporthilfe geleistet hatte, mit *Nankin*-Dosenproviant für Penang geladen. Außerdem bekam er eine Regelstelle für Torpedos eingebaut. Neben dem Beuteproviant aus der Prise des Hilfskreuzers *Thor* (zweite Reise), einem 7131 BRT großen Passagierdampfer mit Fleisch, Obst und Gemüse auf dem Weg von Australien zur Burma-Front, hatte er aber noch andere Kostbarkeiten und Mangelware an Bord: Gekauft mit den waschechten Scheinidollars. Auf dem noch übervollen Schwarzmarkt in Shanghai. Die Japaner hatten ja keinen blassen Dunst von der dollarschweren Beute auf der Prise, als diese einkam. In marineeigenen und daher nicht kontrollierten PKWs war das Geld aus dem Hafen in die Deutsche Dienststelle gefahren worden. Ein Teil wurde von dort später per Kurier nach Shanghai gesteuert.

»Denken Sie auch daran, viel Schokolade einzukaufen«, hatte einer der Herren die Aufkäufer gemahnt. »Sie kann sich im Südostraum als sehr nützlich erweisen. Die Herren der japanischen Marine mögen sie besonders gern.«

Die *Quito* erreichte nach einigen Pannen Batavia, in dessen

Hafen gerade die *Alstertor* lag. Dieser Blockadebrecher und Hilfs-
versorger hatte eine ganze U-Bootausrüstung, zwei Ersatz-Seh-
rohre, Torpedos und Reserveteile für ein U-Boot an Bord. Die
Quito übernahm diese Teile für den Stützpunkt Penang. Mit
ihrem Eintreffen war U-Boot-Dauerproviant vorerst in genügen-
der Menge vorhanden.

Aber an Frischproviant, an Kartoffeln und an Graubrot man-
gelte es. Die japanische Marine zeigte sich wohl sehr hilfsbereit.
Sie lieferte aus eigenen Beständen, was sie nur abtreten konnte,
aber über größere Frischfleischreserven verfügte sie auch nicht.
Reis genügte den Japanern.

Blieb also nur der ›freie Markt‹, der Schwarzmarkt in Singapore.

Kartoffeln standen in den Sternen. Die Südostasiatischen Süß-
kartoffeln waren einfach nicht zu genießen. Grund genug für
Dommes, später auf Java, auf der ehemaligen Teeplantage Tschikopo, den Anbau europäischer Kartoffeln versuchen zu lassen,
was auch glückte.

Willy Vogel, der Asien von seinen früheren Fahrten her so gut
kannte wie heute sein Revier um ›Cuxendorf‹ und der auch längere Zeit in Fernost an Land tätig war, bohrte prophylaktisch
und zielsicher die einzig richtige Quelle an: die Chinesen.

Mit den Scheinis hatte er bisher nur beste Erfahrungen gemacht. Auf der Suche nach einer Bäckerei für das *Nankin*-Mehl
kam es dann zur Begegnung mit Wong Ho.

»Ich merkte gleich, mit dem Mann war Freundschaft zu
schließen. Mit dem mußte sogar Freundschaft geschlossen werden.
Dieser Chinese haßte die Japaner, wie ein Chinese nur einen
Japaner hassen kann. Ich konnte auch etwas für ihn tun. Er hatte
eine riesengroße Familie, er brauchte Reis. Vor allem in Singapore
hatten die Japaner Reisbestände gehortet. Ich versuchte es über
die japanische Marine, und wenn die Navy nicht mehr konnte,
dann klopfte ich beim Heer an. Ich habe auch vom Heer Reis bekommen, nur durfte das wieder die Marine nicht wissen, oder umgekehrt.

So nach und nach wurde eine echte Freundschaft aus der Bekanntschaft mit Wong Ho. Daß ich ihm mit Einverständnis des
CIS auch etwas Mehl abließ, war ein Freundschaftsdienst, der sich
einmal zehnfach bezahlt machen sollte. Denn eines Tages, das war

ein klares Rechenexempel, würden auch die Fleischkonserven aus der *Ex-Nankin* aufgebraucht sein. Und dann?

Wong Hos Frischbrot, ein Graubrot nach unseren Rezepten, schmeckte prima. Roggenmehl hatten wir ja in Shanghai beschafft. Bezahlt mit blütenreinen *Nankin*-Dollars. Das hört sich alles so einfach an, aber welch ein mühevoller Weg, ehe Hein Seemann neben dem obligatorischen Reis täglich seine drei oder vier Scheiben Brot empfangen durfte.

Drei bis vier Scheiben! Das ist kein Druckfehler.

Zum Frischbrot besorgte Klosseck frisches Wasserbüffelfleisch. Es ist zwar nicht besonders zart und ziemlich grobfaserig, aber es war frisches Fleisch. Das war entscheidend.

Und damit begann Klossecks Wirken:

Fleisch und Brot zu konservieren.

Den Dreh herauszufinden, das Brot einzudosen, nahm Wochen in Anspruch. Wong gab sich verzweifelte Mühe. Er schuftete sogar in den Nächten. Endlich hatte er den Bogen raus: es mußte vorgebacken und dann in die Dosen hineingebacken werden, dann hielt es sogar eine ziemlich lange Zeit.

Mit den Dosen aber lag der dornenreiche Gang nach Canossa erst noch vor uns . . .«

Und es wurden viele draus.

Erst schaltete sich Tokio ein und beschaffte eine neue Partie, einen kleinen Posten, gerade ausreichend, um ein U-Boot mit Dauerproviant auszurüsten.

Über Wong Ho lernte Vogel einen anderen zuverlässigen Chinesen kennen, den Klempner Tai Fu. Sein erster Freundschaftsbeweis waren zwei Kisten mit Weißblech, genug für ein paar hundert Dosen.

»Da gibt es noch gutes Weißblech. Vier gebrauchte Gallontens. War Petroleum oder Schmalz drin«, flüsterte Tai Fu Vogel zu. Aber diese großen, vierkanten Weißblechfässer waren, wie alle anderen Metalle, von Japanern bereits erfaßt. Vogel mobilisierte die Marine. Der Schokolade wegen sah man ihn stets gern. Aber die Kollegen von der blauen Achsenzunft bedauerten. Hier habe das Heer zu sagen. Das Heer bedauerte auch. Diese Posten seien noch nicht erfaßt, die Sache läge noch im Zuständigkeitsbereich der Geheimpolizei. Ob der vielen Zuständigkeiten bekommt Willy Vogel keine Zustände. Er fügt sich in sie mit asiatischem

Gleichmut. Er lächelt und handelt. Der Chef der Kempetai hört sich Vogels Sorgen an. Das Wunder geschieht. Er besorgt die vier Gallontens und noch eine dazu, einen total verrosteten Behälter, den die Kempetai-Männer bei einem Inder ausgegraben haben.

Tai Fu stellt sieben Chinesen in seinem Betrieb ein. Sie zerlegen die vierkanten Dinger, walzen die Bleche glatt, schneiden sie in Streifen, entrosten, säubern und desinfizieren sie und handwerken am Ende blitzende Zwei-Kilodosen daraus. Welche Mühen! Welche Umwege!

CIS Dommes, immer auf der Suche, die Ausrüstung der Boote zu verbessern, regt die Konservierung von einheimischem Obst an, denn diese von der *Nankin* stammenden Vorräte werden auf die Dauer nicht reichen. Außerdem mag Hein Seemann die ›Stringbeans‹, diese eingedosten langen grünen Bohnen aus Australien, gar nicht so gern.

Von Erfolg gekrönte Versuche: malayische Rambutans und Mangopflaumen zu konservieren, einheimische Obstsorten, die jahraus jahrein auf den Bäumen wachsen und süß wie Zucker schmecken. Und auf Tschikopo andere: europäische Gemüse anzubauen und zu ernten, so Mohrrüben, Sellerie, Tomaten, Schnittlauch und Kohl.

Verdruß und Pech: Bei Bananen erleben die Konservenmixer eine böse Überraschung. Die mehlig-weichen Früchte werden nach der Konservierung in Dosen hart wie unreife Birnen. Tschikopo gehörte übrigens dem deutschen Plantagenverein, der auch unter holländischer Verwaltung die Treuhänderschaft behielt. Auf diesem 4400 Morgen großen Gelände, auf dem nun die Teesträucher anderen Zwecken weichen mußten, steht noch aus der Zeit des Weltkrieges Nummer eins ein Denkmal, das an Graf Spees Geschwader erinnert. Zum militärischen Leiter der Farm hat Dommes Kapitänleutnant Tangermann von der *Brake* bestimmt. 400 Javaner stehen ihm als bezahlte Hilfskräfte zur Verfügung, willige, fleißige Eingeborene. Und ein ehemaliger Maschinist der Kaiserlichen ›KM‹ wird Tangermanns rechte Hand in allen technischen Fragen. Dommes: »Man ahnt ja gar nicht, was man mit ein bißchen Blech, Hammer, Nägel, Zangen und Lötkolben alles anfangen kann.«

Vogel läßt Kokosnüsse zerkleinern und schnitzeln. Sie sind ja vitaminreich, wie der Stützpunktarzt Dr. Schlenkermann versichert. Auch rein — in die Dosen, wie Ananas und jene so delikaten Bambus-Schößlinge, sonst ein Gemüse für die Gaumen ausgesprochener Gourmets. Sind die Herren Seelords etwa keine?

Eines Tages besucht Dommes die Dosenbrot-Fabrik, ein auf die Verhältnisse bezogen anmaßendes Wort. Er glaubt seinen Augen nicht zu trauen. Die hier tätigen Malayenfrauen geben sich alle Mühe, das Brot mit kleinen Hämmerchen in die Dosen zu klopfen.

»Nanu, sind die Brote zu lang geraten?«

»Nein, aber die Dosen zu kurz.«

Die Weißblechstreifen der einen von den Scheinis gelieferten Partie waren zu schmal. Man hatte vergessen, Wong Ho zu verständigen.

Und als auch die letzte geheime Quelle für Wasserbüffel in Malaya endgültig versiegt, macht Vogel auf Java einen ehemaligen deutschen Schlachter aus, einen naturalisierten Holländer. Dieser schon etwas betagte Herr wohnt in Bandung, in Javas früherer Hauptstadt. Hier betreibt er wieder seine kleine Fleischwarenfabrik, nachdem sie ihm die Japaner unter deutschem Druck zurückgegeben haben. Er und sein Assistent, ein deutscher Chemiker mit einem für Konservierungsversuche gut geeigneten Waschküchenlabor, beschaffen Wasserbüffel in jeder Menge. Im Gegensatz zum ausgelaugten Malaya fließt im Paradies Java noch immer Milch und Honig.

Vogel brummt mit einer Arado nach Java. Auf den Geschmack komme es an, auf den deutschen Geschmack. Nur das allein ist der Zweck der Gespräche und der Proben. Man sieht, auch in diesem Punkt läßt es Vogel nicht an gebotener Gründlichkeit fehlen, die einem Grand-Hotel-Generaldirektor zur Ehre gereichen würde.

Die Sache mit der Fleischkonservenfabrikation in Bandung kommt prächtig in Schwung: Goulasch à la Czikos, Rouladen à la Schlicktown ... Eingedost. Numeriert. Verladefertig für die Grauen Wölfe ...

Sie türmen sich zu Bergen.

Und wieder schmilzt der Vorrat an Weißblech zusammen. Und wieder stehen Willy Vogels Sterne günstig. In der Nacht klopft es an der Tür der Villa, in der Willy Vogel wohnt. Es ist ein zaghaftes, aber drängendes Klopfen. Tai Fu ist völlig aufgelöst, verzweifelt. Sein Schwager, Oberhaupt einer großen chinesischen Familie, sei von den Japanern einberufen worden, denn die Japaner kassieren alles, was von den Chinesen und Malayen einen Spaten, einen Pickel, eine Schaufel bewegen kann, um Straßen an der Burmafront zu bauen.

»Wo steckt er denn?«

»Er sein noch in Kaserne in Penang, wartet auf Abruf zur Zwangsarbeit [22].«

Vogel weiß, wie groß die Chinesen das Wort ›Sippe‹ schreiben, wie eng die Familienbande sind, wie sehr sie ihre Alten verehren und ihnen sprichwörtlich dienen, im Gegensatz zu Europa, wo man Alte, die zu keiner Arbeit mehr fähig sind, zum alten Eisen tut.

Haben Chinesen nicht allen Grund, wenn sie die Europäer Barbaren nennen . . .?

»Ich will's versuchen, Tai Fu.«

Lautlos, wie er kam, verschwindet der Chinese.

Morgens fährt Vogel mit dem Stützpunktdolmetscher zum Kempetai-Chef, in die Höhle des Löwen. Der Dolmetscher übersetzt:

»Ich brauche diesen Mann für unsere Proviantherstellung.«

»Wir ihn zum Straßenbau.«

»Er ist aber Spezialist.«

»Beweisen Sie es.«

»Sie verlangen etwas, was Sie selbst nicht gutheißen, würde man es von Ihnen fordern, weil Ihre Versicherung gilt.«

Der Kempetai-Boß lächelt, hebt den Hörer des Telefons und spricht mit dieser, dann mit jener Dienststelle. Die Uhr gongt zehn, als der Dolmetscher übersetzt:

»Herr Oberleutnant Vogel-San, Sie können über diesen Mann verfügen. Er ist frei.«

In der nächsten Nacht klopft es wieder, wohl zaghaft, aber nicht mehr drängend und ängstlich. Tai Fu und sein Schwager Yang Ho sind es. Es kostet Vogel viel Mühe, sich ihrer Dankesbezeugungen zu erwehren.

»Wir lassen Sie nie im Stich. Nie.«

Die Befreiung des Sippenchefs Yang Ho vom Arbeitseinsatz wird zum Schlüssel für jede weitere Beschaffungsaktion.

Schlagartig hören alle Blechsorgen auf. Woher Yang Ho und seine vielen, vielen Familienuntertanen diese Raritäten beschaffen . . . über Dschungelpfade . . . über Dschunken, die heimlich und auf nur den Eingeborenen bekannten Küstengewässern zwischen Singapore, Sumatra, Borneo, Saigon oder Hongkong verkehren . . . das erfahren sie im Stützpunkt nicht. Wenn Vogel feststellt: »Wir brauchen mindestens eine Tonne«, türmen sich schon bald zwei Tonnen auf Lager.

Schlagartig gibt es auch keine Proviantsorgen mehr. Zu jedem gewünschten Termin schleppen Yang Hos Sippenmitglieder an Verpflegung heran, was der U-Boot-Stützpunkt braucht.

Die Nöte, genügend Stoffe für die Zivilsachen und Ausgehuniformen der neuen U-Boot-Besatzungen zu erhalten, weil diese rationierten Spinnstoffwaren auch bei den Japanern seit langem knapper und knapper werden, sind wie weggeweht. Willy Vogel bekommt über die dunklen Kanäle der Sippe Yang Ho, was er braucht — und mehr als das. Und eine chinesische Schuhfabrik, der Teufel soll's holen, wenn deren Besitzer nicht auch einer von der Sippe Yang Hos ist, liefert Schuhe nach Bedarf. Feldwebel Klosseck braucht bloß die Größen anzugeben. Nachher haben sie sogar 100 Paar Schuhe zuviel. Und da die Deutschen in Japan schon lange auf immer dünner werdenden Sohlen laufen, kann Penang sogar aushelfen. Ein U-Boot, das zum Batteriewechsel nach Japan fährt, nimmt die Schuhe mit.

Und alles, auch die Schuhe, zu normalen Preisen. Und ohne viele Worte.

Bloß die Sache mit der Seewasserseife wird nachgerade zu einer Doktorarbeit. Kokosöle und Fette sind zu bekommen. Seifenstein dagegen nicht, Vogel bekommt eine deutsche Firma in Siam vermittelt und von dieser zwei Fässer mit Ätznatron-Soda-Gemisch.

Das Rezept für die Seewasserseife funkt die Heimat. Aber es kommt, da als chemische Formel aufgegeben, nur unvollständig an. Mit Hilfe der Scheinis zaubern sie dann aber doch ein brauchbares Produkt, das in Salzwasser schäumt.

Dommes bestellt Vogel zu sich. »Morgen wird wieder ein Boot erwartet. Schön wär's ja, wenn wir den Jungens ein delikates Festmahl bieten könnten.«

Als Willy Vogel nichts sagt und seinen Zeigefinger gegen die

Tischplatte bohrt, meint Dommes noch: »Ich weiß, es wird von Tag zu Tag schwerer.«

»Ich will's versuchen. Es hat ja bisher immer geklappt.«

Bloß wie, das darf der CIS von Amts wegen nicht wissen, Tai Fu bekommt Nachricht, daß man ein Festessen plane . . .

Am nächsten Morgen liegen Hühner, Enten und herrliche Früchte in der Kombüse.

»Ich wette, die sind wieder geklaut, nicht mal auf dem black-market gibt's ja so was in solchen Mengen.«

»Sie brauchen Urlaub, Klosseck«, knurrt Vogel. »So etwas träumt man nicht einmal, statt es zu sagen.«

7

»An Land«, sprach der Kapitän . . .

Sie bummeln die breite Strand Road herunter, an Traumvillen vorbei, unter im Monsumwind sich wiegenden Palmen entlang, von der machtvollen Melodie der Brandung begleitet. Sie folgen denen, die es brandeilig hatten, die ihre Rikschakulis zu höchster Marschfahrt antrieben. »Hälloh boy, w'oann Dollar more« . . . in einen gepflegten parkähnlichen Garten hinein . . . auf ein pompö-ses Bauwerk zu . . . mehr Schloß als Villa . . . einst der Privatbe-sitz eines millionenschweren Chinesen . . . jetzt das Freizeitheim für die deutschen Unteroffiziere und Mannschaften vom Stütz-punkt und aus den U-Booten im Hafen. In den Akten wird es offiziell als ›Shanghai-Hotel‹ geführt, die Lords aber nennen es: ›Das Haus der Tausend Freuden.‹

Als Kuddel Hollenkamp, Obermaat Schorsch Körber und Hein Gummi mit einigen anderen Kumpels von den Booten und vom Stützpunkt die breite Freitreppe hinaufsteigen und durch das weite Portal ins Dämmerlicht der Halle treten, bricht die Musik ruck-artig ab. Die Hawayen Boys, angelernt und betreut vom Funk-obergefreiten Osterfeld, haben die Gesichter der Neuen erspäht. Sie stimmen den Begrüßungssong an: *Eine Insel zum Träumen geboren.*

»Na, habe ich zuviel versprochen?« stößt Hollenkamp Körber an. »Alles nach eigenen Ideen eingerichtet und ausgebaut.«

»Das sieht man«, lacht Körber. Er zeigt auf die Wände mit den Zeichnungen. Sie stellen dar, was das Haus zu bieten hat. An einer bleibt die ausgestreckte Hand des Maschinenkumpels hängen.

Man sieht darauf einen Seemann, der Holz hackt, daß die Splitter fliegen.

»Nun weiß ich auch, warum es die Makkers auf der Strand Road so eilig hatten«, fällt es Körber ein.

Just im gleichen Augenblick drängt sich eine filigranzarte Chinesin an dem Maschinenobermaaten vorbei. Sie trägt einen straffen Anzug, der wie ein Schlafanzug aussieht, und sie hat zierliche, leuchtend bunt bestickte Pantöffelchen an den Füßen. Schorsch Körber schlägt das Herz im Halse bei dieser blutvollen Tuchfühlung.

»Mann, Kuddel.«

»Du mußt nur Obacht geben, daß sie eine große rote Plakette tragen. Von der, die keine hat: ›Hands off, sailor.‹«

»Verstehe«, nickt Schorsch Körber. Dann sagt er: »Hübsch sind sie ja, die Scheini-Mädchen. Aber hinten nix, vorne nix. Die scheinen alle in Mönchen-Gladbach auf die Welt gekommen zu sein.«

»Davon verstehst du nichts. Platt wie ein Waschbrett ist das chinesische Schönheitsideal. Sei unbesorgt, es gibt auch andere ... Malayinnen, Inderinnen, Burmesinnen und Mischlinge. Vertreterinnen aller Rassen und alle Schattierungen. Cocktails, hübsch zum Niederknien. Da, guck dir das an, da kommt Tong Sui aus Thailand. Und hinter ihr, kannst du sie sehen, das ist der ›Blaue Diamant‹... Na?!«

Maschinenmaat Körber holt tief Atem. Dann fährt es ihm heraus: »Donnerwetter, das allerdings sind Realitäten.«

Doch bevor sie in den großen Saal eintreten, müssen sie am Unteroffizier vom Dienst vorbei.

Der UvD ist Reservist und im Zivilberuf Verkäufer in einem Damenmoden-Geschäft.

»Was darf's sein, die Herren?« schnurrt er los. »Bitte in den Räumen von jeder Barzahlung Abstand zu nehmen. Tickets aller Art sind bei mir zu haben.«

»Sind wir die ersten?« fragt Hollenkamp.

»Genau, die Herren. Und nun wählen Sie bitte: Grüne Tickets:

Ringelpietz, zwanzig Cents; Kühles Blondes: gelb, einen Dollar; Rapportwasser: blau, achtzig Cents; und die Krönung von allem: diese zartrosa Tickets, die kosten nur acht Dollar das Stück. Greifen Sie zu, meine Herren!«

Hein Gummi grinst. »Deinen Jabbell möcht ick haben.«

»Ihr Lob ehrt mich, mein Herr. Und nun weise ich pflichtgemäß auf die Hausordnung hin.« Der UvD zeigt auf die Tafeln neben der Tür. »Ich hab's nicht gern, wenn nachher Klagen kommen.«

Hein Gummi zieht Hollenkamp weiter.

»Nu komm schon, ick habe Durscht.«

Als Hein Gummi und Hollenkamp den Tanzsaal betreten, greifen die Musikanten hastig nach ihren Instrumenten. Es ertönt eine vertraute Melodie: ›Heimat, deine Sterne.‹

Ein wenig seltsam, des Reichswehmutssängers Stimme aus dem Berliner Wunschkonzert hier zu hören — 16 000 Seemeilen von der Heimat entfernt . . .

»Zwei doppelte Whisky«, bestellt Hein Gummi und läßt sich nahe der Terrassentür in einen Korbsessel fallen.

»Das ist Mister Tschu Ling«, stellt Hein Gummi seinen chinesischen Begleiter am nächsten Tag Obermaat ›Kuddel‹ Hollenkamp vor. »Damit du's weißt, er gehört zum Unternehmen Weißblech.«

»Ach so, verstehe. Und nun?«

»Tschu Ling hat uns eingeladen. Nicht wahr?«

Tschu Ling blinzelt geheimnisvoll und bewegt den Kopf ein paarmal nach vorn.

»Big game«, sagt er nur.

Dann gehen sie.

»Etwa da 'rein?« will Hollenkamp wissen, als sie die Gambling Farm, Penangs Vergnügungsplatz am Tonga-Park, erreicht haben.

»No nix gutt for you«, grinst Tschu Ling. Er schlängelt sich zwischen zwei Tanzhallen hindurch und gibt Zeichen, ihm zu folgen.

Tschu Ling hat sie in eine Spielhölle geführt. Auf dem Tisch, den Malayen und mehr noch Chinesen aus allen Gesellschaftsschichten, satte Kaufleute neben ausgezehrten Rikscha-Kulis, Arme und Reiche säumen, liegen die blauen Zehndollarscheine zu Bündeln. Zinngewichte beschweren das Geld.

»Rien ne va plus.« Der Bankhalter, ein in Rohseide gekleideter,

eleganter Mischling, sagt an. Und auf dem Tisch hebt eine junge
Chinesin mit geschickten Händen mit unwahrscheinlich langen,
aber bewundernswert gepflegten Fingernägeln die Porzellanschale, die sie vorher hin und her bewegte, auf. Drei lange Würfel
aus Elfenbein werden sichtbar. Die Zahlen, die sie oben zeigen,
macht die hübsche Chinesin nun lässig lächelnd im großen für
alle bekannt. Sie dreht die drei großen Würfel neben sich in die
gleiche Konstellation. Bis dahin herrschte die Ruhe der Spannung.
Nun bricht taifunartiger Lärm los. Der Bankhalter streicht die Ein-
sätze ein. Der Gong verkündet lärmend den ganz großen Wurf:

Dreimal die Eins.

Keiner hatte auf sie gesetzt. Wenn, er hätte das Einhundert-
sechzigfache seines Einsatzes herausbekommen.

Hier rollt keine Kugel wie in Monte Carlo. Würfel ersetzen sie.
Unter der Porzellanschale geschüttelt bleiben sie bis zum ›Rien
ne va plus‹ den Augen der Spieler verborgen.

Die Chancen scheinen nicht gering. Man kann seinen Einsatz
schon verdoppeln, wenn man nur richtig rät, ob die Summe der
drei Zahlen gerade oder ungerade ist, ob groß oder klein. Man
kann aber auch aufs Ganze gehen, eben auf die drei Einsen oder
die drei Sechsen. Auf einer Tafel im Hintergrund zeigen große
Kreidezahlen die bisherigen Würfe des Abends an. Es sind bis
jetzt auch noch keine Dreien gefallen.

Briesicke wirft einen Zehndollarschein auf den Tisch. Er tippt
auf die Neun.

»Spezial?« fragt der Bankhalter.

Hein Gummi nickt. Er wettet auf dreimal die Drei. Ihn reitet
der Teufel. Dieser Wurf kommt oft den ganzen Abend nicht vor.
Tschu Ling sagt nichts. Was er denkt, ist ihm nicht anzusehen.
Er hat nur auf neun gesetzt. Aber auf Zahl. Auf die Quersumme
also.

Die Würfel sind gefallen. Sie zeigen die Eins, die Zwei und die
Sechs. Es ist keine Drei dabei. Aber die Quersumme ist neun.

Tschu Ling streicht das Fünfzehnfache seines Einsatzes ein.

Jetzt riskiert auch Hollenkamp eine Neun. Was gut war, kommt
wieder. Mit Mathematik und Wahrscheinlichkeitsrechnung ist
hier nichts zu wollen. Er folgt seinem Gefühl — was auch seinem
Naturell entspricht. Er geht aber zur Sicherheit auf Centre. Also
nicht auf Zahl.

Hein Gummi aber bleibt stur. Er will die drei Dreien sehen. Die lächelnde Chinesin bewegt die Porzellanschale immer noch hin und her. Als das ›Rien ne va plus‹ fällt, als ihre langen Finger mit den langen Nägeln die weiße Schale vorsichtig und, um die Spannung zu erhöhen, sehr langsam, sehr behutsam abheben, geht eine Bewegung durch die Zuschauer auf der Seite, wo die Deutschen mit ihren Chinesen stehen. Eine Hand verteilt die Menge, eine gelbe, spinnige dürre Hand. Sie fährt auf Tschu Ling zu. Dann sehen sie auch das Gesicht. Es ist das eines alten Chinesen. Er drängt sich an Tschu Ling heran.

Der nickt.

»Was ist?« fragt Hollenkamp.

»Was ist?« will Hein Gummi wissen.

Sie überhören das fürchterliche Dröhnen der Gongs. Die wilden Ausrufe des Erstaunens und der Begeisterung.

»Deutsche Soldaten alle sofort zurück. Alarm. Großer Alarm«, sagt Tschu Ling. Als Kuddel Hollenkamp und Hein Gummi davonstürzen wollen, hält Tschu Ling den Hauptgefreiten am Hemdsärmel fest.

»Aber das Geld nimm mit. Du dreimal die Drei.«

8

Haie contra Haie

Die beiden italienischen U-Boote UIT 24 und UIT 25 werden, wie die beiden Tanker Bogota und Quito, im Verkehr zwischen dem japanischen Mutterland, beziehungsweise zwischen den Ölhäfen auf Borneo eingesetzt. Der Einsatz dieser Fahrzeuge bedeutet auch für die japanische Marine eine nicht unwesentliche Hilfe. Der zunehmende Tonnageschwund auf dem Weg vom Mutterland in den südostasiatischen Raum bringt die Japaner in eine immer kritischere Lage. Es erweist sich als sehr nützlich, daß die deutschen Dienststellen den Japanern hier wie auch sonst im Rahmen ihrer Kraft behilflich sein können.

Lenken wir in der Verbindung mit dem Verlust von UIT 23

noch einmal die Aufmerksamkeit auf Gefahren durch gegnerische U-Boote im Südostraum.

So operieren nach einem Vortrag des japanischen Generals Arisne bei mehrstündiger Lagebesprechung in Tokio im März 1944 »zwischen dem japanischen Mutterland und den Südgebieten laufend mindestens 35 amerikanische U-Boote. Die japanische Abwehr ist unzulänglich, die Schiffsverluste sind daher erheblich und eine schwere Belastung für Führung und Truppe«.

Ganz allgemein betragen die monatlichen Tonnageverluste 140000 BRT, denen nur — höchstens — 80000 BRT Neubauten gegenüberstehen. Die Abwehr ist nicht nur unzulänglich, es herrscht Mangel an Flugzeugen und Bewachern. Die Ortungstechnik ist unvollkommen, und die Befehlsorganisation scheint nach Ansicht des deutschen Wehrmachtsattachés zudem fehlerhaft zu sein.

Es war am 15. Mai 1944, als der in Singapore weilende CIS, Korvettenkapitän Dommes, Fregattenkapitän Junker in Penang anrief.

»Am 18. ist Chance zum Eindocken in Selatar. Sie müssen also spätestens übermorgen, am 16., nach Singapore auslaufen.«

»Das ist unmöglich. Mein Boot ist noch nicht tauchklar. Die Maschinen sind nicht voll leistungsfähig, und die Dreikommasieben ist auch noch nicht überholt.«

»Es geht nicht anders. Wir verlieren unser Gesicht, wenn wir den Termin nicht ausnutzen. Konteradmiral Watanabe* hat erreicht, daß uns das eine Dock ab 18. Mai extra freigemacht wird.«

»Wenn ich hier aber noch nicht fertig bin, können Sie doch von mir nicht erwarten, daß ich früher in See gehe.«

»Sie bekommen einen Lotsen mit und können mit dessen Hilfe auf der Zehnmeter-Linie entlanglaufen. In diesen flachen Küstengewässern halten sich keine Feind-U-Boote auf. Wenn Sie es für notwendig erachten, fordern Sie doch noch Luftaufklärung an.«

Junker ist dennoch nicht einverstanden. Aber Dommes redet ihm immer wieder gut zu. Der Marsch von Penang nach Singapore sei doch eigentlich nichts weiter als ein Verholen von Hafen zu

---

* Der japanische Marineattaché in Singapore.

Hafen. Man merkt seiner Stimme an, daß er selbst nicht davon überzeugt ist. Denn eine Fahrt, die in der Heimat einem Weg von Kiel bis nach Memel gleichkommt, als ein Verholen von Hafen zu Hafen zu bezeichnen, ist wohl ein wenig reichlich untertrieben.

»Na schön«, sagt Junker schließlich, »wenn wir unser Gesicht verlieren, dann ist das natürlich auch schlecht.«

»Und ob das schlecht ist.«

»Wenn wir aber ein Boot verlieren, ist es noch schlechter.« Junker erinnert sich, als er am 2. Januar 1944 zum ersten Male zum Rückmarsch in die Heimat aus Penang auslief. Es war nachmittags, und abends entdeckte seine Nummer eins, der Bootsmann Mittendorf, an der Kimm einen U-Boot-Turm.

Junker dazu heute: »Ich lief eine Viertelstunde drauf zu, bis ich erkannte, daß es ein Gegner-U-Boot war, dann habe ich einen Haken nach Süden gemacht. Ich konnte noch nicht tauchen, weil ich wegen der mit Treiböl gefüllten Regelbunker Übergewicht hatte. Drei Stunden später hing dieses U-Boot noch immer hinter uns. Auf 2000 Meter Distanz. Ich habe mich da auf nichts eingelassen. Ich sagte mir: Ein Duell U-Boot gegen U-Boot ist völlig witzlos. Da kann ich ebenso dran sein wie er. Zeig die Hacken. Ich habe äußerste Kraft gefahren und den Verfolger dann auch schließlich abgeschüttelt. Auf ein Artilleriegefecht konnte ich mich auch nicht einlassen. Ich hatte nur meine 3,7 cm Kanone, während der Gegner über eine 10,5 verfügte. Warum er nicht das Feuer eröffnete, ist mir heute noch schleierhaft. Ich bin jedenfalls nie irgendwelche Risiken eingegangen, die von vornherein wenig sinnvoll schienen. Wo sie sein mußten und wo sie erfolgversprechend waren, gut, da wurde alles bis zum Letzten eingesetzt, nicht aber in derart zweifelhaften Situationen.«

Als U 532 an diesem 17. Mai am frühen Morgen, kurz nach sechs Uhr, seeklar macht, als der Kommandant seiner Besatzung wieder einmal eingeschärft hat, daß eine Feindfahrt bereits mit dem Loswerfen der letzten Leine beginnt, weil schon im Hafen oder in den Vorgewässern Grundminen liegen können, stoppt ein Wagen auf dem Pier. Ihm entsteigt der japanische Admiral Ischioka. Er ist eigens zur Verabschiedung heruntergekommen, und wie persönlich er diese Geste wertet, mag daran zu erkennen sein, daß er nicht einmal seinen Adjutanten bei sich hat.

Fregattenkapitän Junker befiehlt alle, die im Boot nicht für den

Fahrbetrieb benötigt werden, an Oberdeck. Schwimmwesten umgetan, aufgeblasen. Er selbst fühlt sich durch eine ihm unerklärliche innere Stimme beunruhigt. Er hat sich vorgenommen, die Brücke während der ganzen Überfahrt weder während der Mahlzeiten noch in der Nacht zu verlassen. Er beteiligt sich am Ausguck. Seine Männer sehen ihn, wie er mit dem Rücken zum Bug auf dem Schanzkleid Vorkante Turm sitzt. Unaufhörlich beobachtet er den hinteren Sektor an der Steuerbordseite, mal durch das Glas, mal wieder mit bloßen Augen.

Es ist Junker bekannt, daß die englischen und amerikanischen U-Boote entgegen der deutschen Taktik nicht von vorn, sondern von der Seite, und wenn möglich, sogar ein wenig achterlich angreifen, wohl, weil sich deren Kommandanten sagen: Hier ist die Aufmerksamkeit der Ausguckposten nicht so groß. Sie nehmen damit den taktischen Nachteil der bei vorlichen Angriffen viel kürzeren Laufzeiten der Torpedos in Kauf. Aus der achterlichen Position geschossen, müssen die Aale wegen ihres geringen Geschwindigkeitsüberschusses ihrem Ziel ja nachlaufen.

Die Zeit geht dahin. U 532 hält sich auf der Zehnmeter-Linie. Die tropisch bewaldete, bergige Küste an Backbordseite ist drei bis vier Seemeilen entfernt. Dennoch ist die Navigation wegen Fehlens jeglicher Landmarken gar nicht so einfach. Ein Glück, daß Junker einen hier eingefahrenen Offizier vom Stützpunkt an Bord hat. Der kennt die Wasserverhältnisse so genau, daß er nicht einmal die Karte einzusehen braucht.

»So gegen 18 Uhr werden wir die innere Malakka-Straße erreicht haben«, sagt er um die Mittagsstunde. »Dort ist kaum noch mit gegnerischen U-Booten zu rechnen, wenn, dann jetzt.« Um zwölf tauchten japanische Flugzeuge zur Sicherung auf. Eine halbe Stunde später sind sie wieder verschwunden. Gegen 16 Uhr fliegt die eine der beiden Arados 196 an. Sie brummt auf und ab. Aber die Unruhe, die an Junkers Nerven zerrt, läßt sich auch durch diese Sicherung nicht abschütteln.

Obermaat Wörle, Freiwächter der technischen Division, hat gerade Uhrzeit genommen — es war genau 17.38 Uhr — als er hört, wie sein Kommandant ruft: »Na bitte, da kommen sie ja...«

Fregattenkapitän Junker hatte nach wie vor hauptsächlich den achtern, seewärtsliegenden Sektor beobachtet. Es herrscht Seegang 2 - 3, für einen Unterwasserangriff eines feindlichen U-Bootes also ideale Verhältnisse.

Plötzlich sah es so aus, als würden die Wellen an einer Stelle besonders stark hochgekämmt.

Junker überlegte, ob er sofort U-Boot-Alarm geben sollte, unterließ es aber noch einmal, um Unruhe unter seinen Männern vorzubeugen. Er setzte sein schweres Doppelglas für Sekunden ab, dann preßte er es nach wiedergewonnener Ruhe, ohne sichtliche nervöse Bewegung erneut an die Augen und erkannte jetzt deutlich mehrere, dicht nebeneinanderliegende Torpedolaufbahnen, Abstand noch knapp 1500 Meter ...

Sie marschieren an Steuerbordseite mehr von hinten als von der Seite auf U 532 zu, das zu dieser Zeit Generalkurs ca. 170 Grad steuert.

Die Befehle ›Hart Backbord‹ vom Kommandanten und ›beide Maschinen Äußerste Kraft voraus‹ auf Sichtzeichen von ihm an den IIWO, folgen in Bruchteilen von Sekunden. Da die Engländer, wie Junker als Torpedofachmann aus seiner Zeit bei der TEK weiß, die Angewohnheit haben, Fächer sehr eng zu streuen, blickt er, als die Bahnen noch 400 - 500 m entfernt sind, nochmals durchs Doppelglas. Auch diesmal bestätigt sich diese Praxis. Und außerdem ist zu erkennen, daß die Torpedos sehr flach eingestellt sind, wie es beim Einsatz gegen U-Boote üblich ist. Sie schieben nämlich eine mehr oder weniger kleine Bugwelle vor sich her. Der eine oder andere ›schrammt‹ gelegentlich sogar die Wasseroberfläche.

Rechtzeitig mußte das Ruder gestützt werden, um zu vermeiden, daß das Boot durch ein zu langes Abdrehmanöver in Gefahr kommt, von den Torpedos an Backbord getroffen zu werden.

Das Boot mußte, das ist Junker klar, also möglichst parallel zum Torpedokurs gebracht werden.

Gerade — und das alles im Verlauf von Sekunden — hatten sich die hierfür erforderlichen Befehle und Maßnahmen ausgewirkt, als der gesamte Fächer — aus fünf Torpedos bestehend — von achtern an der Backbordseite des Bootes entlangläuft.

Der am nächsten liegende Aaal ist keine fünf Meter von der Bordwand entfernt.

Mit tiefem Aufatmen hat Junker quittiert, daß der Fächer zum

Glück ›einseitig‹ gelegen und U 532 nicht zwischen der Torpedo-garbe gestanden hatte.

Mit dieser Feststellung hat der Kommandant seine alte Ruhe und die Gewißheit wiedergewonnen, daß Boot und Besatzung trotz der über einmonatigen Liegezeit in Penang und des kaum 12stündigen Ausgelaufenseins fest in seiner Hand sind und daß — wie bisher — auch alle weiteren Gefahren überstanden werden würden.

Denn noch ist der unbequeme, unsichtbare Gegner nicht abgeschüttelt.

Es ist bekannt, daß einige englische U-Boots-Typen 6 Bugrohre haben.

Es sind bisher aber nur fünf Torpedos geschossen worden.

Folglich fehlt noch ein eventueller ›Nachzügler‹, wenn man unberücksichtigt läßt, daß der Feind womöglich im ›Schnell-Lade-verfahren‹ einen weiteren Fächer vorbereitet, selbst wenn die Erfolgsaussichten für einen Angriff aus weitachterlicher Position dann nur noch sehr gering sein werden.

Wenig später sind alle Überlegungen illusorisch, als an Steuerbord aus weit achterlicher Lage ein einzelner Aal in mehreren hundert Metern Abstand mit spitzem Schneidungswinkel aufkommt, nachdem U 532 wieder auf einen ursprünglichen Kurs von ca. 170 Grad gegangen war.

Um ganz sicherzugehen und nicht einem Zufallstreffer zum Opfer zu fallen, dreht der Kommandant nochmals vorübergehend um einige Dez nach Backbord auf Land zu, solange, bis das Boot außer Reichweite auch dieses unliebsamen Weggenossen gekommen ist.

»Nun fehlt bloß noch, daß der Kerl auftaucht und uns mit seiner Kanone beharkt«, sorgt sich der IIWO. Auch Junker fürchtet es, denn die 10,5 cm haben sie in Penang ja ausgebaut. Aber die 50-Kilo-Bomben, die von der Arado mehr zur Abschreckung als in der Hoffnung auf einen gezielten Treffer geworfen werden, halten den Angreifer vorerst in Schach und unter Wasser. Endlich, genau 18 Uhr, schwimmt U 532 im engen Fahrwasser, das eine Insel zwischen Malaya und der Malakka-Straße bildet. Drei Stunden später haben sie den Schlauch hinter sich. Es wird wieder tiefer, bis an die 30 Meter. Auch die Nacht über bleibt Junker oben. Er hat sich den Kommandantenstuhl heraufbringen lassen, nimmt darin sitzend hin und wieder ein Auge voll, ist aber immer wieder hellwach, wenn ein Seemann vom Ausguck nur eine noch so leise, aber plötzliche Bewegung macht. Wichtig ist ihm: Wenn du nach unten gehst, und es ist etwas los, bist du blind, wenn du hochkommst. Dann brauchst du erst eine Zeit, um die Augen an die Dunkelheit zu gewöhnen.

Am nächsten Mittag, 12.30 Uhr, macht U 532 in Singapore fest. Wie sagt Junker heute:

»Ich legte an und meldete dem CIS: ›Boot eingelaufen‹.« Dommes ist richtig ein Stein vom Herzen gefallen. Das mit dem Angriff, das hätte er nun wirklich nicht gedacht. Er wollte nun etwas gutmachen, als er sagte: »Ich bekenne, daß ich Ihnen einen Befehl gegeben habe, mit dem ich innerlich selbst nicht ganz einverstanden war.«

Ein solches Bekenntnis war so wohltuend anständig, daß es mit der ausgestandenen Angst um mein Boot fast versöhnte. Natürlich, was sollte er auch machen, wenn ihm die Marine — endlich — nach langem Bitten ein Dock anbot?

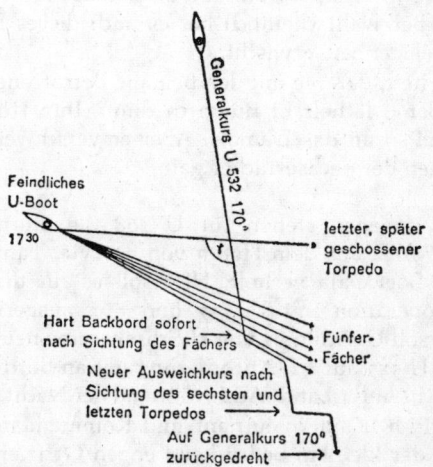

U-Boot-Angriff auf U 532 am 17. Mai 1944 in der Malakka-Straße

Ablehnen . . . ?

Unmöglich.

Also blieb nur das Risiko.

»Daß wir überhaupt gut weggekommen sind, verdanken wir eigentlich nur meiner Unruhe. Ich bin weder vorher noch später beim Auslaufen wieder derart nervös gewesen.«

Junker ahnt noch nicht, daß es ein Jahr später im englischen Hafen zu einer Begegnung mit dem LI des Angreiferbootes kommen soll — an dem Tag, als eine Kommission alliierter Offiziere — Engländer, Franzosen, Amerikaner und ein Russe U 532 besichtigt — als ein englischer Ingenieur Junkers LI anspricht:

»Wo waren Sie denn im Einsatz?«

»In Ostasien.«

»So, da bin ich auch mal gewesen. Da hatten wir in der Malakka-Straße zwischen Penang und Singapore einen Angriff auf ein deutsches U-Boot gefahren. Wir wollten einen Fächer von sechs Torpedos schießen. Beim Aal Nummer sechs versagte die Abfeuerungsanlage. Den haben wir dann fünf Minuten später hinterhergejagt. Auch ohne Erfolg. Die Detonationen, die wir hörten, stammten von Flugzeugbomben . . . Wie dem auch sei, die Kameraden von der anderen coté dürfen noch heute ihren zweiten Geburtstag feiern. Wenn die Abfeuerungsanlage nicht versagt hätte, dann . . . Aber wahrscheinlich hat es auch dieses Boot bei einer anderen Gelegenheit erwischt.«

»Das ist nett, daß Sie mit den beinahe Betroffenen so viel Mitgefühl haben«, lächelt LI Buggisch dünn. Ihm fröstelt aber bei dem Gedanken an das Damals. Aber er verschweigt, daß sie es waren, denen der Sechserfächer galt.

Ungünstig dagegen stehen für U 168 die Sterne, als es am 5. Oktober 1944 aus dem Hafen von Batavia, Tanjok-Priok, mit Kurs nach Soerabaja verholt. Hier soll es für die gemeinsame Australienoperation mit U 537 und 862 ausgerüstet werden. Außerdem soll U-Pich dort von U-Schrewe eine neue Schraube erhalten, die U 537 auf FT-Anforderung mit an Bord hat. Das Boot hält sich dicht unter Land. Auch während der Nacht.

Helmut Pich, Kapitänleutnant und Kommandant von U 168, hat sich in der kleinen, bedrückend engen Offiziersmesse hinter die festgeschraubte Back des kleinen Holztisches geschoben. Es ist kurz vor acht Uhr morgens. Die Wachen lösen wieder ab. Die Offiziere haben sich bereits abgemeldet.

Pich ist in aufgeräumter Stimmung.

Er war während der kritischen Zeit, der Stunde des Sonnenaufgangs, wie üblich auf dem Turm. Die Ausguckposten hatten keine Sichtung. Pich hatte selbst den Wasserstreifen voraus unter Land beobachtet. Er hatte nichts Verdächtiges entdecken können. Auch das Horchgerät meldet keine Schraubengeräusche. Als er über die schmale Eisenleiter in die Zentrale gestiegen war, hatte er mit geübtem Blick die Position in der Seekarte erfaßt.

U 168 steht jetzt beinahe querab von Samarang. Endlich, nach vielen vorausgegangenen Komplikationen, schwimmt es wieder. Die Bombennahtreffer bei der Rettungsaktion der Brake-Überlebenden hatten zur Folge gehabt, daß eine Batterie vollends zum Teufel gegangen war. Die darin befindliche Säure war in die Bilge gelaufen und hatte im Lauf der Zeit dort, wo sie sich staute, ein Loch in den Druckkörper gefressen.

In der Heimat wäre das kein Problem gewesen, auch nicht in den U-Boot-Stützpunkten in Frankreich. Der LI hätte seine Liste bei der Werft abgeliefert. Basta.

Hier aber . . . Ach, du ahnst es nicht. Als sie endlich ein Schweißgerät aufgetrieben hatten, fehlte der Schweißer. In Penang saß einer, ein Japaner.

»Na, schickt ihn doch mit dem Flugzeug«, schlug Pich vor.

»Geht nicht. Der Mann darf nicht fliegen. Wir schicken ihn mit einem Dampfer«, ist die Antwort der Japaner.

Warum der Kerl nicht fliegen durfte, verrieten die asiatischen Bundesgenossen weder Pich noch dem deutschen Stützpunktleiter in Batavia.

Also warteten sie.

Als der Mann Wochen später mit seinen Schweißarbeiten endlich anfing, versammelte sich alles, was Rang und Namen hatte. Der Kerl wurde wie eine Rarität bestaunt.

Ja, und dann kam U-Junker mit einer vom Seewasser völlig zerfransten Backbord-Schraube herein. [23] Für Junker war schon eine Schraube auf einem anderen Südostasien-Boot unterwegs. Aber sie war noch nicht da. Das Boot, das vor Tagen einlief, hatte die verkehrte an Bord. Pichs Boot mußte, da noch nicht voll einsatzklar, also wieder ins Dock. Junkers Boot bekam die Schraube von U-Pich — und U 168 mußte wieder warten.

Doch nun fahren sie wieder zur See. Sonne, tropische Landschaft, glutäugige Mädchen ... alles sehr schön. Aber die Heimat zieht. Sie zieht und zerrt wie ein riesiger Magnet.

»Besondere Wünsche, Herr Kaleu?«

Der Smut, ein schmächtiger junger Seemann, ist vor Pich hingetreten. Der Kommandant hat den Koch gar nicht kommen hören. Er war in Gedanken vertieft. Und der Lärm im Boot, das laute Hämmern der Diesel und das Arbeiten der Lüfter verschluckt jeden Schritt auf den Flurplatten.

»Daß Sie das nicht lassen können ... Ich esse das, was die anderen auch bekommen.«

»Naja, Herr Kaleu, ich dachte ja nur ... Sie haben doch kaum ein Auge dicht gemacht. Die anderen hatten doch wenigstens ihre Ruhe während der Wachen. Ein handfestes Frühstück könnte da nur guttun.«

»Na schön, was haste denn anzubieten?«

»Prima Hühnereier, ganz frisch, Herr Kaleu. Beinahe noch morswarm an Bord gekommen. Die Indonesier überschlagen sich ja, wenn sie uns helfen und eine Freude machen können.«

»Also gut, mach mir ein Brot mit Spiegelei, Smut.«

»Woll, Herr Kaleu.« Nach ein paar Minuten war er wieder da: »Das Frühstück, Herr Kaleu!« Er schob Pich den Teller mit dem dampfenden Ei darauf hin.

In diesem Augenblick tauchte der Bordarzt auf.

»Mensch, Doktor, haben Sie mich erschreckt!«

»Sorgen, Herr Kaleu?«

»Ich habe nur nachgedacht — wie lange wir wohl in Soerabaja liegen werden, über unsere Marschroute und ... ob wir gestern aus Tanjok Priok gut 'rausgekommen sind?«

»Meinen Sie, die Tommys könnten Wind bekommen haben? Oder die Amerikaner?«

Pich zuckt mit den Schultern. »Sie wissen ja, was so geredet wird. Nach menschlichem Ermessen ist der Auslauftermin aber geheim geblieben.«

Er lädt den Stabsarzt mit einer Handbewegung zum Sitzen ein. »Sie sind ja klatschnaß, Doktor ...«

»Ich war eben mal im Dieselraum«, sagt der Arzt. »Irrsinnshitze. Sechzig Grad in den Abgasklappen. Wie die Männer das bloß aushalten!«

»Ist das alles, was Sie auf dem Herzen haben?«

»Einen Tag vorm Auslaufen hatte ich einen Alptraum — scheußlich! Unser Boot war abgesoffen. Torpediert. Und irgendwo saßen Oberleutnant Stenger und unser Wetterfrosch, der Doktor Bahlke, drin. Eingeklemmt. Ich wollte sie 'rauszerren . . .«

»Und?«

»Ich hab's nicht geschafft. Ich wurde immer gestört. Einer hat dauernd gegen das verriegelte Kugelschott gepocht . . . Es muß jemand im Bugraum sein . . . Wann werden wir in Soerabaja festmachen?«

»Schätze, daß es Nachmittag wird.«

»Wenn nichts dazwischenkommt . . .«

»Wir haben das Schlimmste hinter uns: die Nacht und die Dämmerung. Außerdem stehen wir zu dicht unter Land.«

Pich will gerade ins Brot beißen, da wird er von einem fürchterlichen Stoß hochgeschleudert. Er kracht mit den Beinen gegen die Unterkante des festgeschraubten Tisches. Die Teller zerklirren auf den Flurplatten.

Dem Stoß folgt eine Druckwelle. Pich springt durch das Kugelschott in die Zentrale. Er spürt, daß sich das Boot nach vorn neigt. Von Sekunde zu Sekunde mehr.

Torpedotreffer im Vorschiff!

Entsetzensschreie aus dem Bugraum. Luft faucht durch die Schotten. Wasser sprudelt ins Vorschiff. Armdicke Fontänen zischen durch die zerrissenen Stahlplatten. Das elektrische Licht flackert.

Mit hämmernden Motoren jagt U 168 in die Tiefe.

Vier Männer erklimmen in panischer Angst die eiserne Leiter im Turm. Sie wollen 'raus aus dem absaufenden Boot. Durch das offene Turmluk stürzt ihnen tonnenweise Wasser entgegen. Trotzdem kommen die vier noch hinaus. Der letzte tritt das Luk hinter sich zu. Aber außenbords reißt sie der Sog mit hinab . . .

Die Neigung des Bootes ist so stark, daß sich in der Zentrale niemand mehr auf den Beinen halten kann.

Das Vorschiff läuft voll. Mit dumpfem Knall schlägt das Schott zu. Vom Bugraum aus kann es nicht geöffnet werden . . .

Gurgelnd dringt immer mehr Wasser in die Zentrale. Schwappend umspült es die Füße der Männer, steigt an ihren Beinen hoch. Und dann geht das Licht aus. In völliger Finsternis fahren die Überlebenden der Besatzung mit U168 in die Tiefe ...

Wieder ein Stoß. Die Neigung läßt nach, das Boot kippt nach achtern zurück. U 168 legt sich waagrecht, zwanzig Grad nach Backbord geneigt.

»Boot liegt auf Grund, Herr Kaleu!«

Die Stimme des LI klingt heiser.

Einer patscht tastend im Wasser herum.

»Was suchen Sie denn?« fragt Pich.

»'ne Stablaterne. Irgendwo muß hier eine sein.«

Es ist der Zentrale-Maat.

Endlich flammt Licht auf, huscht über wachsbleiche Gesichter, über weit aufgerissene Augen, über Hände, die sich an Rohrleitungen, Handrädern und Ventilen festkrallen.

»Wo ist Oberleutnant Stenger, und wo ist der Wetterfrosch?« fragt der LI.

»Im Oberfeldwebelraum«, antwortet einer. »Hatten sich schlafen gelegt.«

Der Oberfeldwebelraum befindet sich hinter dem geschlossenen Kugelschott. Hoffnungslos ... längst vollgelaufen.

Pich denkt an den Traum des Stabsarztes. Er nimmt dem Zentralemaaten die Lampe aus der Hand und leuchtet auf einen der beiden Tiefenmesser. Der Zeiger der Skala ist auf 45 Meter stehengeblieben.

Dann überspült öliges Wasser die Manometer über dem Tiefenruderstand.

Noch einmal gleitet der Lichtstrahl über die Gesichter. Zwölf Männer sind übriggeblieben ...

Als die Ölbrühe die Schultern der Männer erreicht, befiehlt der Kommandant: »Klarmachen zum Aussteigen!«

Ein paar Herzschläge lang ist es totenstill. Dann fragt aus der Finsternis eine Stimme: »Aus fünfundvierzig Meter, Herr Kaleu?«

»Und? Wollen Sie drinbleiben?«

»Aber wer ohne Tauchretter aus mehr als fünfundzwanzig Meter Tiefe aufsteigt, dem zerreißt es die Lungen«, ruft der kleine Obergefreite mit zitternder Stimme. »Der Tauchlehrer in Gotenhafen hat gesagt ...«

»Red nicht kariert«, unterbricht ihn Obermaschinist Meier. »Spar lieber die Luft!« Daß der Meier vom Maschinenpersonal überhaupt in der Zentrale ist, verdankt er seinem Raucherhunger. Er hatte sich gerade ablösen lassen, um im Turm eine Zigarette ›zu stoßen‹.

Stille. Lähmende Stille.

Allen ist bekannt, daß die Tauchretter keinen Sauerstoff mehr haben. Der wurde verbraucht, als U 168 die *Brake*-Besatzung aufgefischt hatte. Ersatz gab's in Batavia nicht.

Jetzt ist deutlich das schwere Atmen der Männer zu hören. Das Wasser steigt nicht mehr.

Der LI meldet: »Druckausgleich.«

Druckausgleich ... Alle wissen, was das bedeutet. Das Wasser hat die Luft im Boot so zusammengepreßt, daß ein Druck von über vier Atmosphären entstanden ist. Vier Atmosphären hat nun jeder von ihnen in der Lunge ...

»Aussteigen«, befiehlt Pich. »LI, Sie machen den Anfang.«

Sie hören seine Tritte auf der Eisenleiter im Turm: eins, zwei, drei, vier ... jetzt muß er bald oben sein.

Ein Knall! Das Turmluk öffnet sich. Mit schrillem Fauchen schießt die zusammengepreßte Luft hinaus. Wasser stürzt in den Turm. Er läuft voll. Aber in der Zentrale verändert sich der Wasserspiegel nicht. Er kann sich nicht verändern, weil der Turmschacht so weit in die Zentrale herunterragt, daß ein Luftpolster zum Atmen bleibt. Nur der Sauerstoff verbraucht sich rasch.

Obermaschinist Meier überlegt, ob der LI wohl schon auf der Wasseroberfläche angekommen ist. Gesund? Oder mit zerrissener Lunge?

»Mund aufmachen beim Hochschwimmen und ausatmen«, sagt der Kommandant leise.

»Und die Haie?« fragt der kleine Obergefreite.

»Bleib im Ölfleck, dann tun sie dir nichts.« Obermaschinist Meier schlägt ihm auf die Schulter.

Sie hören, wie der Obergefreite noch einmal tief Luft holt. Es plätschert, als er unter dem Süll, dem überhängenden Rand des Turmschachts, hindurchtaucht.

Jetzt ist er drin, denkt der Obermaschinist. Hoffentlich kommt er gut durch das Luk, hoffentlich bleibt er nicht hängen! Sonst ist es vorbei. Sonst kommt von uns keiner mehr hier 'raus ...

Der nächste, der das Süll untertaucht und im Turm verschwindet, ist der Stabsarzt. Wenn das Luk blockiert ist, kann er nicht mal Bescheid geben.

Pich knipst einen Moment die Lampe an. »Meier, jetzt steigen Sie mit dem Zentrale-Gasten aus«, sagt er. Der Zentrale-Gast — das ist der junge Matrose, dessen unterdrücktes Schluchzen sie fast verrückt macht.

»Los«, sagt Meier und packt die Hand des Matrosen. »Halt dich fest. Es ist gleich vorbei.«

Das Wasser gluckst, plätschert. Dann herrscht wieder Stille.

»Der Nächste ... Ab! Mund auf. Langsam nach oben schwimmen!«

Pich gibt dem Zentrale-Maaten das Zeichen.

Dann dem Mechaniker-Maaten.

Der fühlt sein Herz klopfen. In wenigen Sekunden wird es sich entscheiden, denkt er. In wenigen Sekunden bin ich aus diesem Sarg heraus oder tot ... Er pumpt sich noch einmal die Lunge mit Luft voll, taucht ins ölige Wasser, dann unter dem Süll hindurch. Als er die Augen öffnet, sieht er über sich, am oberen Ende des Turms, eine kreisrunde dunkelgrüne Öffnung ...

Vier Meter werden's bis zum offenen Turmluk sein, denkt er. Und dann nochmals vierzig Meter ...

Und dann ist die dunkelgrüne Öffnung plötzlich vorbei. Das Dunkelgrün wird rosafarben. Und alles ist so leicht und vollkommen schwerelos ... Und er ist so müde. So furchtbar müde.

Er rudert ein wenig mit den Armen und gleitet weiter aufwärts. Aber er hat das Gefühl, als ginge es in unendliche Tiefen. In Blasen kommt die Luft aus seinem weit geöffneten Mund.

Wie ein hochschnellender Korken bricht er durch die Wasseroberfläche. Grelle Sonne blendet ihn. Sein Schädel platzt beinahe. Seine Ohren sind taub.

Plötzlich hört er etwas.

Stimmen?

»Hier sind wir!« ruft der IIWO. »Hier — dreh dich doch um!« Ja, da sind sie. Lauter ölverschmierte Gesichter. Wie schwarze Bälle tanzen sie in der Dünung auf und ab.

Neben dem Mechaniker-Maaten schießt einer bis zur Gürtellinie aus dem Wasser heraus:

Der Kommandant.

»Alles klar, Herr Kaleu«, rufen die Männer durcheinander.

»Alles klar!«

Der IIWO schwimmt heran. Er war auf der Brücke, als der Torpedo traf. Und mit ihm waren fünfzehn andere an Oberdeck.

»Gott sei Dank, Herr Kaleu. Wir dachten schon, es kommt niemand nach oben! Es hat so lange gedauert . . .«

Dann starrt der junge Leutnant wieder auf das Wasser, als warte er darauf, daß noch jemand auftaucht. Doch plötzlich fällt ihm ein: Der Kommandant muß ja wohl der letzte sein. Er zählt die Köpfe, die in den Wellen wippen. Achtundzwanzig. Die Hälfte der Besatzung. Die anderen sind tot . . .

»Zusammenbleiben«, keucht Kapitänleutnant Pich. »Legt euch auf den Rücken. Kräfte sparen!«

Das Dieselöl auf dem Wasser entwickelt unter der stehenden Sonne betäubende, stinkende Gase. Je länger sich die Überlebenden von U 168 in dem großen Ölfleck aufhalten, desto matter werden ihre Schwimmbewegungen. Und wenn ihnen das Öl in Mund oder Nase gerät, würgt sie der Brechreiz.

Einer schreit plötzlich auf. Er treibt gerade auf dem Kamm der Dünung. Aber keiner kann ihn verstehen. Dann versinkt er wieder in einem Wellental . . . taucht wieder auf. Wieder hören sie ihn schreien . . .

»U-Boot voraus!«

Wie der Kopf eines vorzeitlichen Ungeheuers bricht der Turm des Bootes aus der See. Gleißend sprüht die weiße Gischt in der Sonne.

Auf der Brücke des Bootes erscheinen Köpfe. Die Flagge geht hoch. Rot-Weiß-Blau. Ein Holländer . . .

Das Boot dreht und hält auf die Männer im Wasser zu. Der scharfe Bug wächst steil aus der See.

Gerettet! denkt der Obergefreite. Und wie er denken alle in diesem Augenblick. Der Holländer kommt rasch näher. Mit schäumender Bugwelle. 200 Meter, 150 Meter, 100 Meter . . .

»Die überkarren uns!« schreit einer auf.

Er wirft sich entsetzt zur Seite, er rudert wie ein Wahnsinniger, um dem Unheil zu entgehen.

Das gibt's doch nicht, durchfährt es den Mechaniker-Maaten. Das kann doch nicht sein!

Aber dann sieht er den messerscharfen Bug und die kochende See zu beiden Seiten.

»Nein!« brüllt er und streckt seine Arme abwehrend dem Boot entgegen ...

Über den Palmen der Terrasse der Stützpunktsunterkunft von Soerabaja, im berühmten Oranje-Boulevard gelegen, klettert ein quittengelber, pausbackiger Mond den dunkelblauen Samt des Nachthimmels bergan. Leise murmelt der Abendwind in den breiten Blättern der Bananen. Er streicht von der Javasee herüber, er schmeckt würzig nach Salz, Tang, Fisch und Ewigkeit. Das Silberlicht, das die Palmblätter scharf gegen den mit diamantenen Tupfen und mit Sternmyriaden übersäten Tropenhimmel meißelt, fällt auf eine Gruppe weißgekleideter Männer. Sie sitzen in Bambus-Sesseln, die Füße weit von sich gestreckt. In den Händen halten sie eisgekühlte Getränke, von lautlosen und sich geschmeidig bewegenden Javanern serviert. Und immer wieder wird nachgefüllt. Erst Soda mit Whisky, dann Whisky mit Soda — dann nur noch Whisky.

Aus dem Halbdunkel der Mondlichtnacht glühen brennende Zigaretten heraus. Bei jedem Zug leuchten sie stärker auf. Viel zu oft, viel zu stark. Hastig und nervös.

Kapitänleutnant Hoppe wirft seine eben erst angezündete Zigarre, made in Sumatra und daher first class, auf den Boden. Er springt auf und tritt sie aus. Mit langen Schritten geht er auf dem kurzgeschnittenen englischen Rasen, hinter der einst einem reichen Kolonialholländer gehörenden Prunkvilla, auf und ab. Er wie seine Offiziere warten schon seit den Mittagsstunden auf U 168. Für Hoppe und einen Teil seiner Offiziere ist U 168 ja nicht irgendein Boot. Oberleutnant (Ing.) Kazsmarek, nach seiner dramatischen Rettung von Bord der sinkenden *Brake* durch U-Pich in Batavia ärztlich betreut und genesen, ist einer von ihnen. Hoppe zwingt sich ein dünnes Lächeln ab, wenn er an U-Pichs Einlaufen in Batavia denkt ... Stützpunktleiter Korvettenkapitän Kandler, Reservist und Dr.jur. im Zivilberuf, hatte sich bestimmt viel Mühe gegeben, um U 168 mit all den *Brake*-Überlebenden feierlich zu empfangen ... aber daß die deutschblütigen, mit derzeit von Japanern eingesperrten Holländern verheirateten Damen Pich, seinen ausgedörrten Männern und den *Brake*-Überlebenden Milchreis mit Zimt zur Begrüßung vorsetzen ... dieser Kinderpaps hat die Seeleute ziemlich durcheinandergebracht. Sie kamen total erschöpft vom Boot herunter . . . Sie waren elend durchgefroren, weil sie die letzte Strecke dicht an dicht an Oberdeck gestanden hatten. Während der Fahrt durch die Sundastraße . . . während dem Weitermarsch durch das Gebiet der Tausend Glücklichen Inseln hatte der Kommandant alle Mann nach oben befohlen. Nur das Fahrpersonal blieb in der Röhre. Und von diesem auch nur die allernotwendigsten . . . zwischen den Tausend Inseln pflegten die alliierten Stahlhaie auf Beute zu lauern . . .

Kazsmarek ist soeben aus dem Hafen zurückgekehrt. Die Herren auf der japanischen Kommandantur hätten bedauert, nichts von U 168 zu wissen. Man würde schon rechtzeitig genug erfahren, ob oder ob nicht.

»That's all.«

Sie setzen sich wieder. Kazsmarek versteht sich auf die Gabe, die sorgenschweren Gedanken der Kameraden in andere Bahnen zu lenken. Er berichtet über seine Arbeiten an U 537, dem ersten U-Boot, das unter Kapitänleutnant Schrewe den neuen Stützpunkt anlief.

»Müller, wenn wir Sie nicht hätten. Wo haben Sie denn nun bloß wieder diese Ersatzteile aufgetrieben?«

Leutnant zur See der Reserve Müller, Exhandelsschiffer ist für Soerabaja das, was Willy Vogel für Penang ist. Nur mit dem Unterschied, daß der hiesige Schwarzmarkt noch alles bietet: vom Insektenpulver angefangen bis zu Geldschränken jeder Größenordnung und Qualität.

Und der lebenslustige Leutnant Müller schafft das auf seine Art. Geschickt, gewandt und prompt, wenn der Stützpunkt irgend etwas benötigt . . .

In der Tür zu den Büroräumen des Stützpunktes taucht die grazile Gestalt des Mädchens Joice auf. Joice, eine Eingeborene, die mit dem Chef der japanischen Zivilverwaltung für Soerabaja befreundet ist und neben ihrer Muttersprache sonst noch — angeblich — ein wenig das Japanische beherrscht, versieht den Telefondienst im Stützpunktsgebäude. Diese fünfzehnjährige, aber bereits reife, kluge und verständige Javanerin von der berückenden Anmut ihrer Landesschwestern, hat Befehl, die Namen oder Telefonnummern von Anrufern mit Kreide auf eine Tafel zu schreiben. ›Fräulein Nummer‹ wird sie genannt.

Als sie jetzt erschien, strahlend lachend wie eine Märchenprinzessin aus Tausendundeiner Nacht, hält sie die Tafel mit vier Zahlen hoch. Es ist die Nummer der japanischen Hafenkommandantur.

»Na endlich, stellt das Bier und den Whisky wieder kalt! Sie kommen . . .«

Hoppe eilt indessen, begleitet von Dr. Schreiber, ans Telefon. Der Dolmetscher übersetzt und erklärt, was der japanische Offizier mit tonlos sachlicher Stimme aus dem Hafen berichtet.

In der Nähe von Taju habe die für diesen Küstenabschnitt zuständige Kempetai weiße Männer festgenommen und eingesperrt. Diese würden behaupten, Überlebende von einem versenkten deutschen U-Boot zu sein. Es wären an die zwanzig Mann. Der Verdacht, es könnte sich auch um Männer eines britischen Sabotagetrupps oder um Spione handeln, sei naheliegend. Die Leute würden kein Englisch sprechen, hätte die Kempetaistation von Taju noch ergänzend gemeldet. Aber das besage ja noch gar nichts.

Hoppe ahnt, wer diese Männer sind. Seine Gefühle haben ihn nicht betrogen. Aus Joice, der Überbringerin einer so sehnsüchtig erwarteten Botschaft, ist eine Botin des Unheils geworden.

Joice, ahnungslos und unbeschwert, lacht noch immer. Wenn sie aber wirklich Deutsch versteht, spielt sie ihre Rolle als Agentin der Kempetai hervorragend.

»Wir müssen hin«, reagiert Hoppe.

Dr. Schreiber nickt. »Natürlich, aber wie? Wir brauchen dafür einen japanischen Wagen und eine Sondergenehmigung vom zuständigen Befehlshaber des Heeres.«

»Ich weiß«, sagt Hoppe und nimmt eine Zigarette aus Schreibers Silberetui, einem Geschenk des Tenno. »Da kann nur einer helfen: Fudjy.«

Mit Kapitän zur See Fudjy, Chef des japanischen U-Boot-Stützpunktes, wichtigster Mann für Hoppe und seine Aufgaben, verbindet die Deutschen über den dienstlichen Kontakt hinaus eine echte und daher ungewöhnliche Freundschaft zwischen einem Europäer und einem Japaner. Jeden Tag fährt Hoppe mit ihm zum Golfspiel hinaus. Weder der für einen Japaner selten große Fudjy noch der schlanke Kapitänleutnant Hoppe haben vom Golf-

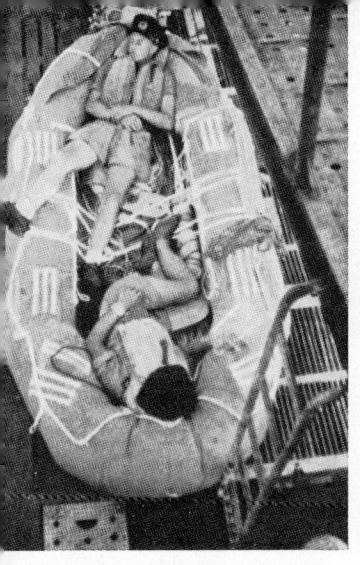

Oben: Kommandanten, die im Gegensatz zu von Europa einkommenden Booten die Gefahren in Indonesiens Gewässern kannten, beließen nur das notwendigste Fahrpersonal im Boot Alle anderen Männer wurden an Oberdeck befohlen. Was tut ein Seemann, wenn er nichts zu tun hat: er ›torft‹, ›ruckst‹ oder ›nimmt ein Auge voll‹.

Unten: Festlicher Empfang nach dem Einlaufen eines Monsun-U-Bootes im Paradies. Sie sind höfliche, aber immer mißtrauische Gastgeber, die gelben Verbündeten.

Einige der im Buch genannten Monsun-U-Boot-Kommandanten
(immer von links nach rechts, von oben nach unten): Kapitänleutnant Oesten (U 861); Fregattenkapitän Dommes, Chef im Süd-
raum (ex U 178); Kapitänleutnant Kentrat, Stützpunktleiter Kobe
(ex U 196); Kapitänleutnant Timm, ›Tüte‹ genannt (U 862); Kapitän
zur See Kurt Freiwald (U 181); Kapitänleutnant Helmuth Pich
(U 168); Kapitänleutnant Herwartz, Bully genannt (U 843) und
Kapitänleutnant Jebsen, gefallen (U 859). (Fotos: Privataufnahmen)

spiel sehr viel Ahnung. Doch jeder meint, damit dem anderen einen Gefallen zu erweisen. So kam man sich näher und näher.

Man sah Fudjy immer häufiger als Gast bei den Deutschen. Was ihm gefiel, betrachtete er selbstredend als Geschenk, und wenn er etwas trank, fühlte er sich selbstverständlich eingeladen. Daran nahm keiner Anstoß, wissen doch alle, daß die japanischen Offiziere nicht mit Reichtümern gesegnet sind. Und Fudjy hat keine geheimen Einkünfte, wie sie bei japanischen Zivilangestellten üblich sind. Fudjy ist korrekt. Er ist sich und seinen Ahnen treu geblieben. Auch der Krieg hat ihn nicht wankend werden lassen.

Sie wählen Fudjys Nummer. Ein japanischer Soldat meldet sich. Der Herr Kapitän sei nicht da. Wohin er gegangen sei, habe er nicht hinterlassen.

Der Funkmaat vom Stützpunkt bekommt Befehl, mit AK ins ›Taifun‹ zu radeln.

»Welch ein Glanz in unserer Hütte«, begrüßt ihn der UvD vom Taifun-Hotel. »Mann, du bist ja schweißüberströmt, mußt ja ein Mordstempo draufgehabt haben ... Durst oder?« Der Funkmaat geht auf den scherzhaften Ton des ihm befreundeten Bootsmaaten nicht ein. »Komm, laß ...«, wehrt er ab. Er schiebt das Päckchen Tanzmarken und die großzügig zugeteilten Tickets für harte Getränke zurück.

»Ich suche Fudjy.«

Der Bootsmaat kneift die Augen unter seinen buschigen Brauen ein wenig zusammen. Er mustert den Kameraden so mißtrauisch wie ein Nervenarzt seinen Patienten.

»Der war mal hier«, sagt er schließlich, wendet sich unvermittelt ab und vertieft sich in seine Listen. Zu deutlich, daß er sich nicht näher äußern will. Kapitän Fudjy ist auch bei den deutschen Unteroffizieren und Mannschaften tabu. Wer nur den Versuch macht, sich über ihn abfällig zu äußern, darf sich von vornherein als lazarettreif betrachten ...

Der Funkmaat tritt dicht neben den UvD hin.

»Ich gebe dir den dienstlichen Befehl, mir zu sagen, wo Kapitän zur See Fudjy ist.«

Der Bootsmann lacht schallend. Er stemmt die Hände in die Seiten. »Hast wohl nicht alle Tassen im Schrank. Es ist 23 Uhr. Klar?«

Der andere geht auf den seemännischen Ton nicht ein. Er sagt ruhig: »Es handelt sich um U 168. Wir brauchen ihn.«

»Oh«, fährt der UvD zusammen. »Wenn Fudjy im Taifun-Hotel gestört werden muß, dann ist eine ganz große Schweinerei passiert.« Er zeigt nach oben, zur Decke hin.

»Zimmer dreizehn, in dem mit der aufgemalten kupferfarbenen Chrysantheme auf der Tür. Er ruht sich aus.«

Der Funkmaat durchquert den Tanzsaal, stürzt an der Bar einen doppelten Gin herunter, bevor er sich auf den Weg nach oben macht.

Er kennt sich im Taifun-Hotel bestens aus. Er hat es mit einrichten helfen, als Stützpunktleiter Hoppe einsah, daß seinen Soldaten mit den von den Japanern zur Verfügung gestellten ›Häusern‹ nicht gedient war. Diese Art organisierter Geselligkeit und uhrzeitlich geregelter Freude schmeckte den Lords, die wie die japanischen Soldaten nachmittags zu den Häusern hin und abends mit Einbruch der Dunkelheit zurückgefahren wurden, ganz und gar nicht. Heimgekehrt jumpten sie über den Bambuszaun. Die Wachen, die der Stützpunktleiter dann einrichten ließ, steckten mit ihren Kumpels unter einer Decke. Sie meldeten keinen. Sie verrieten keinen. Schlimmer noch als diese Wachvergehen waren die anderen Folgen. Der Stützpunktarzt bekam viel Arbeit.

So hatte Hoppe dann zusammen mit dem in Soerabaja lebenden deutschen Innenarchitekten Weiß die Traumvilla eines von den Japanern eingesperrten Kolonialhändlers in ein Soldatenheim nach deutschem Geschmack ausbauen lassen: Wunderbare Bar, Tischtennisraum und Billardsäle.

Den Namen Taifun wählten sie, weil dieser Wirbelwind auf japanisch Taifuso heißt, also ähnlich klingt und für beide Teile verständlich ist. Und taifunhaft mochte es ruhig zugehen. Seeleute sind keine Heilsarmisten.

Einer der Stammgäste wurde mit dem Tag der Eröffnung Kapitän zur See Fudjy. Er setzte sich gern zu den Lords und ließ sich von diesen einladen. Als Kapitänleutnant Hoppe davon erfuhr, gab er Anweisung, Kapitän zur See Fudjy sei Gast der Deutschen Marine. Er dürfe ohne Berechnung essen und trinken soviel und was er auch wolle.

Ärger und Verdruß gab es nur mit den Tanzdamen, die Fudjy trotz seiner 58 Jahre pausenlos in Bewegung hielt, ohne ihnen jedoch die Tanzkarten zu bezahlen. Das nahmen ihm die Hübschen übel, denn schließlich wollten sie Geld verdienen. Da sie aber beinahe wirkliche Damen waren, sprachen sie nicht darüber. So ging eine geraume Zeit ins Land, bis Hoppe von Fudjys Tanzpraktiken erfuhr. Beim Golfspielen ließ es sich ab nun taktvoll einrichten, Kapitän zur See Fudjy mit gültigen Tanzmarken zu versorgen...

Der Funkmaat vom Stützpunkt tritt in den mit weichen Teppichen belegten Gang. Wie an Bord, so sind die geraden Zahlen links, an Backbord, und die ungeraden Zahlen rechts, an Steuerbord. Er klopft an die Tür mit der aufgemalten kupferroten Chrysantheme.

Einmal, zweimal. Noch einmal. Keine Antwort.

Schließlich hämmert er mit der Faust auf die Chrysantheme.

Die Tür wird aufgerissen. Im Rahmen steht Kapitän Fudjy. Die Spitzen seines dünnen, aber gepflegten Kaiser-Wilhelm-Bartes, auf den er stolz ist, zittern.

Als er den Funkmaat vom Stützpunkt erkennt, wird sein Gesicht freundlicher. Er verbeugt sich und sagt höflich in gebrochenem Deutsch: »Ich sein traurig, nicht können bitten Sie in meine Zimmer.«

Der Funkmaat verneigt sich ebenfalls. »Ich bitte sehr um Entschuldigung, Herr Kapitän, aber Sie müssen uns helfen. In der Kempetai-Station von Taju sollen Überlebende von U 168 sein. Kapitänleutnant Hoppe braucht einen japanischen Wagen und eine Genehmigung, um nach Taju zu fahren.«

Fudjys Gesicht wird ernst und auch ein wenig traurig. »Ich hier keine Vollmacht. Nicht für Auto, nicht für Nachtfahrt.«

Fudjy greift in die Taschen seines Uniformrockes, der an der Tür hängt. Dann verändert sich sein Gesichtsausdruck schlagartig. Er lächelt. »Sie haben zufällig Tanzmarken in Tasche?«

Der Deutsche sucht nervös in seinen Hosentaschen. Tanzmarken...? Was will er denn ausgerechnet jetzt mit Tanzmarken? Er findet ein paar Tickets. Er drückt sie Fudjy in die Hand und drängt: »Aber wir müssen doch nach Taju, Herr Kapitän! Wenn es wirklich Gerettete von U 168 sind, dann...«

»Es sein besser, ich wissen von nichts. Sein Sache von Kempetai.« Fudjy drückte dem Funkmaat die Hand, dann schließt er schnell die Tür vom Zimmer mit der Chrysantheme.

Der Stützpunktfunker spürt etwas Hartes in seiner Rechten: ein Autoschlüssel. Es ist der Schlüssel für Fudjys PKW! Und das hat japanische Kennzeichen ... Es führt die rote Flagge eines Stabsoffiziers[24].

Was sagt der heute in Duisburg lebende Konrad Hoppe darüber, wie es weiterging:

»Ich konnte auch Kapitänleutnant Schrewe nicht mehr erreichen. Der war irgendwo unterwegs. Müller war gleich auf Draht. Obwohl wir strengstes Verbot hatten, selbst mit dem Wagen zu fahren — ich war schon im Stützpunkt bei den Japanern —, ist er dann sofort hinter mir hergebraust. Die eingeborenen Chauffeure hatte er bereits angelüftet und mitgenommen. Er sagte schlicht und militärisch: ›Unsere Fahrzeuge sind klar‹, und fügte hinzu: ›Wenn wir von den Japanern keine bekommen, dann fahren wir allein los.‹

Soweit war also alles in Ordnung. Schließlich stieg auch der japanische Chef des Stabes, Korvettenkapitän Hatschimodo, zu.«

Kapitän zur See Fudjys Wagen brauchen sie nun nicht mehr. Los, mit AK.

Dort, wo die Straße nach dem kleinen Küstenort abzweigen muß, hat Kapitänleutnant Hoppe halten lassen. Er steigt aus. Der Schein seiner Stablampe beleuchtet ein verwittertes Schild. ›Taju‹ kann Hoppe entziffern. Stimmt.

Der Weg gleicht einem Tunnel, einer dunklen Schlucht, aus der sich ihnen eine modrig-feuchte Luft entgegenwälzt. Die Kronen der wildwuchernden Tropenbäume sind so ineinandergewachsen, daß das Auge keine Handbreit vom Nachthimmel mehr erspäht.

Millionen Zikaden ticken. Die Ochsenfrösche quaken. Und hin und wieder erschallt der wilde Ruf eines Ziegenmelkers. Als sich Hoppe zum Wagen zurückbewegt, kreischt in unmittelbarer Nähe ein Brainfevervogel. Warnt er vor Menschen? Oder vor einem Panther?

Immer wenn Hoppe an einen Panther denkt, verschmilzt das Bild vor seinen Augen mit den Gestalten der Kempetai ...

Die Dienststelle der gefürchteten und berüchtigten japanischen Geheimpolizei in Taju zu finden, fällt nicht schwer.

Der ganze Ort ist in Aufruhr.

Vor dem Haus mit dem Sonnenbanner am Flaggenmast drängen sich in respektvoller Zurückhaltung die eingeborenen Bewohner Tajus. Sie lauern und beobachten im Schutz der Bäume und der Umfassungsmauern dieses luxuriösen Bungalows, einst der Privatbesitz eines holländischen Kaufmannes auf Java.

Daß die Weißen, die der javanische Fischer angelandet hatte, Deutsche sein sollen, hat sich inzwischen in Taju herumgesprochen. Auch, daß die Japaner die Deutschen seit Stunden verhören, statt sie zu verpflegen, zu betreuen und ausruhen zu lassen.

Als dem PKW deutsche Offiziere entsteigen, erwarten die Bewohner von Taju, gar nicht zu Unrecht, eine Sensation.

Sie kennen den Chef dieser Kempetai-Station. Sie hassen ihn, weil er zerstört, was sie von den Japanern erhofften: Die Erfüllung ihres Traumes von der Freiheit Indonesiens.

Hoppe schiebt die japanischen Posten zur Seite. Im Gang aber vertritt ihm ein kleiner, in Zivil gekleideter Japaner den Weg. Hinter ihm warten andere in drohender Haltung.

Durch die geöffneten Türen entdeckt der deutsche Kapitänleutnant ein paar Mann von U 168. Sie hocken auf dem Boden. Also hat es doch U-Pich erwischt . . .

Hoppe wendet sich an den Japaner vor ihm, an einen unheimlichen Kerl, dessen Gesicht und Hände aus faltigem Ochsenleder zu sein scheinen, dessen Mund aus ein paar Kinnladen besteht, die an das Quermaul eines Tigerhaies erinnern. Und dann diese brennenden Augen.

»Diese Männer sind deutsche U-Boot-Seeleute«, läßt Hoppe Dr. Schreiber übersetzen. »Ich bin der Leiter des U-Boot-Stützpunktes Soerabaja. Und Sie sind, so vermute ich, der Chef der Kempetai-Station.«

Ehe der Japaner antwortet, zieht er saugend die Luft durch die Nase ein. Dann nennt er seinen Namen. Mehr sagt er nicht.

Als Hoppe an ihm vorbeigehen will, vertritt er diesem erneut den Weg.

»Meine Untersuchungen sind noch nicht abgeschlossen«, fährt er Hoppe an. »Sie haben meine Entscheidung abzuwarten.«

»Ich wüßte nicht, was es für Sie zu untersuchen gibt«, sagt Hoppe sanft, wenn auch bereits mit dem Unterton von Erregung und Verärgerung in seiner Stimme.

»Doch«, zischt der Japaner. Seine Schlitzaugen werden zum

Strich. »Zunächst weisen Sie sich aus. Erklären Sie, was Sie hier wollen. Beweisen Sie Ihr Recht, mit diesen Leuten zu sprechen. Erst wenn ich diese Kerle freilasse, dann dürfen Sie zu ihnen. Vorher nicht.«

»Mein Herr«, antwortet Hoppe mühsam beherrscht. »Ich habe Ihnen doch eben erklärt: Wir wollen, und so scheint es, wir müssen uns um die Überlebenden von U 168 kümmern.«

Mit dem Wort Überlebende ist für den Japaner das Stichwort gefallen. »Mit Verrätern, wollten Sie sagen, Hoppe-San.«

Der Japaner hat diese Worte in höchster Erregung aus sich herausgepreßt. Erschöpft macht er eine Pause, verwundert, da Hoppe und seine Begleitung schweigen.

Wie aus der Tiefe eines gärenden Vulkans bricht es erneut aus ihm heraus. »Meine Verhöre und Untersuchungen haben ergeben, daß sich die Offiziere des versenkten deutschen U-Bootes auf das feindliche Boot gerettet haben. Sie werden dort verraten, was sie wissen. Und wenn diese hier«, er macht eine ausholende Handbewegung nach den Türen hin, in denen sich immer mehr ausgezehrte stoppelige Gesichter zeigen, »nicht hier, sondern an einer feindlichen Küste gelandet worden wären, dann wären auch sie zu Verrätern geworden. Kein japanischer Seeoffizier, kein japanischer Seemann, kein Japaner überhaupt setzt sich den Gefahren einer Gefangennahme aus. Ein japanischer Soldat wählt den Tod nach der Niederlage.«

Die Stimmung ist zum Zerreißen gespannt, als der Japaner endet.

Der Kapitänleutnant tritt ganz nahe an den Japaner heran, so nahe, daß er fast nur zu flüstern braucht, um von Dr. Schreiber und dem Japaner verstanden zu werden.

»Erstens sind diese Männer keine Japaner, mein Herr. Sie sind Deutsche. Und als solche sind sie vom Tenno, erschrecken Sie nicht, wenn ich den Sohn des Himmels erwähne, mit all den anders gearteten Lebens- und Kampfauffassungen anerkannte Verbündete.«

Hoppe zündet sich während des Sprechens eine Dr. Schreibers Etui entnommene Zigarette an. Seine Bewegungen zeigen weder überstürzte Hast noch eine Erregung an. Dann sagt er weiter, so leise wie zuvor:

»Zweitens, und das beachten Sie bitte sehr genau, wenn Sie

nicht sofort den Weg zu meinen überlebenden Kameraden freigeben, zwingen Sie mich zu etwas. Ich werde Sie dann in der Praxis daran erinnern müssen, aus welchem Holz die Grauen Wölfe geschnitzt sind. Sie werden sich über die Folgen wundern — wenn Sie überhaupt noch dazu kommen —, wenn nur einer dieser U-Boot-Fahrer von mir erfährt, wessen Sie diese Männer beschuldigen.«

Hoppe zieht an seiner Zigarette. Er wundert sich über sich selbst, wie ruhig er dabei seine Hand hält. Dann sagt er noch mit tonloser, aber kalter Stimme: »Im übrigen lehne ich es ab, mich mit Ihnen noch zu unterhalten. Das Weitere werden Sie später hören. Und Sie werden sich auch noch entschuldigen.«

Der Japaner ist so bleich und elendsgrau wie die vom Staub verschmutzte Wand im Foyer. Er kocht. Seine Zähne mahlen aufeinander, daß es knirscht, als würden Knochen gebrochen.

Aber es passiert nichts, als sich Hoppe mit sanfter Gewalt und einem verbindlichen, wenn auch gezwungenen Lächeln, an ihm vorbeischiebt. Der Kempetai-Chef wird dabei an die Wand gedrückt.

Draußen vor der Tür drängen sich Kopf an Kopf, Schulter an Schulter die eingeborenen, männlichen Bewohner von Taju.

Ihre Blicke funkeln böse. In die Freudenrufe der Begrüßung mischen sich die Flüche und die Verwünschungen des hinter Hoppe hertobenden Kempetai-Chefs.

Zur gleichen Zeit spielt sich in Soerabaja ein anderes Drama ab.

Kapitänleutnant Peter Schrewe hat, zum Stützpunkt zurückgekehrt, inzwischen die Gründe für Hoppes und seiner Offiziere überstürzte Nachtfahrt erfahren. Sein IWO war zugegen, als der Anruf kam.

»Wieviel Überlebende, sagten Sie, hat der Küstensegler an Land gesetzt?«

»Nach dem Kempetai-Bericht aus Taju sollen es übrig zwanzig Mann gewesen sein.«

»Über zwanzig Mann . . .? Und 54 hat Pich normal an Bord. Kommen Sie.«

Sie nehmen die Fahrräder, von denen Hoppe 150 Stück durch die zartgliedrigen Hände eingeborener weißer und farbiger Frauen bei den Chinesen für die Freizeitgestaltung besorgen ließ.

Ab zum Hafen. Schrewes erster Weg gilt seinem eigenen Boot. In der Seekarte von Ostjava findet er mit kundigem Blick dieses Taju. Die hier und im weiteren Bereich unter der Küste angegebenen Wassertiefen lassen erkennen, daß die Vorgewässer überall verhältnismäßig geringe Tiefen haben — 20 Meter, 30 Meter, 40 Meter, 35 Meter.

Dem Kempetai-Bericht zufolge sei das Boot — es ist kein anderes als das von Pich — in Sichtweite der Küste, ja ziemlich dicht unter Land torpediert worden und gesunken.

Die Seekarte unter dem Arm, verlassen Schrewe und sein IWO das Boot.

Im Stützpunkt der japanischen Marine treffen sie den Offizier vom Nachtdienst an, einen schmächtigen Korvettenkapitän. Mit angeborener und durch die Schule der Marine vollendeten Höflichkeit bietet der lächelnde Japaner den beiden Deutschen einen Stuhl an.

Doch Schrewe verzichtet. Er steigt gleich in die Sache ein. Ein Dolmetscher übersetzt.

»Sie haben von dem Absaufen von U 168 gehört?«

Der Japaner nickt. Auch er tritt an die Lagekarte. Sein nikotingebräunter gelber Zeigefinger tippt auf einen Punkt.

»Hier«, sagt er. »Hier ist es gewesen, auf 6 Grad und 20 Minuten Süd und 111 Grad und 28 Minuten Ost.«

»Wir brauchen Hebeschiffe.« Schrewe steuert vierkant auf sein Ziel zu.

Der Dolmetscher übersetzt.

»Wie sagten Sie?« fragt der Kapitän.

»Es muß etwas geschehen. Wir müssen mit Wachschiffen, mit Hebefahrzeugen und Spezialtauchern an die Absaufstelle ... die 'rausholen, die im Boot noch lebend eingeschlossen sind.«

»Ich verstehe immer noch nicht«, sagt der Japaner. Seine Augen werden zu einem Schlitz. Aber er ist noch immer die vollendete Liebenswürdigkeit in Person.

Jetzt aber wird Kapitänleutnant Schrewe ungemütlich, er tut etwas, was ein Japaner auch in der größten Erregung und seelilischer Not nicht tut.

Er schlägt mit der flachen Hand auf die Karte.

»Rausholen ... Retten müssen wir die, die noch im Boot sind. Es sind doch nur die davongekommen, die an Deck standen.«

»Das ist noch nicht erwiesen«, gibt der Japaner zurück. Er begreift sehr wohl, was der Deutsche will.

»Das ist doch völlig wurscht, zum Donnerwetter. Und wenn auch welche aus der Zentrale ausgestiegen sind, es können noch immer Überlebende vorn oder achtern im Bootskörper sein ... Sie haben doch Hebeschiffe ... Sie haben doch Tieftaucher in Ihrem Stützpunkt ... Geben Sie doch einen Befehl. Seid doch nicht so langweilig. Hier ist doch jede Minute kostbar. Helft.«

Das Gesicht des japanischen Korvettenkapitäns ist kühle Ablehnung.

Je mehr Schrewe sich erregt, um so mehr erstarren die Züge des Japaners. Wenn bei der Flotte unter dem Sonnenbanner in Kriegszeiten ein Schiff versinkt, gehört die Mannschaft dazu, denn Schiff und Besatzung sind ein Ganzes. Auch wer die Katastrophe überlebt, hat keine Lebensberechtigung mehr.

So deutlich drückt der Kapitän aber nicht aus, was er denkt ... daß die Besatzung von U 168 nach japanischem Kodex kein Anrecht auf nur einen Versuch der Rettung mehr hat. Ausweichend erklärt er dem deutschen Kommandanten:

»Das Risiko, auch noch die Hebeschiffe und Wachboote bei einer solchen Rettungsaktion zu verlieren, ist größer als die Chance, auch nur einen Mann aus der Tiefe lebend heraufzuholen.«

Schrewe ist außer sich.

Die eiskalte Höflichkeit des japanischen Korvettenkapitäns, diese offenkundige Ablehnung erbittert ihn immer mehr.

»Sie wollen also nicht?«

»Ich kann nicht, Kapitänleutnant Schrewe-San.«

Er kann wirklich nicht. Er würde mehr verlieren, als im ungünstigsten Fall die Hebeschiffe: Sein Gesicht.

Die Tür fällt ins Schloß. Peter Schrewe alarmiert alle möglichen und unmöglichen Stellen. Auch den inzwischen in sein Haus heimgekehrten Kapitän zur See Fudjy. Auch den japanischen Admiral in der Dwarsburg-Straat.

Überall stößt er auf das gleiche Bild: Erst höfliche Ablehnung, dann aber, wenn Schrewe an die Waffenbrüderschaft appelliert, die so selbstverständliche Kameradschaft auf See beschwört, versteinern die Gesichter.

Was noch zu tun übrig bleibt, sind jede Menge Entschuldigungsbesuche, die Kapitänleutnant Hoppe als Stützpunktleiter für später harren.

Der japanische Fahrer tritt mit aller Kraft auf die Bremse. Der neben ihm mehr eingequetschte als sitzende Matrosengefreite hat blitzschnell die Handbremse gezogen. Der PKW, in dem Stützpunktleiter Hoppe und, soweit nur irgendwie Platz, einige Überlebende von U-Pich dicht nebeneinander gezwängt hocken, schleudert auf dem von faulenden Blättern glitschigen Boden wild hin und her. Dicht hinter der Kurve hatten sie bei hoher Fahrt im Dämmerlicht des Blätterdoms die quer über die Fahrbahn liegenden Bäume entdeckt, eben noch frühzeitig genug, um den Wagen zum Stehen zu bringen. Die Natur war es nicht, die diese Baumriesen zum Stürzen brachte. Sie erkennen es mit einem Blick. Die Axthiebe an den Wurzeln, die Lage der Bäume sprechen Bände. Sie steigen aus. Nichts rührt sich. Der unter der Tageshitze dumpf dahinbrütende Tropenwald schweigt und dampft. Ein paar Vögel, von Affen gehetzt, kreischen. Ein paarmal knackt es. Erst in unmittelbarer Nähe, dann weiter entfernt. Es hört sich an, als ob Menschen oder Tiere davonschleichen.

Diese Baumsperre galt Japanern. Unzweifelhaft. Die Unzufriedenheit mit den ›Befreiern vom kolonialen Joch der Holländer‹ wird von Tag zu Tag größer.

Tabu allein sind die Deutschen. Für die Masse der Javaner jedenfalls, denn es gibt nun einmal keine Regel ohne Ausnahme. Solche Ausnahmen sind nicht selten die Halben, die ›Cocktails‹, die nicht wissen, zu wem sie nun eigentlich gehören . . .

Durch nichts behindert, räumen die Männer mit PKW-Kraft die Bäume zur Seite. Sie schaffen einen schmalen Durchlaß und brausen weiter, Soerabaja entgegen.

In Taju, das hinter ihnen liegt, hat Kapitänleutnant Hoppe für die vorerst zurückbleibenden Überlebenden alles Notwendige veranlaßt.

Die Besitzerin eines ehemals holländischen Luxushotels am Strande der hier besonders traumhaft schönen Küste, eine gebürtige Deutsche, deren Mann von den Japanern interniert wurde, hat die Betreuung der Geretteten von U-Pich übernommen. Alles Weitere wird der herbeigeeilte Leiter des Stützpunktes Batavia, Korvettenkapitän Kandler, als Dienstgradältester besorgen.

Ein Teil der Überlebenden, so wurde es noch abgesprochen, soll mit der Bahn nach Soerabaja geschafft werden, andere sind für den Stützpunkt Batavia ausersehen.

Das faltenreiche, so bösartige Gesicht des Chefs der Kempetai am Ort hatte nach dem Streit mit dem deutschen Kapitänleutnant niemand mehr zu Gesicht bekommen. Sein Vertreter, den der von Hoppe höflich aber sehr bestimmt zurechtgewiesene Kempetai-Boß dann sandte, zerfloß vor Höflichkeit. Wie Butter unter tropischer Sonne.

Hier, im PKW, läßt sich Hoppe das Ende von U 168, das Aussteigen der Überlebenden und deren Rettung noch einmal in allen Einzelheiten erzählen. Und wie schon in Taju, so bewegt ihn auch jetzt noch die quälende Frage, ob in dem aufgeschlitzten Stahlsarg in 45 Meter Wassertiefe vielleicht nicht doch noch ein paar Männer in einer Luftblase leben.

»Das ist wirklich hoffnungslos, Herr Kapitänleutnant«, versichert der ausgestiegene Obermaschinist Meier. »Wir brauchen uns da keine Sorgen zu machen. Nur wer in der Zentrale war oder bis zu ihr kam, hatte noch eine Chance. Weder vorn, noch achtern im Boot lebt ein Mann.«

Jener scheußliche Traum, den der Stabsarzt Dr. Wenzel vor dem Auslaufen hatte und aus dem er schweißgebadet mitten während der Nacht erwachte, hat sich nun doch erfüllt: Den IWO und den Wetterfrosch Dr. Bahlke fraß die See. Zusammen mit ihren Kameraden. Genau wie dieser unheimliche Traum es dem Bordarzt vorgegaukelt hatte.

Eines aber erfüllte sich nicht: Die gräßliche Angst vor einem zweiten Fall *Van Imhoff*.

Der Gegner, der U 168 in Sichtweite der Ansteuerungstonne von Soerabaja aufgelauert hatte, das holländische U-Boot *Zwaardvisch*, war aufgetaucht, um die Überlebenden zu retten. Der Holländer stoppte kurz vor den Pulks im Wasser. Seine Schiffsführung und Besatzung machten gut, was die von der *Van Imhoff* dem guten Ruf holländischer Fairneß und an sich so selbstverständlicher seemännischer Ritterlichkeit so schwer geschadet hatten.

Sie taten noch mehr. Obwohl es wegen der zu starken Eigengefährdung und auch wegen der Unmöglichkeit der Unterbringung nicht üblich war, daß U-Boote Überlebende torpedierter Schiffe aufnahmen, Kommandanten und LI's von Fall zu Fall ausgenommen, zerrten die Holländer die im Waser treibenden deutschen Seeleute zu sich an Oberdeck. Ein freudiger Ausruf eines Seemannes von U-Pich wurde seinem Kommandanten allerdings zum Verhängnis. Als der Matrose schon gerettet auf den Grätings des Oberdecks stehend, Kapitänleutnant Pich im Ölfleck des Wassers schwimmend sah, brach es vor Freude laut aus ihm heraus.

»Guckt, da ist ja auch unser Alter.«

Und den Alten, den eben suchten die Holländer ... Ihn und seine überlebenden Offiziere gedachten sie trotz der Raumnot an Bord als lebende Trophäe einer versenkten Naziröhre mit in ihren Stützpunkthafen in Perth in Australien mitzunehmen.

So kam es, daß Kapitänleutnant Helmut Pich, sein LI, sein IIWO, der Stabsarzt und der ziemlich bös verletzte Seemann Hannes Feiertag von den anderen abgesondert, erst auf den Turm und dann ins Boot geschafft wurden. Hannes Feiertag wohl nur, weil die Holländer ihm, der als Ausguck noch sein Glas um den Hals zu hängen hatte, einfach nicht glaubten, nur ein kleiner Mannschaftsdienstgrad zu sein.

Die anderen 23 Überlebenden wurden zunächst an Oberdeck versorgt. Sie erhielten Seewasserseife, um sich von dem Ölfilm zu säubern, man versorgte sie, die fast ohne Bekleidung aus dem Boot herauskamen, mit frischem Zeug, mit Kaffee und Zigaretten. Schließlich rief der Kommandant der *Zwaardvisch*, Luitenant ter zee der 1e klasse (Korvettenkapitän zu deutsch) H. A. W. Goosens, zwei Küstensegler heran. Diesen übergab er die Geretteten mit der Weisung, sie auf dem kürzesten und schnellsten Wege an der javanischen Küste abzusetzen.

Damit die deutschen Seeleute nicht ganz wehrlos waren, ließ van Goosens jedem dieser Männer ein Bordmesser verausgaben.

»Alles andere, Herr Kaleu«, so endet der Bericht von Obermaschinist Meier, »wissen Sie aus Ihren eigenen Beobachtungen.«

Der Verfasser hat auch mit dem bei der Bundesmarine tätigen heutigen Fregattenkapitän Pich ein Gespräch geführt. Es ging um die vermutlichen Ursachen, die zum Verrat des Auslauftermins geführt haben können und über den weiteren Aufenthalt der Geretteten an Bord der *Zwaardvisch*.

Autor: »Sagten Sie nicht, daß vorher ein Mädchen an Bord gewesen sei?«

Pich: »Ja, das ist nur die Story nebenbei. Ich hörte es von einem anderen, daß da ein Indonesier an Bord gewesen sein soll mit so einer Frau. Und das hätte also das Unglück gebracht...«

Autor: »Also hat Spionage eine Rolle gespielt.«

Pich: »Spionage war es zweifelsohne. Die Gegner waren über uns genau im Bilde und bestens unterrichtet. Als ich auf die Brücke kam, fragte der holländische IWO, van Ravenstein, gerade die Leute aus, ob es schön in Batavia war. Die wußten genau, woher wir kamen. Auch die Mädchen kannten sie. Die eine war eine Cousine von ihm. Die war wohl auch durchgegangen. Die Aufnahme auf dem Boot aber war hervorragend. Nachdem wir uns einen Tag berochen hatten und sie uns erst die Augen auskratzen wollten, waren wir schon ab nächsten Tag die besten Kameraden. Als Feinde mochten sie uns erst gar nicht. Der LI, der hätte uns lieber tot als lebendig gesehen.«

Autor: »Hat der sich denn nicht wenigstens in der Fachsprache mit dem deutschen Leitenden verstanden?«

Pich: »Das war gar nicht nötig. Der war am nächsten Tag schon ein Herz und eine Seele mit uns.«

Autor: »Wie war denn die Stimmung, die kann sich doch nicht so schnell wie eine Buchseite umwenden.«

Pich: »Das hat mit Krieg und Ideologie gar nichts mehr zu tun. Wir saßen wieder in einem Boot, waren aufeinander angewiesen, und da ist es nämlich gleich, ob man Deutscher, Holländer, Engländer ist oder sonstwer.«

Autor: »Aber irgend etwas muß doch das Eis zum Schmelzen gebracht haben.«

Pich: »Weiß der Teufel. Wir waren am zweiten und dritten Tag schon mitten in der Politik drinnen, bekamen uns fürchterlich in die Wolle. Und dann sagte der Kommandant: ›Über Politik wird hier nicht mehr gesprochen.‹ Und dann verging ein Tag ohne Politik. Am nächsten sprach man wieder darüber. Wir hielten natürlich zu unserem und die zu ihrem Standpunkt. Auf diesem kleinen Raum konnte man sich ja nun nicht schlagen oder versohlen.«

Autor: »Die holländischen Offiziere waren zu dritt?«

Pich: »Nein, zu viert, da war noch ein Engländer. Mit dem haben wir kein Wort geredet. Der sprach nie mit uns.«

Autor: »Was war das für ein Engländer?«

Pich: »Das weiß ich nicht, wahrscheinlich ein Oberleutnant. Der gehörte zu dem Radargerät, das da an Bord war. Vermutlich handelte es sich um einen technischen Verbindungsoffizier.«

Autor: »Und wo haben Sie geschlafen?«

Pich: »In der Offiziersmesse. Wir haben mit denen auch zusammen gegessen. Die hatten da auch einen Indonesier an Bord, als Jonas, als Messejungen. Dem sagte ich am zweiten Tag auf malayisch meine Wünsche, und da war er derartig nett zu uns und paßte auf, daß wir alles schön hatten und alles nach unserem Wunsch ging. Ein Herz und eine Seele war das da an Bord.«

Autor: »Und wohin ist das Boot gefahren?«

Pich: »Erst sind wir mit denen noch auf Unternehmung gewesen. Der schoß dabei noch einen japanischen Zerstörer an. Und dann schoß der wieder. Tod und Teufel war das. Und dann sind sie durchgegangen durch die Timorsee.«

Autor: »Haben Sie da noch Ratschläge gegeben?«

Pich: »Nein, gar nicht, da bekamen wir noch Wasserbomben, und das war für uns gar nicht so angenehm. Und auf einmal kam der holländische LI angeschossen: ›Alles klar. Wir sind durch.‹«

Autor: »Der deutsche LI war ja auch dabei.«

Pich: »Pustekuchen, wir saßen in der Messe und schauten auf den Tiefenanzeiger, der auf 50 Meter stand. Tiefer konnten die gar nicht gehen, weil es nicht ging.«

Autor: »Also Sie haben dann da an Bord ›Mensch ärgere dich nicht‹ gespielt.«

Pich: »Ja. Wir mußten uns doch unterhalten. Der LI kam und spielte mit uns. Nach drei Wochen kamen wir nach Freemantle in Australien. Uns wurden die Augen verbunden und schön ›Auf Wiedersehen‹ gesagt. Da kam Hannes noch an. Unseren Seemann Hannes Feiertag wollten sie nämlich an Bord behalten. Sie hatten schon eine Eingabe gemacht, daß der zur Besatzung kommen sollte, so beliebt war der an Bord, so hatte der sich überall nützlich gemacht. Das ging natürlich nicht, abgesehen davon, daß der ja auch gar nicht wollte.«

9

U 862 vor Sydney und Neuseeland

*U 168 ist also für die Australien-Operation ausgefallen. Es blei-
ben nur noch U 537 und U 837, die inzwischen für diese Unternehmung klargemacht werden. Erwähnenswert dürfte sein, daß
der Kommandant von U 837, Kapitänleutnant Timm, der mit seinem Boot in Singapore ausgerüstet wird, nichts über U-Pichs Ende
erfährt und dann später, bei der Unternehmung, der Annahme ist,
daß sie zu dritt in ein für deutsche U-Boote jungfräuliches Seegebiet vorstoßen. Da CIS Dommes keine operative Befehlsgewalt
zusteht, sind die ›Australischen U-Boot-Kommandanten‹ gezwun-
gen, ihre Vorschläge direkt dem BdU zu unterbreiten. So ließ
U 837 an die Heimat funken: »Timm Absicht Unternehmung
südlich und südöstlich Australiens.«*

Des BdU Antwort lautete: »Einverstanden.«

*Alle anderen Kampfboote werden als Rohstofftransporter ein-
gesetzt. Eigentlich mehr zu Defensivzwecken laden sie zwei oder
drei Torpedos in die Rohre. Die Beschaffung der für die Mit-
nahme in die Heimat bestimmten Rohmaterialien wird von Tokio aus geleitet. Sie liegt dort in den Händen von Staatsrat Wohl-
tat, der zu diesem Zwecke eine eigene Organisation in Anlehnung
an die deutschen militärischen Dienststellen aufgezogen hat. Dieses Unternehmen, das sich ROGES nennt, was soviel wie Roh-
stoffgesellschaft bedeutete, hatte bereits die Beladung der Blokkadebrecher durchgeführt; es sorgt nun auch in kleinem Maße
für die Bereitstellung der U-Boot-Ladungen.*

Die Unterbringung im Boot erfolgt auf verschiedene Art:

*Der Rohgummi wird fast ausschließlich in freiflutenden Tauch-
bunkern und unter Oberdeck in eigens gefertigten Racks sowie
in den Oberdeckstuben untergebracht; das Zinn wird zu Barren
verschiedenen Formats gegossen und sowohl im Kiel als auch im
Bootsinnern verstaut; die übrigen Rohstoffe, wie Wolframerze
und Molybdän, werden in extra angefertigten Zinnbehältern
eingelötet und im Boot gelagert; Chinin wird bereits in wasser-
dichten und tropenfesten Packungen geliefert.*

Der Stauplan im Bootsinneren sieht hauptsächlich die Aus-

nutzung der Bilgen, der Bug- und Heckräume und der leeren Torpedorohre vor.

Die Gesamtladung eines Bootes des Typs IX D2 umfaßt:

Zinn 120 t, Molybdän ca. 15 t, Gummi ca. 80 t, Chinin ca. 1 t, Opium 0,20 t.

Diese Beladung ist nur möglich auf Kosten des Brennstoffvorrates, der für wirtschaftlichste Fahrtstufen nur wenige Reserven enthält, und auf Kosten der Torpedobewaffnung.

Die Ladung eines IX C-Bootes beträgt: Zinn 115 t (100 t im Kiel, Molybdän ca. 10 t, Wolfram ca. 9 t, Gummi 10 t, Chinin 0,5 t, Opium 0,2t , sonstige 0,3 t, das heißt insgesamt ca. 145 t.

Die Beladungsmöglichkeit der U-Transporter ist größer. Praktisch ist sie jedoch nicht erprobt worden.

In diesem Zusammenhang sei noch einmal vermerkt, daß für den Transport bestimmter Rohstoffe, die nur im japanischen Mutterland zu beschaffen sind, mangels Schiffsraum[25] die restlichen exitalienischen U-Boote Verwendung finden.

Kommandant eines dieser beiden Boote, des UIT 25, ist der aus den Reihen der Christlichen stammende Oberleutnant zur See der Reserve Alfred Meyer. Seit seinem 16. Jahr Seemann und später Nautiker, hat er heute wegen Verlust seiner Sehschärfe seinen Beruf verloren, ein schweres Los für einen so hervorragenden Mann und Organisator. Während des Krieges fuhr Meyer erst auf U-Jägern, später als IWO auf U 183. Als er dieses verließ, um UIT 25 zu übernehmen, lief das Gerücht um: »Wenn Meyer aussteigt, geht das Boot verloren.«

Das Gerücht blieb kein Gerücht, es wurde bitterste Wahrheit. Schwierigstes Problem war bei der Übernahme der italienischen Boote die Besatzung. Meyer hatte von U 183 zehn Mann als Fachkräfte mitbekommen, ferner wurden ihm weitere zwanzig Besatzungsmitglieder ehemaliger deutscher Hilfskreuzer zugewiesen. Ausgezeichnete Seeleute, aber keine U-Boot-Männer. So blieb es nicht aus, daß diese fachlichen Trennungen zu Spannungen an Bord führten. So sah denn Kommandant Alfred Meyer seine erste und wichtigste Aufgabe darin, erst einmal für ein gutes, kameradschaftliches Bordklima zu sorgen. Erst mußte die Crew zusammengeschweißt werden. Sie hat homogen zu sein, ehe überhaupt mit der Schulung an den Geräten begonnen werden kann.

Meyer löste diese Probleme. Wer befahren ist, wird sie zu werten wissen.

Bei den ersten taktischen Tauchübungen ergaben sich größte Schwierigkeiten. Sämtliche Tauch- und Schnelltauchanlagen auf dem Italiener waren völlig anders angelegt als auf den deutschen U-Booten, dergestalt, daß auch die bewährten U-Boot-Fachkräfte von U 183 sich erst einarbeiten mußten. Sämtliche Ventile, die Gestänge, die Rohrleitungen, die Pumpen, die E-Anlagen befanden sich an anderen Plätzen. Die Beschriftungen der Armaturen waren italienisch.

In der ersten Zeit gab es manche Fälle bei Tauchübungen, bei denen sie nur wenig Hoffnung hatten, die Oberfläche jemals wieder zu durchbrechen. Es funktionierte anfangs beinahe gar nichts.

Aber der Eifer der neuen Crew war riesengroß, und zusammen mit den wenigen eingeschifften, mussolinitreuen Italienern behoben sie die technischen Pannen und Probleme und wurden deren schnell Herr, wenn sie wieder auftraten. Sie schwitzten, fluchten und lachten, und sie durchstanden in Tiefen von 50 bis 60 Metern eine Angstpartie um die andere.

Aber in drei Monaten hatte Meyer UIT 25 voll KB, fürwahr eine Leistung, wenn man berücksichtigt, daß die U-Boot-Ausbildung in der Heimat normalerweise ein Jahr und eine Schnellausbildung mindestens ein halbes Jahr beansprucht. Not und Eifer aller machten diese Ausnahme möglich. Und auf dem Ex-italiener kehrte echter deutscher U-Boot-Geist ein.

Nach dieser in Kobe, Japan, durchgeführten Ausbildung begann der Einsatz zur Versorgung des Stützpunktes Penang mit Ladungen für heimatgehende deutsche Kampf-U-Boote. UIT 25 brachte vornehmlich Molybdän und Wolfram nach dort, während es für die Rückfahrt nach Japan von den aus Frankreich eingetroffenen deutschen U-Booten mitgebrachte Güter nach Japan fuhr. Außer den schon erwähnten ›Geschenken‹ militärischer Art befanden sich unter dieser Fracht vor allem auch Sulfonamide und Medikamente vom Tropen-Institut Hamburg.

Eine Fahrt von Penang nach Japan dauerte im Schnitt acht Tage. Da UIT 25 nun überhaupt keine Kampfaufgabe mehr hatte, entwarf der humorvolle Kommandant Alfred Meyer als takti-

sches Zeichen einen Kuli mit typisch flacher, breitrandiger Kopfbedeckung. Dieser dahinschreitende Chinese, der am Tragestock
ein Colli und einen Rettungsring schleppte, wurde in fröhlich
leuchtenden Farben beiderseitig an den Turm des Bootes gemalt.
Später hat ein japanischer Künstler dieses taktische Zeichen als
Flachrelief in Messing gearbeitet. Jedes Besatzungsmitglied erhielt es zur Erinnerung an eine U-Boot-Zeit, die zwar keine Erfolge, wohl aber Strapazen ganz besonderer Art mit sich brachte.

Für das andere Boot, UIT 24, das, wie bekannt, schon auf dem
Weg nach Europa stand und nach der Versenkung der *Brake*
durch U 532 versorgt wurde, bevor es nach Penang zurückmar-
schierte, wurde ein Batteriewechsel dringend. Es trat den Marsch
nach Japan am 15. Januar 1944 an. Diese Reise verlief insofern
äußerst dramatisch, als sie durch das Kampfgebiet bei den Oki-
nawas hindurchführte. Dennoch erreichte UIT 24 Kobe. Repariert wurde es indessen nie.

*Da die Rückführung von Rohstoffen durch Kampf-U-Boote dem
dringenden Mangel auch nicht annähernd abzuhelfen vermag,
sind inzwischen von der Seekriegsleitung weitere reguläre Transport-U-Boote in die südostasiatischen Stützpunkte in Marsch gesetzt worden, bzw. befinden sich zu diesem Zeitpunkt noch in der
Ausrüstung.*

*Von diesen Booten gingen durch Feindeinwirkung die meisten
verloren.*

*Lediglich U 219 und U 195 erreichen ihren Bestimmungshafen.
Sie laufen um die Jahreswende in Batavia ein. Zu einer Beladung
mit Rohstoffen dieser beiden Boote kommt es jedoch nicht, da
die Grundüberholung in der noch zur Verfügung stehenden Zeit
nicht zu Ende durchgeführt werden kann.*

*Lediglich U 195 wird, wie später noch dargestellt wird, für
einen Kurzeinsatz in den Indischen Ozean auf Versorgungsposition südlich von Madagaskar in See geschickt.*

Unter sich nannten sie ihn ›Tüte‹ Timm, und der Besatzung von
U 862 wird dieser Name nicht bloß wegen des weitesten Vor-
stoßes in östliche, pazifische Seegebiete in den Ohren klingen,
nicht minder auch dessen Hobbys wegen: Tüte Timm liebte
nur klassische Musik ... abgöttisch und mit professoraler Inter-

pretation Symphonien ... Sonaten ... Klavierkonzerte ... Hein Seemann ist im allgemeinen recht musikalisch. Er singt sogar sehr gern: über seine Arbeit, über die Stürme auf See und an Land, über seine Sehnsucht, wieder heimzukehren ... über St. Pauli ... die Reeperbahn ... und den guten alten Michel ...

Aber Symphonien ...?

Und das in einem U-Boot ...!

Da war die tropische Hitze noch Balsam für die Gemüter ... Aber ein echter Seemann gewöhnt sich an alles.

Auch an Beethoven, Chopin und den damals in der Heimat verbotenen Mendelssohn-Bartholdy.

U 862, statt mit 30 Torpedos nur mit zwölf ausgerüstet, lief im November 1944 von Singapore mit Kurs Sundastraße aus.

Timm ist bekannt, daß sich die ›anderen Boote‹ — es ist ja nur noch eins mit von der Partie — nördlich, westlich und südwestlich Australiens Beute erhoffen. Er selbst hat sich von vornherein die südöstlichen und östlichen Seegebiete vorgenommen. Er hat Seekarten und Segelhandbücher an Bord, und wo der Verkehr laufen muß, fällt bei Betrachtung der Unterlagen gar nicht so schwer.

Er sollte sich dennoch täuschen.

Timms Hoffnung, von den Japanern über die Routen und Verkehrsbündelungen zu erfahren, war wie eine Seifenblase zerplatzt. Er war eigens von Singapore über Batavia nach Soerabaja geflogen.

»Ich flog mit einer japanischen Verkehrsmaschine nach dort. Aber erfahren habe ich bei der dortigen Flotte nichts. Die Japaner erzählten sowieso nicht gern etwas. Sie lächelten. Sie waren überaus freundlich, aber sie schwiegen. Und dann war da noch ein Kapitän zur See Fudjy, mit einem Bart, wie ihn Wilhelm II. trug. Der war furchtbar nett. Er lud uns ein zum Bier, und wir mußten die ganze Zeche nachher bezahlen ...«

Wie befürchtet, vor Cap Leeuwin an der Südwestküste Australiens, zeigt das FuMB starke Ortungen an. Timm weicht tief nach Süden aus und stößt erst in Höhe von Adelaide wieder nach Norden. Sie stehen einige Tage und Nächte vor diesem so wichtigen Hafen und den Känguruh-Inseln auf und ab, dort, wo der Verkehr durchlaufen muß. Kein Schiff, keine Mastspitze, keine Horchpeilung.

U 862 fährt ganz dicht unter der Südküste Tasmaniens entlang. Aus der tintenschwarzen Nacht fischt die Hundewache einen Tanker heraus. Als sie sich zum Angriff vorsetzen wollen, verbündet sich der Himmel mit dem noch ahnungslosen Wild, er schickt ein märchenhaftes Meeresleuchten. Wie eine leuchtende Neonreklame steht die Bugwelle als riesiges V auf der See. Der Tanker dreht ab, und gleichzeitig ist auch ein Flugzeug da. Wie Timm meint, von den Leuten an Land, die das U-Boot unter der Küste beobachteten, alarmiert. Es greift aber nicht an, es blinkt und verlangt ES. Wo, zum Teufel, sollen denn hier des Dönitz' Graue Wölfe herkommen? Als alter Atlantikfahrer verzieht sich Timm in die Tiefe. Den Tanker findet er aber später nicht wieder.

Aber dann: bei Cape Howe sichten sie, als sie abends auftauchen, 20 bis 30 Mastspitzen.

Timm in sein KTB: »Das hätte zu einem Paukenschlag wie vor Amerikas Küste geführt, wenn wir nur mehr Boote gewesen wären. Aber CIS Dommes hatte ja keine operativen Vollmachten, nicht einmal für den Befehl, uns drei Australienboote für eine solche Operation zusammenzufassen.«

U 862 sucht sich einen nach Nord laufenden Tanker heraus und greift diesen an. Erst ein zweiter Torpedo bringt ihn zum Sinken. Wegen der plötzlich einsetzenden vielen Ortungen zerschlägt sich Timms Plan, vorerst vor Sydney zu bleiben.

U 862 setzt sich etwas ab und erwischt bei gröber gewordener See dann noch einen stark zackenden Dampfer.

Weil nun auch hier Flugzeuge auftauchen, sucht sich U 862 eine neue Weide: Neuseeland.

Und weil sie am Heiligen Abend den Angriff fuhren, feiern sie auf dieser Überfahrt Weihnachten und Silvester zusammen. Die Heizer haben aus dem Kupferdraht des in Singapore explodierten japanischen Munitionsdampfers ein Tannenbaumgerippe gebastelt, die Seeleute haben Segeltuch gezupft und diese ›Nadeln‹ grün getönt. Mit Taschenlampenbirnen beleuchtet wirkt das Bäumchen beinahe echt.

Es steht vorn im Bugraum. Es brennt Tag und Nacht. Das ist gut so, denn zuerst hatte Wehmut und Sehnsucht allen den Mund vernagelt. So aber wird langsam Gewöhnung draus.

Timm umfährt das Nordkap Neuseelands. Er stößt dabei über den 174. Längengrad Ost vor, dann dreht das Boot die Schnauze nach Süden. Es lauert vor dem Hauraki-Golf, der Zufahrt nach Aukland, auf Beute. Nichts, rein gar nichts.

U 862 ackert weiter nach Süden, die blauvioletten Kaimanawa-Berge zur Rechten. Sie drehen in die Hawke-Bay. Timm schleicht sich in der Nacht bis vor die Hafeneinfahrt von Napier heran. Am Kai sind verschiedene Küstenfrachter vertäut. Das Boot steht auf und ab. Etwas nördlicher scheint ein Badeort zu liegen. Die Hotels und Gaststätten sind strahlend hell erleuchtet. Auf den Terrassen sehen sie aus einer Entfernung von einer halben Seemeile, also aus weniger als tausend Meter, unter bunten Lampions sich im Tanz drehende Paare, und der ablandige Wind trägt Musik zu ihnen herüber, andere Musik ... Das Staccato in Deutschland ungewohnter und verbotener Jazzrhythmen. Timm läßt seine Männer gruppenweise an Deck, dieses Wunder des Friedens zu bestaunen.

Einer von den Frachtern im Hafen von Napier geht noch in derselben Nacht in See. Er nähert sich U 862 mit gesetzten Seitenlaternen.

Ein besseres, sichereres Ziel bietet sich selten.

»Laufen lassen«, entscheidet Timm. »Der ist, wie die anderen da drin, keine tausend Tonnen groß.«

›Da muß man sich ja schämen, für solch eine Pütz einen Aal zu opfern‹, denkt er bei sich. Schon vorher, auf der Höhe von Aukland haben sie einen dieser kleinen Küstenfrachter laufen lassen. Dann also auf nach Wellington. In der Cook-Straße, die Nord-Neuseeland von Süd-Neuseeland trennt, ist Wellington, der größte Hafen, gelegen. Der Obersteuermann hat gerade mit Kursdreieck, Lineal und Zirkel unter routinemäßiger Einbeziehung von Deklination und Deviation den weiteren Marschweg eingezeichnet.

Genau auf der Höhe von Whakataki geht ein FT aus Singapore ein. CIS Dommes ruft U 862 zurück.

Timm dreht den Funkspruch hin und her. Weder er noch seine Offiziere begreifen warum und weshalb.

»Sofort Rückmarsch antreten«, lautet der Text.

Der heutige Fregattenkapitän Timm dazu: »Wenn's geheißen hätte, Rückmarsch antreten, dann hätte ich mir ja noch ein bißchen Zeit gelassen, aber das ›sofort‹ zwang mich doch, es gleich zu tun.

Nun, gespannt war die Lage überall. Ich wußte nicht, was ist da los. Deshalb sagte ich mir, da kommst du nicht gegen an. Du mußt also kehrtmachen. Ich ging dann südlich runter und lief gegen die grobe See, gegen die Roaring Forties, an.«

Wochen später macht U-Timm in Batavia fest, nachdem es auf dem Rückmarsch auf der Höhe 250 Seemeilen vor Perth noch einen Dampfer vor die Rohre bekam . . .

»Der kam von achtern auf, hatte offensichtlich Kurs Indien. Wir kriegten ihn in der Morgendämmerung, es war eigentlich schon vormittags. Wir setzten uns wieder vor, griffen nachts an, und er bekam seinen Torpedo. Der riß ihm aber nur das Vorschiff ab. Das ganze Achterschiff schwamm weiter. Und nun wollte ich ihm mit der Granate der 10,5 cm ein paar Luftlöcher in den Rumpf stanzen. Aber das funktionierte nicht. Der Verschluß war festgerostet. So bin ich dann ganz dicht herangefahren und habe mit der Zwozentimeter noch ein paar Löcher in die Bordwand geschossen und ihn dann treiben lassen. Bei dem Strom, der da oben herrschte, konnte das Schiff bestimmt nicht mehr gerettet werden. Ein zweiter Torpedo war mir zu schade. Man wußte ja auch nicht, was noch ist und was noch kommt.«

Als U 862 nach kurzem Aufenthalt in Batavia nach Singapore weiterfährt, klärt sich hier der so plötzliche Rücklaufbefehl. Die Japaner rechneten mit einer Landung auf der Malaya-Halbinsel durch Mountbattens Truppen. Außerdem drücken von der Burmafront starke alliierte Streitkräfte in Richtung Süden. Die japanischen Truppen, die zusammen mit der unter dem Befehl von Subhas Chandra Bose stehenden ›Indischen Nationalarmee‹ [26] die indische Grenze bis Imphal überschritten, stehen in schweren Rückzugskämpfen. Die Japaner haben die Kraft der Bose-Bewegung im indischen Mutterland überschätzt und die Stärke des Gegners, insbesondere seiner Nachschubmöglichkeiten aus der Luft unterschätzt.

Wenn aber Singapore [27] fiel, dann hätte, so argumentierte CIS Dommes, U 862 ohne Funkverbindung mit dem Stützpunkt in der Luft gehangen.

Erst hier erfährt Kapitänleutnant Timm, daß U 168 überhaupt nicht mehr zur australischen Unternehmung auslaufen konnte und weiter, daß auch U 537 nicht mehr existiert.

Kapitänleutnant Schrewe, wie Pich und Hoppe ehemaliger Seeflieger, lief am 9. November aus Soerabaja aus. Seitdem meldete er nicht mehr. Er wurde, wie wir heute wissen, am gleichen Tag auf 07 13 S 115 17 O durch das amerikanische U-Boot Flounder torpediert. Es gab nur einen Überlebenden, der von den Amerikanern an Bord genommen wurde. Ebenfalls durch ein amerikanisches U-Boot geht zwei Monate später das von Japan vom Batteriewechsel kommende U 183 verloren. Das Boot, das Kapitänleutnant Fr. Schneewind führt, wird am 23. April auf 04 57 S 112 52 O durch USS Besugo versenkt.

Verloren geht in diesem Raum auch U 196, das mit Rohstoffen für die Heimat beladene Boot, das vormals unter dem Befehl von Kentrat stand. U 196, das unter Oberleutnant zur See H. W. Striegler am 30. November aus Batavia zur Heimat ausgelaufen war, ist vermutlich in der Sundastraße verlorengegangen. Dieser Verlust ist einer der wenigen ungeklärten Fälle, weil eine Feindeinwirkung nicht zu beweisen ist.

10

U 181 – U 510 – U 532 – U 843 – U 861:
Kurs Heimat

Zur gleichen Zeit, als U-Timm nach den in der deutschen U-Boot-Geschichte einmaligen Operationen von Australien und Neuseeland zurückkehrte, stehen die Heimkehrer-U-Boote, U 181 ausgenommen, bereits tief im Atlantik . . .

Daß U 532 an einem Dreizehnten, am 13. Januar 1945, den Rückmarsch antrat, hat sich bis jetzt nicht nachteilig ausgewirkt. Junkers Offiziere haben immer noch den entsetzen Ausruf des Stützpunktleiters von Batavia, Korvettenkapitän Kandler, in den Ohren:

»Sie wollen wirklich an einem solchen Tag . . . Herr Kapitän!«
»Warum nicht. Ich bin nicht abergläubisch.«

Nein, abergläubisch ist er nicht, hatten einige der bei dieser

Besprechung im Stützpunkt anwesenden Offiziere gedacht. Er ist viel zu religiös. Selbst hier in Asien regt er seine Besatzung zum Kirchgang an. Und sie gehen, die Männer. Was doch ein gutes Wort, was doch eine echte Autorität vermag. Und einige andere überkam es fröstelnd bei anderen Gedanken: daß dieser Junker so gar kein Verehrer des Dritten Reiches ist, daß er nicht einmal ein Hehl daraus macht. Seine Bemerkungen über ›gewisse Auswüchse‹ könnten ihm, würden sie einem Parteifanatiker oder einem Mitglied des Sicherheitsdienstes zu Ohren kommen, schweren, sehr schweren Kummer bereiten. Gewiß, hier in diesen Reihen darf er sich äußern ...

»Außerdem«, hatte Junker zu Kandler gesagt, »ist dieser 13. ein Sonntag. Ich rechne, daß der Gegner an einem solchen Tag weniger aufmerksam ist.«

Fregattenkapitän Junkers Bilanz ging auf. Unbehelligt erreicht er den freien Indischen Ozean und tritt so seine letzte und fünfte Feindfahrt während dieser Unternehmung an. Die zweite schilderten wir schon. Die dritte und vierte führte nach Japan, wo die Batterie ausgetauscht wurde. Die Japaner hatten die Batterieanlagen aus dem ihnen von Hitler geschenkten U 511 gründlich untersucht und nachgebaut. Das Ergebnis dieser Nachbauten war, vermutlich wegen der besseren Rohstoffe, besser als das Original.

Als sie nach dem Batteriewechsel auf dem Rückmarsch standen, gerieten sie in einen ausgewachsenen Orkan, wie er an Heftigkeit und Gewalt nur in der Chinesischen See erlebt werden kann, wenn man mit seinem armen Schiff ein derartiges Furioso überhaupt übersteht. Zwar ist ein U-Boot ein außerordentlich seetüchtiges Fahrzeug, zur Not kann es wegtauchen und in größeren, ruhigeren Tiefen Schutz suchen. Aber U 532 hatte an diesem Tage nur 30 Meter Wasser unterm Kiel ... Und das in einem tropischen Wirbelsturm, den die Chinesen ›Taifun‹, zu deutsch ›großer Wind‹, nennen.

»Es war gar nicht schön, als es nach der tönernen Stille im Zentrum dann wieder aus allen vier Himmelsrichtungen zu blasen begann ...«, schrieb Junkers in sein Tagebuch.

Bis auf den Obermaschinisten, der gegen einen Obermaaten von der *Brake* ausgetauscht wurde, ist noch immer die gleiche Besatzung an Bord, mit der das Boot vor zwei Jahren aus Frankreich auslief. Vor nunmehr zwei Jahren ... welch eine Zeit! U 532 darf in der Geschichte der U-Boote des Zweiten Weltkrieges einen Rekord für sich in Anspruch nehmen: Es hat die längste Gesamtunternehmung gefahren.

Die Abkommandierung des Obermaschinisten dürfte von grundsätzlichem Interesse sein. Der Kommandant hatte sich, typisch für ihn, mit der ihm eigenen Gründlichkeit damit befaßt — als Soldat, als Mensch und als Kommandant. Er sagt: »Er hatte acht oder neun Feindfahrten, bevor er bei mir einstieg. Aber ich mußte ihn einfach in Penang aufgeben. Einerseits war er zu nervös geworden, andererseits ertrug er auf Grund seiner ausgesuchten, ja hervorragenden Fähigkeiten die Unterordnung unter den jungen, erst knapp 23 Jahre alten LI nicht mehr. Ich habe noch einmal den Arzt zu Rate gezogen, um die Sache wieder ins Lot zu bringen. Es ging einfach nicht mehr ...

Für mich bedeutet der Ausfall dieses Spezialisten einen schweren Schlag. Er war mein Praktiker am Diesel. Der Ersatz war ein E-Fachmann. So hatte ich jetzt zwei E-Maschinen-Spezialisten an Bord, und der eine Dieselmaat war nun aufgerückt. Er tat, was er konnte. Aber den alten Obermaschinisten ersetzte er noch lange nicht.

Ich wußte, daß sich der Obermaschinist in Penang über mich abfällig geäußert hatte. Ich nahm ihm nicht einmal übel, wenn er mir nachsagt, ich hätte ihn mutwillig von Bord haben wollen. Im Gegenteil. Mit ihm fielen ja 50 Prozent meiner möglichen Einsatzfähigkeit aus. Aber Autorität und Disziplin gingen vor. Ich konnte es nicht riskieren, daß es auf dem Atlantik-Rückmarsch zwischen LI und dem Obermaschinisten zu einer offenen Feindschaft kam. Schon mit Rücksicht auf die Autorität meines LI's mußte ich mich schweren Herzens von diesem so ausgezeichneten Praktiker trennen, und auch mit Rücksicht auf uns alle ... Was denn, wenn sich die beiden in einem Notfall — und wir hatten im Atlantik mit vielem zu rechnen — mißverstehen?«

Die vom BdU südöstlich von Madagaskar eingeplante Versorgung für U 532 klappte. U 195, Steinfeld, eigens in Batavia für diesen Zweck ausgerüstet und mit Öl vollgepumpt, war am 6. Februar zur Stelle. Auch U-Oesten lief vorher schon aus und danach U-Eick, dem wenigstens Junker noch mit zehn Kubik aushelfen konnte, weil dessen Boot mehr verbraucht hatte, als vorher berechnet worden war.

Daß südlich von Kapstadt wieder eine Laufbuchse zum Teufel ging, war schon eine bitterböse Sache. Der LI hatte Junker schon den Vorschlag gemacht, nach Batavia zurückzumarschieren.

»Unsere Ersatzlaufbuchsen haben wir schon eingebaut, weitere haben wir nicht mehr. Mit dem jetzigen Schaden können wir zwar noch laufen, aber was, wenn weitere Ausfälle folgen...! Dann schafft das Boot nicht mehr seine Höchstgeschwindigkeit, dann werden wir nicht mehr in notwendig kurzer Zeit aufladen können, wenn wir erst im Nordatlantik stehen...«

»Sehe ich alles ein, LI. Aber wenn wir jetzt kehrtmachen, dann legt man uns das zu Hause als Kneifen aus. Daß der Krieg in diesem Jahr, ich behaupte in einigen Monaten, zu Ende geht, das sieht auch ein Blinder. Wir können nur beten, daß wir von weiteren Pannen dieser Art verschont bleiben.«

Aber dann ging noch die dritte, die vierte, die fünfte und auch noch die sechste Laufbuchse in die Knie. Sie waren an Bord darüber klar: ›Wenn das so weitergeht, können wir einpacken. Dann müssen wir das Boot irgendwo in Afrika oder in Brasilien auf Strand setzen und in die Luft jagen, denn Hilfe gibt es nun weit und breit keine mehr.‹

Aber das Wunder geschieht. Von da an tritt kein weiterer Laufbuchsen-Defekt mehr auf.

U 532 hat drei Torpedos in den Rohren. Zwei A-Tos und einen E-To, jenen, den sie in Kobe auseinandergenommen hatten, um seine Batterie zu überholen. Dabei rutschte der wichtigste Teil dem Mixer aus der Hand. Beim Herausschieben fiel der Batterie-Trog auf die Flurplatten. Sie haben ihn dann zurechtgebogen, zurechtgeflickt und in den Aal wieder hineingeschoben. Ob der jemals und überhaupt noch funktioniert? Der Mixer versichert es immer wieder. Er hätte auch mit seinen japanischen Kollegen darüber gesprochen, die gleicher Ansicht seien.

Als sie zwischen der Fernando de Noronha und den St.-Pauls-Felsen in den Abendstunden einen 7000-BRT-Tanker in Sicht bekommen, läßt Junker sicherheitshalber die beiden A-Tos feuern, dem E-To traut er nicht. Sie trafen, und sie beobachteten noch das Absaufen des Frachters. Es dauerte ganze 15 Minuten. Um die Überlebenden kümmern sie sich nicht. Sie dürfen es auch laut BdU-Befehl: ›Triton Null‹ nicht mehr [28]. Alles ist auf Sicherheit abgestellt. Nur kein unnötiges Risiko eingehen. Die Hauptaufgabe lautet: Das Boot mit den wertvollen Rohstoffen und vor allem mit einer gesunden Besatzung nach Hause zu fahren.

Es ist Ende März, als U 532, ohne auch nur einmal auf die Taste zu drücken, die Höhe der Kap Verden erreicht hat. Der Obersteuermann, sonst verantwortlich für die Mittelwache, ist krank geworden. Damit die beiden WO's wenigstens einmal länger als vier Stunden durchschlafen können, vertritt ihn der Kommandant. Auch in dieser Nacht vom 26. zum 27. März. Der Smut hat soeben die Kanne mit dem Mittelwächter* nachfüllen lassen, wie immer kurz vor 2 Uhr, da zuckt die seemännische Nummer 3, bestes Nachtauge auf U 532, zusammen. Was der Bootsmaat seinem Kommandanten zeigt, als dieser durch sein Nachtglas endlich in der gewiesenen Richtung etwas achterlicher als querab etwas zu erkennen glaubt, ist ein Schatten von ungewöhnlich großen Ausmaßen.

Ein Tanker, mindestens 18 000 BRT groß**.

Es wurden während der Unternehmungen der ›Monsuner‹ und auch sonst so viele Schiffe versenkt, daß es sich eigentlich erübrigen dürfte, hier näher darauf einzugehen, wenn nicht die Tatsache für diesen Kommandanten und dessen blutjunge Besatzung spräche, daß dieses Boot dennoch einen Angriff fährt,

obwohl es als Rohstofftransporter eingesetzt worden ist,

obwohl jeder an Bord der felsenfesten Überzeugung ist, daß der Orlog so oder so zu Ende gehen wird,

trotz der allen bekannten, für die Grauen Wölfe so prekären, für die Boote der alten Typen nachgerade tödlichen Situation im Atlantik.

Es ist eine wundervolle Vollmondnacht. Die See ist kaum bewegt.

›Den über Wasser abzunehmen — bei diesem Licht —, ausgeschlossen‹, überlegt Junker. Er hebt die Hand. Das Signal zum Alarmtauchen. Die Bedingungen für einen Unterwasserangriff dagegen sind ungewöhnlich günstig. Nur muß alles sehr schnell gehen. Das auflaufende Gegnerschiff — es ist tief beladen — hat Kurs auf Gibraltar. In genau 23 Minuten marschiert es in den Vorhaltewinkel der Schußentfernung ein.

* Besonders starker Bohnenkaffee für die Mittelwache in der Nacht.
** Lt. Aussage Kommandant.

›Der ist ja viel schneller, als ich annahm . . . der macht ja seine 14 Knoten!‹ Junker will den Angriff schon zurückpfeifen, aber das wäre das drittemal auf dieser Reise, daß seine Männer das Boot umsonst schußklar gemacht hätten. Er meint, das vielsagende Grinsen seiner Seeleute zu sehen: Na ja, der alte Alte, schön, schön . . . Sie haben sich an ihn gewöhnt, sie respektieren, sie achten ihn, sie verdanken seiner blitzschnellen Reaktionsfähigkeit sogar ihr Leben. Aber es ist nun einmal ein entschuldbarer Charakterzug der Jugend, auch einmal draufgängerisch, unüberlegt handeln zu dürfen. In einer Situation wie dieser würden sie ihren Kommandanten wahrscheinlich nicht verstehen, wenn er den Angriff ›auf Null machen‹ läßt.

Also 'raus mit dem E-To. Zwei Minuten, drei Minuten vergehen. Drei Minuten sind eine sehr lange Zeit für 56 klopfende Herzen. Und drei Minuten bedeuten bei elektrischen Torpedos das Ende der Laufstrecke, einer ordnungsgemäß geregelten Laufstrecke jedenfalls. Aber dieser Aal ist im Sinne des TEK [29] eigentlich gar nicht mehr ordnungsgemäß geregelt. Er hat außerdem diesen Puff bekommen — damals in Kobe.

Unten aus der Zentrale rief es schon vor Sekunden der IIWO in den Turm hinauf: »Zeit ist um.«

Nun sagt auch Junker auf seinem Sehrohrblock, die Augen an das Okular gepreßt, leise, aber ohne Resignation: »Der ist vorbei.« Gerade schickt er sich an, aufzustehen. Er will seinem IWO Platz machen, der soll sich den davonstampfenden Riesenburschen auch einmal ansehen. Da hören sie eine fürchterliche Detonation.

Als der Kommandant durch das Sehrohr blickt, steht das Tankerheck bereits in hellen Flammen.

Junker läßt auftauchen.

Das FuMB meldet prompt ›Nachtluft‹, wahrscheinlich Trägerflugzeuge.

Der Tanker funkt noch immer, er alarmiert, was nur irgendwie in der Nähe ist.

Aber im Boot wollen sie das Absaufen abwarten. Sie wollen die Bestätigung mit nach Hause nehmen . . .

Vom Achterschiff, wo der Torpedo eben noch traf, fressen sich die Brände nach vorn. Von Zelle zu Zelle. Jede Viertelstunde läßt eine neue Detonation die Nacht erbeben, immer, wenn sich der Inhalt einer weiteren Zelle entzündet. Im Umkreis von mehreren Meilen brennt das aus dem aufgerissenen Achterschiff ausgelaufene Öl. Zwei, oder sind es drei Rettungsboote, versuchen, der sich rasend schnell ausbreitenden Feuerwand zu entrinnen. Ein gräßliches Schauspiel, dem sie tatenlos zusehen müssen, gebannt, entsetzt, aber doch hilflos. Denn helfen hieße, mit dem U-Boot in diese brennende Fläche hineinzulaufen. Das würde notwendig machen, Männer an Deck zu schicken. Und das ist gleichbedeutend damit, die Tauchbereitschaft des Bootes zu vermindern. Und diese darf auch nicht um eine Zehntelsekunde geschmälert werden.

Gerade, als Junker den Befehl geben will, wegen der bevorstehenden Dämmerung auf Tiefe zu gehen — es ist inzwischen eine Viertelstunde vor 4 Uhr geworden —, werden zwei Flugzeuge mit Infrarot-Scheinwerfer beobachtet. Der IWO, der den Luftausguck versieht, meldet es jedenfalls so. Sonderbarerweise schwenken aber beide Maschinen wieder ab. Offenbar haben sie, geblendet von dem rotgelben Flammenmeer, das U-Boot nicht gesehen. Es läuft zudem mit sieben Knoten Fahrt. Die Schraube wirbelt kein verräterisches Heckwasser auf.

Als sie tauchen, schwimmt der Tanker zwar immer noch. Aber er brennt nun von vorn bis achtern. Er treibt mit schon ziemlicher Schlagseite auf einem riesigen Teller glühender Lohe. — Er wird ausbrennen. Die Außenhautvernietungen werden unter der Glut aufbrechen. Das Schiff wird leck werden, absaufen. — Und die Besatzung? Nicht daran denken, nur nicht daran denken . . .

Für Junker gilt jetzt nur eins: Dem alarmierten Gegner, der auch im Mittelatlantik geradezu jeden Quadratmeter der See mit seinen Flugzeugen und ›Submarine-Killer-Groups‹ kontrolliert, in den nächsten Tagen keine, aber auch nicht die geringsten Anhaltspunkte für die Anwesenheit eines U-Bootes zu geben.

Spüren die Alliierten eine dieser Naziröhren aus der Luft und auf See erst auf, gibt es kein Entrinnen mehr. Sie werden sie hetzen und jagen. Und wenn sie das U-Boot nicht mit Flibos oder Wabos vernichten — es wird auftauchen müssen, wenn die Batteriekapazität aufgebraucht oder wenn der Sauerstoff an Bord verbraucht ist.

Aber sie erwischen den Angreifer nicht. So gründlich und massiert sie auch im Bereich der Tanker-Katastrophe suchen und orten.

Junker hat sich einfach unter Wasser treiben lassen. Sechs Tage lang. Er hat keine Maschine angerührt.

Er ist nur von der zweiten Nacht an eine Stunde vor Hellwerden aufgetaucht, für zehn bis fünfzehn Minuten, nur, um das Boot durchzulüften. Dann ist er wieder in den Keller gefahren, hat die Maschinen wieder stoppen lassen, wohlbemerkt, vollends stoppen lassen, damit er überhaupt keinen Verbrauch an Batteriesaft hat.

Und U 532 hat Glück, sehr viel Glück. Das Boot, das der LI auf ungefähr 100 m eingesteuert hat, treibt zwischen Wasserschichten auf einem in nördlicher Richtung versetzenden Strom.

Bereits in der dritten Nacht, als der Kommandant während des kurzen Auftauchens bei klarer Sicht ein Besteck nehmen kann, wissen sie es, daß sie nach Norden geschoben werden.

Junker dazu heute:

»Hier hat sich die an Bord befindliche Stromkarte, nachträglich gesehen, bestätigt. Wir sind während dieser sechs Tage 300 Seemeilen nach Norden getrieben. Bei unserem ›Schwebemarsch‹ kam es ja gar nicht darauf an, ob das Boot einmal auf 120 m durchsackte oder wieder auf 90 m stieg. Das war egal. Ein getauchtes U-Boot verhält sich ja im Grunde im Wasser wie ein wasserschwerer Balken. Und da wir nun sowieso in einer Gegend standen, in der man normalerweise nur in der Nacht zum Aufladen über Wasser marschierte und sonst getaucht fuhr, spielte unser Schweben ohnehin keine wesentliche Rolle mehr für ein schnelleres oder langsameres Vorwärtskommen.«

Auf U-Oesten, das, mit nur zwei Torpedos ausgerüstet, mit höherer Marschfahrt als U-Junker der Heimat entgegenackert, fehlen zwei Mann von der Stammbesatzung. O nein, ihnen ist nichts Arges zugestoßen. Weil so sonnenklar war, daß beim Auslaufen von U-Pich Verrat im Spiel war, hatte Stützpunktleiter Hoppe, wie vorher mit U-Schrewe, von dessen Versenkung sie im Stützpunkt zur Stunde noch nichts wußten, die Auslauftermine immer wieder fingiert. Man schickte auch von U 861 einen Teil auf Urlaub, rief sie plötzlich zurück. Und dann passierte gar nichts. Die Männer bekamen wieder Urlaub, wurden erneut zurückgeholt. Auf diesem Klavier spielten sie so lange, bis es wirklich ernst mit dem Inseegehen war und zwei Mann nicht mehr gewahrschaut werden konnten. Dennoch muß Oestens Auslaufen sofort verraten worden sein. Auf U 861 warteten in der Straße zwischen Bali und Lombock zwei amerikanische U-Boote. Nach dem Krieg hat Oesten in Belfast einen der amerikanischen Offiziere von einem der beiden Boote gesprochen.

Ein japanischer Zerstörer hatte U 861 bis in die Straße geleitet. Hier aber hatte Oesten einen Tieftauchversuch gemacht und den Zerstörer vorher entlassen. Er tauchte aber nicht wieder auf. Er blieb still in der Tiefe. Erst in der Nacht ließ Oesten anblasen und fuhr das Boot auf AK hoch ... gefolgt von einem der amerikanischen U-Boote.

»Es hat mich auf dem Weg in den Indischen Ozean noch drei Tage gesucht. Es hätte mich normalerweise auch gefunden, wenn ich nicht aus verschiedenen Gründen sehr hart nach Süden abgelaufen wäre. Ein Teil meiner Besatzung litt unter Dengö-Fieber. Besser als jede Medizin helfen hier, wie von unseren Ärzten im Stützpunkt und an Bord erprobt, klimatisch günstigere, also kältere Wetterverhältnisse. Das, nur das, war der Grund für den ungewöhnlichen Südkurs.« Und U-Oestens Rettung.

Das Millimeterpapier, in das der IIIWO und Obersteuermann Limbach nun schon seit 25 Stunden den Kurs und die Zacks des von U 181 beschatteten und verfolgten Tankers einträgt, ist schon so lang wie eine Rolle Toilettenpapier. Und noch immer müssen neue Streifen angeklebt werden.

Fregattenkapitän Freiwald hält den Zeitpunkt für einen Angriff noch nicht für gekommen. Nach seiner und auch des Obersteuermanns Rechnung werden sie bei des Gegners Marschfahrt erst in 30 oder 32 Stunden in günstiger Position stehen.

U 181, das am 19. Oktober als drittes Kampf-U-Boot als Rohstofftransporter in See gegangen war, hatte am 2. November auf dem Marsch in Richtung Kapstadt auf der Linie zwischen Aden und Australien nach einem der üblichen Prüfungstauchen einen Tanker in Sicht bekommen. Das Schiff hat Kurs auf Australien, es macht seine 18 Knoten.

Um den Gegner auszudampfen, muß sich U 181 schließlich in einem riesigen Bogen vorzusetzen versuchen. Dabei kontrollieren sie aus gehörigem Sicherheitsabstand des anderen Zackbewegungen. Diese, des Gegners und den Eigenkurs, zeichnet Limbach in feinen, hauchdünnen Linien auf das Spezialpapier. Die Zahlen der Uhrzeiten sind so akkurat, daß man meinen möchte, sie seien gedruckt. Dabei arbeitet und rüttelt und rumort das Boot in der See und unter dem Stampfen der vollaufgedrehten Dieselmotoren. Die E-Maschine ist zusätzlich auf die Welle geschaltet. Der Stabsobermaschinist legt den Rechenschieber nicht aus der Hand.

Noch ein bißchen mehr, noch einen hundertstel Knoten mehr Fahrt, ist sein Sehnen und Trachten. Hin und wieder steckt der LI den Kopf in den Maschinenraum.

»Geht's noch?«

»Muß, Herr Kaleu. Wenn der Alte noch die Kumpels mit den großen Ohren auf die Back schicken würde . . .«

»Ich weiß, zum Segeln . . .«, lacht der LI. »Das sagen Sie ihm lieber selbst. Sie wollen ja auch, daß wir den Burschen erwischen.«

»Schon, schon, aber . . .«

An einem der Diesel bricht eine Brennstoffzufuhrleitung. Öl spritzt in den Motorenraum. Zwei Dieselheizer legen eine Manschette um die Bruchstelle. Aber das Öl spritzt noch immer heraus. Die beiden umwickeln die Stelle mit Lappen und Werg und pressen das Dichtungsmaterial mit den Händen fest. Jetzt sickert das Öl nur noch tropfenweise durch.

So stehen beide Stunden um Stunden mit nacktem ölverschmiertem Oberkörper. Ihre fettig glänzenden Gesichter sind braunschwarz, das Weiße der Augen leuchtet gespenstisch heraus.

Der Obergefreite Trenn springt inzwischen von Lager zu Lager. Er mißt die Temperaturen, meldet diese dem Stabsmaschinisten, und dieser unterrichtet wieder den LI! Die Temperatur bewegt sich nun schon seit 25, nein jetzt seit 30 Stunden an der Grenze des äußerst Zumutbaren. Und meist ein bißchen darüber.

Oben stampft ein, wie sie schnell geschätzt haben, mindestens 10 000 BRT großer Tanker durch die See. Sein Kapitän wird sich zur Ruhe gelegt haben. Vielleicht sitzt er aber auch in seinem getäfelten Salon und schreibt einen Brief an seine Familie, dieweilen draußen der Zweite die Wache versieht. Wenn der Kapitän das Licht löscht, kann er den Zweiten von Backbord nach Steuerbord pendeln sehen. Er beobachtet, wie er die Ausguckposten kontrolliert, wie er ab und an selbst sein Glas in die Hand nimmt und die See absucht.

Nach der letzten Position sind sie eigentlich schon lange aus dem Gefahrenbereich heraus. Deutsche U-Boote? Aber woher? Hier unten ist schon mit gar keinem mehr zu rechnen. Aber besser ist besser, und Vorsicht ist auch bei einem britischen Seemann die Mutter der Porzellankiste.

Der Rudersmann hat Befehl, nach der Tafel 38 zu steuern, das heißt, der Generalkurs des Tankers wird durch minuziös festgelegte Zacks unterbrochen. Der Kapitän im Salon spürt es, wenn das Schiff nach Backbord oder Steuerbord abdreht. Er blickt auf seine Armbanduhr, dann in die Tafel. Stimmt   stimmt ganz genau. Es ist alles in Ordnung, in allerbester Ordnung. Er zieht die Verdunkelung wieder vor, knipst das Licht an und beugt sich wieder über das Briefpapier. — Wo war ich doch gleich stehengeblieben . . .

Exzentrale-Heizer Trenn stößt seinen Makker Fritz Ulbing, waschechter Schlesier aus Glatz, in die Rippen: »Du, wann meinst du, daß . . .«

»Wie üblich, denke ich.«

In der Tat, alle bisherigen Schiffe hat ihr Kommandant abends nach Dunkelheit angegriffen, wohl, so sind sie sich einig, weil die neue Wache noch verschlafen und nicht ganz da und die andere schon müde und unlustig ist. Welcher Seemann hat es gern, vom rosafarbenen Himmel seiner Urlaubsträume gerissen zu werden.

In der Zentrale ist die Rolle Millimeterpapier jetzt so dick geworden, daß Witze nicht ausbleiben. Gut, dieser Flachs, er möbelt ein bißchen auf. Limbach sind die Knie schon butterweich, den anderen nicht minder. In der Kombüse kocht der Smut eine Kanne ›Extra-Stark‹ nach der anderen.

Die Ruhe selbst ist Freiwald. Er ist seit dem Auftauchen auf dem Turm, hin und wieder zwängt er sich ins Boot, bespricht sich mit dem LI, unterhält sich mit dem Obersteuermann. Wenn sie sich über das Millimeterpapier neigen, sind die Rücken der bei-

den wie Stahlfedern gespannt. Überall im Boot ist diese über-
menschliche Anstrengung fühlbar. Auch in den Motoren.

Gegen neun Uhr abends läßt Freiwald den Tanker auf sich zulaufen. Vom Turm kommt an die Zentrale und für alle im
Boot: »Anlauf beginnt.«

Jeder weiß, jetzt dauert es noch drei, vier Minuten, dann . . .
Jetzt, jetzt fährt der Ahnungslose noch zwei Minuten auf altem
Kurs, dann wird er nach den inzwischen ermittelten Zackunter-
lagen drehen.

Genau in die Schußposition hinein.

Es läuft ab wie ein Uhrwerk. Der Torpedo trifft. Der Tanker
stoppt, aber er sinkt nicht. U 181 umschleicht ihn im Abstand
wie eine Katze einen heißen Brei, denn Freiwald will den anderen, den letzten der beiden Aale, die er an Bord hat, nicht opfern.
Aber die Zehnkommafünf ist nicht mehr an Bord, und die Dreikommasieben wird nach dem zehnten Schuß die obligatorische
Ladehemmung haben. Es mit den Zwo-Zentimeter-Zwillingen versuchen . . .? Witzlos. Die da drüben sind armiert wie ein Hilfskreuzer. Vorn eine Fünfzehner, achtern ein ähnliches Kaliber.

Schließlich muß der letzte Aal vollenden, was der erste nicht
schaffte. Den gestopten Gegner zu treffen, ist keine Kunst. Er
schwimmt wie auf einem Präsentierteller. Freiwald kümmert sich
um die Rettungsboote. Die Auskünfte der Überlebenden sind
unklar und widersprechend. Erst später erfahren sie, daß es sich
um den 10 198 BRT großen amerikanischen Turbinentanker *Fort
Lee* gehandelt hat.

Später hören sie auch, daß eines der Rettungsboote nach einer
Fahrt von 84 Tagen an der Ostküste Javas angetrieben sei. Der
eine der Insassen starb nach der Bergung, der andere kam nach
langer Leidenszeit durch.

Unmittelbar nach dieser nervenzehrenden Jagd meldet der Ober-
stabsmaschinist seinem LI den ersten Lagerschaden. Ein weiterer
tritt hinzu. Es werden immer mehr. Auf der Höhe von Kapstadt
geht U 181 auf Gegenkurs, in Höhe der Kokosinseln versorgen
sie U 843 mit dem nun überschüssigen Öl. Die Versorgung endet
genau am Heiligen Abend. Die Ölabgabe aber bedingt, daß das
ganze Boot umgetrimmt werden muß. Die Barren aus Wolfram

und Molybdän ruhen in den Bilgen im Schlick und Ölwasser. Jeder dieser Klötze wiegt gut einen halben Zentner. Ihn herauszuheben heißt, erst einmal die Fingerspitzen unter das Metall schieben, um ihn ein wenig anzulüften. Die Flüche der Männer stehen nicht im Duden, nicht einmal im Seemannswörterbuch.

Also zurück nach Singapore.

11

Heimkehr kurz vor Toresschluß

Den Maschinenschaden auf U 181 zu beheben, wird Wochen dauern. U 862, Timms Boot, muß ebenfalls überholt werden. Es soll dann, wenn alles gutgeht, Mitte Mai als Rohstoffboot in die Heimat gehen. Hier kommt es wohl zur einzigen engeren, wenn auch nur geplanten militärischen Schulter-an-Schulter-Zusammenarbeit zwischen Gelb und Weiß.

Auf Bitten der Japaner soll U 862 an Madras vorbeischeren und japanische Agenten absetzen. Das Schlauchboot für diesen gefährlichen Ausflug bekommt U-Timm lange vorher an Bord. Es ist ein großes Boot, das sogar eine Beseglung führt und unter der Brücke verstaut wird. Die Agenten selbst sollen erst kurz vor dem Auslaufen, in der Mainacht, an Bord geschleust werden ...

Nordwärts, immer nordwärts, den Passat im Rücken, pflügen die anderen Rohstoff-Boote der Heimat entgegen. Oft, wenn sie unter Wasser stehen, hören sie Donnergrollen, manchmal nah, manchmal fern.

Der ganze Atlantik ist ein Schlachtfeld.

Nur wer auch Glück, viel Glück hat, entwischt.

U 861, Oestens Boot, bleibt Fortuna auch weiterhin treu. Sie rammen zwar einen Eisberg, als sie sich dicht unter Grönland entlangtasten, aber die Schäden sind unerheblich.

Mit nur einem Kubikmeter Öl in den Treibstofftanks läuft U-Oesten in Drontheim ein ...

Durch die orkanüberbrauste Dänemarkstraße und das Eismeer hat auch U 843 unter Kapitänleutnant Herwartz, den sie Bully nennen, am 2. April Norwegen erreicht. Für jeden Seemann Blumen und für jeden einen Kuß von Schwestern des Roten Kreuzes. Heringe mit Pellkartoffeln sind der Besatzung Begrüßungsmahl im Hafen von Bergen. Es war der Wunsch von allen.

Sie haben sich dann über Stavanger bis nach Christiansand durchgeschlagen, und sie sind am 8. April dann auf die letzte Strecke der 16 000 Seemeilen langen Reise gegangen, auf die allerletzte für die meisten der Besatzung.

Im Kattegat, nordöstlich von Fredikshaven ...

Das Wasser unter dem Kiel, mit den Wolframerz- und Zinnbarren als Ballast, ist hier im minenfreien Weg nicht tief genug, um sich bei Fliegersichtung in die schützende Tiefe zu verholen, vorausgesetzt, die Bienen werden rechtzeitig erkannt. Aber dafür sorgen die Männer der Brückenwache schon. Sie halten ihre gummibeschlagenen Gläser ohne Handschuhe in den Händen. So warm ist ihnen bei dem Gedanken an Deutschland, an Kiel, an die Mutti, an die Eltern ...

Genau 16.15 Uhr fegt aus der grauen Wolkendecke eine Moskito heraus. Der WO schreit: »Alarm!« Die Flak schießt aus allen Rohren. Aber der Tommy fällt nicht. Aus seinen Tragflächen zucken Mündungsfeuer. Um das U-Boot brechen kleine Fontänen wie Perlschnüre aus der See. Dazwischen dröhnt es, wenn sie Stahlfetzen aus der Brückenverkleidung heraustanzen. Die Moskito braust ab, dreht. Sie wagt einen neuen Anflug. Tief, eben über die See hüpfend, jagt sie heran, direkt in den Feuerwirbel der U-Boot-Flak hinein.

Und keine Granate trifft tödlich. Was ist los? Sind die Männer in ihrer Vorfreude auf die Heimat durchgedreht?

In dem gleichen Augenblick, da aus dem Turm für den Kommandanten ein FT gemeldet wird, wendet sich der Brite endgültig ab.

Das eingekommene FT warnt Herwartz vor Moskitos im Oslofjord. Mit einer von diesen 45 hatten sie sich soeben herumgeschlagen. Es fielen keine Bomben, aber die Granaten hinterließen Schäden.

Die Meldungen gehen Schlag auf Schlag ein. Alles Hiobsbotschaften: Heckraum macht Wasser — Rudermaschine ausgefallen — E-Maschine brennt ...

Herwartz läßt den Heckraum räumen. Den Brand in der E-Maschine löscht der LI mit seinen Männern. Aber auf das Handruder reagiert das Boot nicht. Das Heck hängt tief in der See. Vielleicht liegt es daran. Herwartz gibt Befehl, den Heckraum durch Preßluft zu lenzen. Voraus, aber schon hoch über der Kimm, ist ein kleiner Geleitzug in Sicht gekommen.

Ein Vorpostenboot sichert einen kleinen Tanker.

»Nimm mal Signalverkehr mit dem VP-Boot auf«, sagt Herwartz zu dem Obergefreiten hinter sich. Die anderen auf der Brücke atmen auf. Verdammter Mist, daß das Ruder ausfallen mußte, aber wir sind ja nicht allein hier, da sind Kameraden, die uns helfen.

Wie gesagt, sie standen im minenfreien Weg, als die Biene angriff. Sie haben bei dem Abwehrfeuer Manöver gefahren. Der Obersteuermann hat jede Kursänderung in die Karte eingetragen, in eine Seekarte mit wieder vertrauten Namen und Zeichen. Aufpassen — nicht zu nahe an die Teufelseier unter der Wasseroberfläche heran ...

Genau in diesem Augenblick knickt es den Männern auf dem Turm und dem Wintergarten die Knie ein. Sie werden gegen das Schanzkleid und die Reling geschleudert. Sie verlieren den Boden unter den Füßen. Sie sehen den schwarzgrauen Bug ihres Bootes steil in den Himmel ragen. — Für Sekunden. — Dann ist er weg [30].

Zwölf Mann treiben auf ihren Schwimmwesten dort auf, wo Öl und Luftblasen aus der See heraufblubbern. Kein einziger Mann aus dem Bootsinnern ist dabei. Die, die überlebten, fischt das Vorpostenboot heraus.

In Kiel bedrängt Kapitän Herwartz Konteradmiral Godt, Chef der Operationsabteilung beim BdU, doch Hebefahrzeuge herauszuschicken.

»Von den 46 Mann müssen noch welche leben, Herr Admiral. Das Boot liegt auf flachem Wasser.«

»Bedaure, Herwartz. Bei dieser Kriegslage ausgeschlossen.«

In Christiansund hatte Oskar Herwartz übrigens noch mit dem Kommandanten des für den Südostraum auslaufklaren Transport-U-Bootes U 234 gesprochen. Er und Johann-Heinrich Fehler sind Crew-Kameraden, aber den Jagdschutz, den U 234 gegen die alliierten Bienen auf seinem Auslaufweg braucht, den kann ihm auch der General der Flieger Kessler nicht beschaffen. Kessler ist mit seinem Stab bei Fehler eingestiegen. Er hat einen Sonderauftrag in Japan zu erfüllen. Mit dem General sind noch zwei Offiziere vom OKM, zwei Ingenieure von Messerschmidt und zwei japanische Schiffbauoffiziere Gast auf U 234. Es sind die beiden Japaner, Tomonaga und Tetsuchiro Emi, die Musenberg 1943 im Indischen Ozean auf U 180 übernahm. Vollgestopft mit deutschen Erfahrungen, mit den geheimsten deutschen Plänen und Methoden schwimmen sie nun, in den ersten Maitagen, auf U 234 im nördlichen Atlantik ihrer so fernen Heimat entgegen.

Das Stichwort ›Regenbogen‹ macht auch diese Hoffnung brutal zunichte. Auch Fehler hat Befehl, eine schwarze Flagge zu setzen und Kurs auf den nächsten alliierten Hafen zu nehmen. Er funkt seine Position.

Der Schiffbau-Korvettenkapitän Tomonaga bittet um eine Unterredung.

Er ist ernst. Sein Gesicht ist grau wie der Frühjahrshimmel über dem Atlantischen Ozean.

Der deutsche U-Boot-Kommandant möchte doch bitte den Hafen eines neutralen Landes anlaufen, etwa den einer portugiesischen Insel hier im Atlantik.

»Es ist des Tennos unumstößlicher Befehl für uns, niemals lebend in die Hände der Feinde zu fallen.«

Des Japaners Worte kommen tonlos von seinen Lippen. Er sagt weiter:

»Sie verstehen, Japan ist noch im Krieg mit Amerika und England.«

Fehler bedauert. Seine Offiziere versuchen, die beiden japanischen Gäste zu beruhigen. Die Meinungen unter der Besatzung sind gespalten, denn die Azoren sind nicht weit. Schließlich sind die Japaner noch immer Bundesgenossen. Noch ist die deutsche Kapitulation nicht ausgesprochen.

Bevor U 234 am 16. Mai in den englischen Hafen Portsmouth einlaufen kann, haben sie auf dem Boot noch eine traurige Pflicht zu erfüllen: Sie müssen die sterblichen Überreste der beiden japanischen Kapitäne der mitleidlosen See übergeben. Niemand auf U 234 konnte die blitzschnellen Bewegungen des Harakiri der beiden verhindern.

Tomonaga und Tetsuchiro Emi entleibten sich selbst. Sie bettelten nicht, als Fehler bedauerte. Sie baten aber auch kein zweitesmal.

Über die Heimfahrt von U 510 lassen wir den Kommandanten, den heutigen Wirtschaftsprüfer und Dipl.-Kaufmann Alfred Eick in Bielefeld selbst erzählen:

»Da ich keinen Schnorchel besaß, hatte es mir der BdU freigestellt, einen französischen Hafen anzusteuern. Kurz vor dem Einlaufen geriet ich in die schweren Angriffe auf die Festung Gironde-Nord. Es war ein fürchterliches Dröhnen und Rumoren an diesen Tagen. Ich habe mich in die Bucht von Bilbao verholt und tagsüber auf Grund gelegt. Wir haben erst mal ausgeschlafen. Nachts sind wir in der Bucht dicht unter Land umhergefahren und haben es uns gemütlich gemacht, bis wir über Funk erfuhren, daß sich die Lage um die Festung nun wieder beruhigt habe. Wir hörten es auch, das heißt, wir hörten nichts mehr, was uns vorher so beunruhigte.

Die Fahrt entlang der spanischen Küste war für uns U-Boot-Fahrer, wenn man von See kam, stets ein besonderes Erlebnis. Es roch hier immer nach Kastanien, und es duftete nach spanischen Frauen. Genauso wehmütig und sehnsüchtig stimmte es, wenn man in der Nacht am schillernden Lichtermeer von San Sebastian vorbeifuhr.

Ja, ich bin dann also eingelaufen in St. Nazaire, und wir sind dort sogar friedensmäßig empfangen worden. Die alten Mädchen waren auch noch da. Die Verpflegung war gut, die Unterbringung war gut. Nur ging die Sache dann sehr schnell zu Ende. Am 10. Mai wurden wir von den Franzosen in Empfang genommen. Am Anfang war die Behandlung sehr gut, was aber dann folgte ... Schwamm darüber.

Auch die Franzosen sind keine Engel.

Ach ja, vor Gibraltar bekam ich noch ein paar Dampfer vor die Rohre, genauso, wie es sich ein U-Boot-Kommandant immer erträumt. Der Mond ging hinter den Frachtern auf, und ich selber stand im dunklen Sektor. Ich brauchte nur zu sagen ›Torpedo los‹. Schon wär's passiert gewesen. Aber ich hatte keine Aale mehr. Die beiden alten Vögel, die man mir für den Rückmarsch an Bord gab, die habe ich schon vor Kapstadt verschossen. Da habe ich noch einen Einzelfahrer versenkt.

Vielleicht war es ganz gut so, daß ich keine Torpedos mehr hatte. Der Krieg war ja praktisch zu Ende.«

Liverpool, am 17. Mai 1945. Auf dem Mersey.

Der britische Admiral schüttelt den Kopf. Er, der bedeutend größer ist als der kleine, schmächtige U-Boot-Kommandant, muß auf den Deutschen hinabsehen. Sein Blick ruht forschend auf dem bärtigen, von Anstrengungen und Verantwortung gemeißelten Gesicht des deutschen Fregattenkapitäns.

»Sagen Sie, Captain Junker, Sie wollten also allen Ernstes aus Batavia kommen? Sie haben den Indischen Ozean und dann den Atlantik ohne eine einzige Feindberührung passiert? Das ist doch unmöglich. Das gibt es nicht.«

»Da müßte ich Sie fragen, wie es möglich war, daß Ihre Abwehr mich nicht geortet hat. Ich bin jedenfalls da. Und das ist für mich und meine Männer die Hauptsache.«

»Und Sie erhielten keine Wasserbomben? Sie nahmen nirgendwo einen Schaden?«

»Nein. Allerdings verlor ich einen Mann. Fünf Stunden vor Liverpool hob ihn eine besonders schwere See von der Brücke. Wir fanden ihn nicht wieder.«

Das ist der einzige Mann überhaupt, den Junker je verlor.

Der Engländer steigt, von seinen Stabsoffizieren gefolgt, in U 532 ein. Er muß sich überzeugen lassen; dieser Kapitän sagt die Wahrheit.

»Und wo haben Sie Ihren Schnorchel?« möchte ein älterer Stabsoffizier wissen.

»Ich sagte Ihnen ja, ich bin vor zwei Jahren nach Asien ausgelaufen, da gab es noch keinen Schnorchel.«

Der britische Kapitän will und kann es immer noch nicht begreifen, eher schon, daß dieser deutsche U-Boot-Kommandant noch auf See alle Geheimunterlagen, alle Schlüsselmittel und auch das Maschinenlogbuch vor der Übergabe vernichten ließ.

»Und wo standen Sie am Tag der Kapitulation?«

»Nördlich von Schottland. Ungefähr 500 Seemeilen vor Norwegen.«

U 532 sollte gemäß BdU-Befehl Drontheim anlaufen. Als Junker aus der Heimat das FT erhielt, jegliche Kampfhandlungen einzustellen und das Boot dem ehemaligen Gegner in betriebsklarem Zustand zu übergeben, haben sie wohl in der Messe darüber nach Möglichkeiten gesucht, das Boot verschwinden zu lassen — es vor der Küste eines neutralen Landes zu versenken. Aber wo war in dieser Nähe neutrales Land?

Ottoheinrich Junker erinnert sich: »Das Risiko, bei einem solchen Versuch einen Teil oder alle Besatzungsmitglieder zu verlieren, schien mir zu groß. Unsere Schwimmwesten waren durch den zweijährigen Aufenthalt in den Tropen praktisch keine Rettungsmittel mehr. ›Nein‹, sagte ich mir, ›das ist die Sache nicht wert.‹ Und der Makel, daß ein Kommandant sein Boot oder Schiff nicht übergibt, ist ja im Endeffekt durch die Auslieferung der Kaiserlichen Flotte nach Scapa Flow illusorisch geworden. Mir schien klar, daß dieser Übergabebefehl unter gewissem Feinddruck gestanden haben mag. Auf der anderen Seite aber war ausdrücklich erwähnt — und das war entscheidend —, daß bei Zuwiderhandlungen mit Repressalien gegen die deutsche Zivilbevölkerung gerechnet werden mußte, ein Druckmittel, gegen das kein anderes Argument ankam.«

Gezögert hat der Kommandant von U 532 allerdings. — Als sie Anfang Mai in das Seegebiet des berüchtigten Rosengartens einliefen, in eine unheimliche Landschaft, die von Hunderten und aber Hunderten, vom Gegner prophylaktisch geworfenen Wasserbomben erdröhnte, als sie Tag und Nacht, Stunde für Stunde, in dieser an den Nerven zehrenden Akustik schwebten, hatten sie das Stichwort ›Regenbogen‹ empfangen. Am 8. Mai, 6 Uhr, sei die Stichstunde.

Junker richtete sich noch nicht danach. Er wartete bis zum 10. Er wollte ganz sichergehen, denn der Gegner, so überlegte er, könnte ja auch mit einem Bluff aufwarten.

Als am 8. Mai, Punkt 6 Uhr MEZ, diese makabre Wabo-Geräuschkulisse erstarb und als am 10. detaillierte Weisungen über das weitere Verhalten noch in See stehender U-Boote eingingen, war sich der Kommandant vom Monsun-U-Boot U 532 darüber klar: Das Ende war wirklich da. — Und als Trost verblieb ihm die Erkenntnis: ›Du hast zwar keinen deutschen Hafen mehr erreicht, du hast aber dein Boot und deine Männer heil über diesen schrecklichen Krieg hinweggebracht.‹

Tage später wird Fregattenkapitän Junker in das Verhörlager Wildenpark gebracht. Er soll über die japanischen Verhältnisse im Südostraum aussagen.

Die Engländer eröffnen das Gespräch:

»Wir haben Sie hierher geholt, weil auch ein Teil Ihrer Besatzung hier ist. Diese Männer erklären: sie sagen nichts. Der Kommandant, also Sie, hätten ihnen das verboten.«

»Das freut mich. Daß eine U-Boot-Besatzung auch nach der Kapitulation soldatisch korrekten Befehlen folgt, ist doch Erklärung genug.«

»Aber der Krieg ist doch nun zu Ende ...«

Was die Verhöroffiziere wissen wollen, ist verständlich: Alles über die japanischen Befestigungen des Uferlandes von Südmalaya, Java und Sumatra, über die Truppenstärken, Flugplätze, Hafenbelegungen ...

»Meine Herren, damit Sie klarsehen, ich weiß gar nichts. Ich habe vergessen, was für Sie von Interesse sein könnte. An eines aber erinnere ich mich genau, daran, daß bereits nach dem Ersten Weltkrieg alle jene deutschen U-Boot-Kommandanten auf der Schwarzen Liste standen, denen man nachweisen zu können glaubte, nach der Kapitulation noch gegen die Interessen der Siegermächte gehandelt zu haben. Denen, derer Sie habhaft werden konnten, denen haben Sie doch den Prozeß gemacht. Nicht wahr?«

Schweigen als Antwort.

»Und sehen Sie mal«, so fährt Junker fort. »Wenn ich nun Ihre mir so verständlichen Wünsche dennoch erfülle, so bleibt doch die Möglichkeit drin, daß sich inzwischen im Raum Singapore und Java einiges verändert hat. Nachher marschiert Ihre stolze Grand Fleet auf ein von den noch kämpfenden Japanern später gelegtes, mir aber nicht bekanntes Minenfeld drauf. Ich werde einen Kopf kürzer gemacht — und kann nicht mal was dafür.«

Die britischen Verhöroffiziere lächeln. Sie sind aber nicht mehr so frostig. Der eine springt plötzlich auf und tritt vor Junker hin.

»Sie sind doch aber mit Deutschlands Kapitulation von der Schweigepflicht entbunden.«

»Aber für die Japaner ist der Krieg eben noch nicht aus. Sie können von mir nicht erwarten, daß ich von unseren ehemaligen Kriegsgenossen jetzt einfach sage: Laß sehen, wie sie weiterkommen. Das geht gegen meine Einstellung. Sie würden nicht anders handeln.«

»Trotzdem. Warum aber machen Sie sich den Weg in die weitere Zukunft nicht leichter. Ausgerechnet Sie, Captain Junker.«

Vom Schreibtisch nimmt der Sprecher einen Aktenhefter auf. Er enthält alles, was die Britische Admiralität über den Seeoffizier Ottoheinrich Junker, geboren am 12. Juli 1905 in Freiburg im Breisgau, Crew 24, zusammentragen ließ. Und das ist sehr viel, wie der Umfang vermuten läßt.

Das ›ausgerechnet Sie‹ spielte ja darauf an.

Also wissen sie auch, daß Junker kein Freund des NS-Regimes gewesen ist. Gerade für ihn bieten sich also alle Möglichkeiten an, schnell nach Deutschland zu kommen, als Unbelasteter eingestuft zu werden — womöglich noch die Unterstützung der Militärregierung als Feind der Nazis in Anspruch nehmen zu dürfen . . .

Er braucht nur zuzugreifen.

Es sind gar nicht wenige, die sich in der Gefangenschaft auf diesen Dreh glänzend verstehen, die ihre Fahnen sehr schnell in den anderen Wind gehängt haben. Sie treten mit Füßen, was sie gestern noch angebetet haben, am lautesten jene, die vorher am lautesten schrien.

Für Junker aber ist diese seine Haltung letztlich auch eine Frage seiner Erziehung als Seeoffizier und — des Anstandes. Die Engländer respektieren dies. Sie lieben den Verrat, aber nie den Verräter. Als Junker geht, bieten sie ihm die Hand.

12

Das Sonnenbanner auf deutschen U-Booten

Und was geschah im Südostraum um diese Zeit, als in Europa endlich der Krieg zu Ende war?

Nach einem Spiegeleierfrühstück und einem säubernden Bad hat sich Willy Rinkel, Dieselheizer auf U 219, in der U-Boot-Unterkunft Telepetong in Batavia auf seine Koje hingehauen. Jetzt, während der Vormittagsstunden, sind die anderen Kumpels von der seemännischen Fakultät an der Arbeit, um U 219, das einzige U-Boot in Batavia, noch seeklar zu machen. Korvettenkapitän z. V. Walter Burghagen sieht die Lage Ende April 1945 glasklar: »Leute, wir sitzen hier in einer Mausefalle. Laßt sehen, daß wir hier 'rauskommen. Lieber in einer zertrümmerten Heimat als im Paradies hinter Stacheldraht.«

Für alle Fälle haben sie die Kanonen auf Land zu gerichtet, die Handfeuerwaffen klargelegt und an den Hauptflutventilen Sprengladungen angebracht. »Aber nur für alle Fälle! Für den letzten Fall! Macht keinen Mist, wir wollen ansonsten mit den Japanern keinen Krach kriegen«, hat Burghagen gewarnt.

Seit diesem Tag bleiben Tag und Nacht Männer von der Geschützbedienung an Bord.

Seit Wochen schuften sie in drei Schichten. Bei 50 Grad Hitze in der Röhre, nur mit der Badehose bekleidet. Einer nach dem anderen kippt um. Aber sie bekommen bei allem Eifer ihr Boot dennoch nicht klar.

Die Japaner versprechen, lächeln — aber sie liefern nicht.

›Komisch‹, geht es Rinkel noch kurz vor dem Einschlafen durch den Kopf, ›was wollte denn der IWO heute schon so früh? Es war doch stockdunkel, als er gegen drei Uhr morgens auf dem Boot auftauchte. Und nach ihm stapfte sogar der Alte, vom IIWO gefolgt, über das Fallreep hinweg.‹

Sonderbar, sehr sonderbar. Dann schläft der Dieselheizer Willy Rinkel ohne Übergang ein. Bis er im Unterbewußtsein Schritte, Stimmen und Rufe hört. Wilder Lärm macht ihn vollends wach. Es ist zehn Uhr. Die Besatzung schon zurück? Da stimmt doch was nicht...? Was schimpfen die denn da...? »Warum hat der Alte den Japsen nicht einen Schuß vor den Bug gesetzt: Bis hierher und nicht weiter! Weshalb hat er den Laden nicht hochgehen lassen...?«

Jetzt hellwach, tritt Rinkel zwischen seine fluchenden Kameraden. »Sei froh, daß du nicht dabei warst! Diese hinterlistigen Brüder...«

Das war geschehen: Burghagen hatte seine Besatzung plötzlich aus dem Boot befohlen. »Alles hochkommen. Auf dem Pier antreten. Es ist soweit.«

Als die Männer aus ihrer Röhre herauskrochen, sahen sie eine Kompanie japanischer Soldaten unter Gewehr angetreten. Vor der Front stand der japanische Konteradmiral Graf Maida. Dr. Hupfer, ein schon älterer ›aus der großen Seestadt‹ an der Pleiße, Leipzig, stammender Junggeselle, bis zum Kriegsbeginn Dozent an der Universität in Tokio, jetzt von der deutschen Marine als Dolmetscher in die Uniform eines ›Silberlings‹ gesteckt, übersetzte, was der stets deutschfreundliche Maida den Deutschen zurief:

Die Deutsche Wehrmacht habe kapituliert. Es bestehe eine Abmachung, wenn eine der beiden Nationen weiterkämpfe, müsse die andere ihr Kriegsmaterial übergeben...

Der Admiral versicherte, daß er wisse, welche Gefühle Seeleute bewegen, wenn sie ihr Schiff, ihre zweite Heimat, verlassen müßten, er hätte das im Ersten Weltkrieg als U-Boot-Kommandant in Port Arthur am eigenen Leib erlebt. U 219 würde nun von der japanischen Marine übernommen...

Burghagen hielt keine Gegenrede. Er ließ seine Männer stillstehen. Dann gab er den Befehl:

»Hol nieder Flagge.«

Die Japaner präsentierten ihre Gewehre. Der Admiral und der Korvettenkapitän grüßten.

Seinen Kommandantenwimpel hakte Burghagen mit eigenen Händen ab.

Japanische Kommandos. Das Sonnenbanner kletterte am Flaggenstock empor. Die Übergabe war vollzogen.

Ja, bis dahin war alles einigermaßen erträglich für die Männer von U 219 gewesen. Es war hart, aber immerhin ehrenvoll.

Was aber dann kam, begriffen sie erst nicht und gottlob für die Japaner viel zu spät. Sie mußten auf Lastwagen klettern, kaum waren sie oben, warfen die Japaner Netze über sie hinweg und braußten ab. Vier Soldaten mit aufgepflanztem Bajonett besorgten auf jedem LKW die Bewachung. Bis vor Minuten noch freundlich lächelnde Bundesgenossen, jetzt Männer mit steinernen, ausdruckslosen Gesichtern, die rechte Hand am Abzug ihrer Gewehre.

»Sieh 'raus, Willy Rinkel, da siehst du sie. Sie haben unseren Stützpunkt umstellt. Wir dürfen ihn nicht mehr verlassen.«

»Und unser Alter . . .? Ich meine, hat Kapitän Burghagen denn keinen Befehl gegeben, das Boot zu versenken?«

»Hat er eben nicht. Wer weiß, wozu das gut ist. Ist auch egal. Scheiße, wie kommen wir nun nach Hause?«

Daß diese scheinbar gewaltsame Übernahme der deutschen U-Boote in Südostasien vorher in Tokio zwischen der japanischen und der deutschen Marine abgesprochen worden war, darüber hatte Admiral Maida befehlsgemäß ausschließlich nur den Kommandanten unterrichtet.

In Singapore bittet in den ersten Tagen des Mai 1945 der japanische Flottenchef, Admiral Fukodome, den deutschen Chef im Südostraum und seine verantwortlichen Offiziere in den Flottenstützpunkt Seletar. Er macht die deutschen Offiziere mit der bevorstehenden Internierung vertraut. Seine Worte sind ohne Groll.

In Penang verabschiedet sich der japanische Stützpunktchef, Konteradmiral Ischioka, von den deutschen Offizieren. Er versichert, Japan würde den Krieg am Ende doch gewinnen. Es würde den tapferen deutschen U-Boot-Besatzungen im Südostraum die ferne Heimat von den verhaßten Amerikanern und Briten wieder zurückerobern.

Als er dies versichert, stockt der Admiral. Er vermag nicht weiterzusprechen. Er verliert die Fassung, und seine Augen füllen sich mit Tränen. Er bemüht sich nicht mehr, seine innere Regung zu verbergen.

Das ist für einen Japaner, von Kind auf erzogen, nie und in keiner Situation sein Gesicht zu verlieren, nie eine innere Regung zu zeigen, ein erschütterndes und dramatisches Bekenntnis wahrer Freundschaft und Achtung.

An Fregattenkapitän Dommes, Chef im Südostraum, schreibt der japanische BdU, Vizeadmiral Uozumi: »Begehen Sie, mein Freund, keine Unbesonnenheit. Es kommt nur darauf an, daß die geistigen Grundlagen erhalten bleiben.«

Keiner ahnt, welch eine grundlegende Wandlung Deutschen wie Japanern bevorsteht.

Daß der japanische Flottenchef in Seletar in den Tagen der deutschen Kapitulation einigen deutschen Offizieren, die er in ritterlichster Weise unmittelbar vor ihrer beabsichtigten Internierung zu sich gebeten hatte und im Beisein hoher japanischer Offiziere in ehrlichem Ernst die Wiedereroberung Deutschlands durch die japanische Wehrmacht in Aussicht stellte, berührt eigenartig. Er läßt erkennen, in welchem Maße selbst in diesen Kreisen Illusionen, Unterschätzung des Gegners und vollkommene Verkennung des Kräfteverhältnisses zu einer nahezu grotesken Fehlbeurteilung der politischen und militärischen Lage geführt haben.

Und in Japan? Hier ist der Bericht des Kapitänleutnants Kentrat, der nach Wiederherstellung seiner Gesundheit auf Betreiben von Admiral Wennecker den U-Boot-Stützpunkt in Kobe übernommen hat:

»Und dann geht das letzte FT vom BdU ein: ›Stichwort Regenbogen‹.

Es ist ein Schlag für uns alle. Wir können es nicht fassen. Wir treffen uns mit allen Kommandanten und beratschlagen. Übergabe oder Versenkung? Wir entscheiden uns einmütig: Die Boote sollen weiterkämpfen!

Also Übergabe.

Um in dieser Sache zu verhandeln, fahre ich mit dem Marinebefehlshaber von Kobe, einem Konteradmiral, zu dem für uns zuständigen Vizeadmiral in Osaka. Erschwerend ist, daß zwischen diesen beiden Offizieren obendrein ein äußerst gespanntes Verhältnis herrscht [31]. Der Konteradmiral aus Kobe ist ausgesprochen deutschfreundlich, der Kollege in Osaka denkt anders. Jedenfalls werde ich zu ihm sofort ins Zimmer gebeten, während der Konteradmiral draußen, auf dem Vorplatz, auf einer kleinen Bank Platz nehmen muß. Um wegen der in Japan lebenden Russen diplomatische Schwierigkeiten auszuschalten, verabredeten wir, die japanische Marine solle die ›Übergabe‹ mit ›Gewalt‹ vornehmen.

Unsere Besatzungen werden noch am späten Abend unterrichtet. Am nächsten Morgen erscheinen schwerbewaffnete Japaner an Bord der Boote. Sie führen jeden Mann unter Doppelbewachung in die Unterkünfte, die ebenfalls, wie verabredet, für drei Tage unter strengster Bewachung stehen. Daß unsere Männer diese Aktion mit seemännischem Humor genossen, sei am Rande vermerkt.

Nach Ablauf der Dreitagefrist werden diese Posten aber nicht eingezogen. Vorsprachen bei den örtlichen Stellen werden mit asiatischem Gleichmut abgetan. Was liegt denn nun an? Der Männer Humor ist wie weggeblasen.

Ich telefoniere mit dem deutschfreundlichen Konteradmiral. Wir fahren wieder nach Osaka. Die Begrüßung ist noch frostiger, dieweilen der Konteradmiral aus Kobe wieder auf der harten Bank vor dem Zimmer warten muß.

›Herr Admiral, warum wurden die Posten nach drei Tagen nicht eingezogen?‹

›Weil sie stehen bleiben sollen!‹

›Das entspricht nicht unseren Verabredungen!‹

›Deutschland hat seine Verabredungen auch nicht erfüllt!‹

›Darf ich dann wenigstens mit Admiral Wennecker telefonieren?‹

›Das ist zwecklos!‹

Nichts hilft, alles prallt an seinem unbeweglichen Gesicht ab! Unverrichteter Dinge müssen wir abziehen.

Jetzt aber kommt eine Überraschung für mich: Der Konteradmiral aus Kobe, der sonst stets auf der Vorzimmerbank saß, erwacht zu ungeahnter Aktivität. In Kobe fährt er mit mir von Unterkunft zu Unterkunft, von Hotel zu Hotel — überall dorthin, wo unsere Leute wohnen und bewacht werden. Er tritt auf jeden einzelnen Posten zu, spricht ein paar knappe, mir unverständliche Worte. Die Soldaten salutieren, sie nehmen ihr Gewehr und verschwinden. Ich befürchte das Schlimmste. Aber nichts, gar nichts geschieht nach der eigenmächtigen Handlung unseres Freundes.

Dieses Asien hat viele Gesichter . . .

Nach der deutschen Kapitulation haben wir versucht, die Unterkünfte unserer Männer auf den klimatisch besseren Rokko,

Rechts:
Wabos fallen.
Die Gesichter der
bärtigen U-Boot-
Männer sprechen
Bände.

Unten:
Alarm! Tauchen!
Der Dieselheizer
zeigt klar, daß er
die beiden Diesel
stoppt.

Oben: Geschafft. Mit seiner strategisch so wertvollen Ladung an Bord hat U 861 durch die Dänemarkstraße auch die letzte, schwerste Strecke der Reise durchgestanden. Mit fast leeren Bunkern lief es in den Hafen von Drontheim ein.

Unten links: Der Kommandant von U 861, Kapitänleutnant Oesten, bei der Begrüßung der Besatzung im Gespräch mit dem Flottillenchef. Auch hier sagen beide Gesichter mehr aus, als viele Worte es vermögen.

einen in den Bergen gelegenen Erholungsplatz, zu verlegen, vor allem, um den schweren Luftangriffen der B-47-Geschwader auf Kobe-Osaka zu entgehen. Wozu sollen wir uns, für die der Krieg aus ist, noch Gefahren aussetzen? Die Verlegung scheitert, weil die Japaner Spionage befürchten.

Wenn wir selbst auch nicht der Spionage verdächtigt werden, so gab es, wie wir später erfahren sollen, in Kobe tatsächlich eine sehr aktive deutsche Agentengruppe. Sie stand unter der Führung eines deutschen Kaufmannes. Über ihre Tätigkeit ist im Gegensatz zu dem hinreichend bekannt gewordenen ›Fall Dr. Sorge‹ noch nirgendwo berichtet worden ... Die Mitglieder dieser Gruppe luden auch unsere Männer gern und oft ein, um sie auszuhorchen. Ob mit Erfolg — oder nicht, wer weiß das heute zu sagen. Es ist aber ziemlich sicher, daß diese Gruppe auch den größten japanischen Flugzeugträgerneubau auf dem Gewissen hat. Dieser 50 000-Tonnen-Koloß war damals gerade fertig. Er lag in Kobe, vollkommen ausgerüstet, klar zur Indienststellung. Die Besatzung sollte erst am Tag danach einsteigen. Über einen Geheimsender ist der Termin der Indienststellung an die Amerikaner verraten worden. Am gleichen Tag erschienen Sturzbomber, sie versenkten diesen Riesen. Es war das letzte Werk dieser deutschen Agenten, wenig später wurden sie verhaftet und vor Gericht gestellt. Jeden Tag wurden dann auch unsere Männer beim Verhör dieser Gruppe als Zeugen geladen.

Die Mitglieder dieses Spionagerings wurden später zum Tode verurteilt. Fast unmittelbar nach diesem Prozeß kapitulierten die Japaner. Das Urteil wurde nicht mehr vollstreckt.

Doch soweit ist es noch nicht. Als der Agentenring jedenfalls erst einmal aufgeflogen war, versuche ich erneut, den Vizeadmiral in Osaka umzustimmen. Wie üblich, muß der mich begleitende Konteradmiral aus Kobe im Vorraum Platz nehmen. Der Vizeadmiral lehnt erneut ab, verspricht aber, sich die Sache noch einmal zu überlegen. Mir ist klar, daß er uns abschieben will, denn ein paar Tage später erhalten wir die Einladung, ein hinter dem Rokko im flachen Hinterland gelegenes Dorf zu besichtigen. Wir werden hier fürstlich empfangen, und uns zu Ehren veranstaltet man ein großes Hibatschi-Essen, gewürzt mit Unmengen Reiswein. Ich merke gleich, wohin der Hase laufen soll. Am nächsten Tage bin ich wieder in Osaka.

›Herr Admiral, es ist sicher, daß Sie diesen Krieg gewinnen werden. Aber er wird noch Jahre dauern. Wollen Sie uns nun zumuten, daß wir Europäer jahrelang in diesen japanischen, für uns unbequemen Unterkünften leben sollen?‹

›Herr Kentrat, ich glaube, Sie sind japanfeindlich!‹

Jetzt wird es ernst. Ich versuche ein letztes Mittel:

›Herr Admiral, Sie verstoßen gegen das Völkerrecht!‹

Davon möchten die Japaner nun gar nicht gern etwas hören.

›Wer verstößt gegen das Völkerrecht? Hat Deutschland nicht seinen Vertrag mit uns gebrochen? Ist es nicht von seinen Verpflichtungen uns gegenüber zurückgetreten?‹

›Herr Admiral, Sie beleidigen uns U-Boot-Männer. Wir haben unsere Pflicht, auch für Japan, getreu erfüllt.‹

›Warten Sie einen Augenblick!‹

Mit diesen Worten verläßt der Vizeadmiral den Raum, um bald danach mit einem Schriftstück zurückzukommen:

›Ich mache Sie hiermit mit einem Geheimbefehl des Tenno bekannt, der seinen ehemaligen Verbündeten anheimstellt, an der Seite Japans bis zum Endsieg weiterzukämpfen! Wie ist es damit?‹

Ich verzichte natürlich. Soweit mir bekannt ist, hat sich in unserem Abschnitt kein deutscher Soldat für die japanische Truppe verpflichten lassen.

Auf den Rokko kommen wir aber doch noch. Und zwar nach einem schweren Angriff auf Kobe, bei dem wir alles verloren, was wir besaßen. Ich sagte dem Vizeadmiral nun kurzerhand, wir hätten eine Genehmigung des Marineministeriums. Kein Wort war daran wahr. Aber der Bluff gelang. Es blieb mir keine andere Wahl, unsere Männer aus dem Gefahrenbereich herauszuschleusen, in dem sie der wenig deutschfreundliche Vizeadmiral belassen wollte.

Kurz nach dem Einmarsch der amerikanischen Streitkräfte erhalte ich Besuch durch den CIC:

›Warum haben Sie Ihre Leute bei der Vernehmung der deutschen Agenten als Zeugen abgestellt?‹

Da platzt mir der Kragen! ›Wir U-Boot-Fahrer haben während des ganzen Krieges unter allergrößten Entbehrungen unsere Pflicht getan. Und was diese Spionage-Sache anbelangt, so waren diese Männer Agenten und daher Verräter. Sie sind nach den

Gesetzen dieses Landes zum Tode verurteilt worden. Auch in Ihrem Lande werden Verräter und Agenten, wenn man sie erwischt, nach den dort gültigen Gesetzen bestraft. Was ist daran ungerecht? Was ist falsch? An meiner Stelle hätten Sie als Soldat und Offizier und als Amerikaner nicht anders gehandelt. Im übrigen habe ich jetzt keine Zeit mehr. Ich muß mich bei meinem deutschen Admiral melden. Würden Sie mich bitte entlassen?‹

Er tut es sofort.

Er bringt mich sogar mit seinem Wagen zum Admiral Wennecker hin.«

VIERTER TEIL

Die deutschen U-Boot-Operationen in Südostasien

Eine kritische Untersuchung über die Planung, Bedeutung und Erfolge

Mit dem Stichwort ›Regenbogen‹, dem Kapitulationsbefehl des BdU für die U-Boote im Mai 1945, endeten auch die deutschen U-Boot-Operationen in Ostasien. Historisch betrachtet, sind die Ergebnisse der Monsun-U-Boote, gemessen an den Rückschlägen an den anderen, bisherigen Fronten des U-Boot-Krieges, noch als befriedigend zu bezeichnen.

Nach den Meldungen der ›Monsuner‹ wurden etwa 170 Schiffe mit rund 1 000 000 BRT versenkt. Die Haupterfolge wurden in der ersten Phase der Operationen errungen.

Die Verluste waren hoch, zu hoch. Von den teilweise in mehreren Unternehmungen von Europa aus eingesetzten 45 deutschen U-Booten gingen bis zum Tage der Kapitulation 34 Boote = 76 Prozent verloren, vier wurden in den ostasiatischen Stützpunkten von den Japanern interniert, vier erreichten wieder die Heimatstützpunkte, und drei kapitulierten in See bzw. in einem westfranzösischen Hafen.

Von den versenkten Booten konnten nur in acht Fällen Teile der Besatzungen gerettet werden.

Ganz allgemein lassen die abnehmenden Erfolge im U-Boot-Krieg und die zunehmenden Verluste erkennen, wie die totale U-Boot-Bekämpfung des Gegners im Nord- und Mittelatlantik nun auch in den neuen Schwerpunktgebieten des deutschen U-Boot-Einsatzes mit zunehmendem Erfolg betrieben worden ist, also erst im Kap-Gebiet und dann im Indischen Ozean. Wesentlichen Anteil hatte die Verwendung des neuen Radar-Gerätes in den zur U-Boot-Jagd von den Landbasen und Trägern angesetzten Flugzeugen. Weiter die vollautomatische Funküberwachung, mit der auch Kurzsignale eingepeilt und ausgewertet wurden.

Während der U-Boot-Einsatz im Raum von Kapstadt noch im Winter 1942 und im Sommer 1943 pro Boot ein Erfolgsergebnis von ca. 35 000 BRT brachte, sank dieses Ergebnis bei der ersten Monsun-Gruppe auf ca. 15 000 BRT, bei der zweiten Monsun-Gruppe auf 14 000 BRT und lag beim Einzelbooteinsatz im letzten Kriegsjahr bei ca. 11 000 BRT.

Umgekehrt stieg die Verlustziffer. Während ein Versenkungsergebnis von 100 000 BRT mit einem halben eigenen U-Boot-Verlust im Kapstadt-Einsatz erzielt wurde, stieg die Verlustzahl bei der ersten Monsun-Gruppe auf fünf Boote und bei der zweiten Monsun-Gruppe und dem letzten Einsatz auf sieben Boote. Das zeigt, daß das Risiko, bezogen auf den gleichen Erfolg, sich mehr als verzehnfacht hatte.

Diese eindrucksvollen Zahlen dürfen nicht etwa zum Schluß führen, daß die Qualität der Kommandanten, deren Besatzungen und des Bootsmaterials gegen Ende des Krieges in diesem Seegebiet geringer gewesen wären. Es muß im Gegenteil darauf hingewiesen werden, daß gerade für den Einsatz im Indischen Ozean gleichbleibende, immer gut ausgebildete Boote abgestellt wurden. Die gegenseitige Abgrenzung zwischen deutschen und japanischen U-Boot-Operationsgebieten hat, um auch diesen Punkt zu untersuchen, zu keinen Schwierigkeiten geführt. Sie entfiel ab Herbst 1944 vollends, nachdem die wenigen, im Indischen Ozean eingesetzten japanischen Boote verlorengegangen oder zur Abwehr der amerikanischen Offensive in den Pazifischen Ozean verlegt worden waren.

Es muß aber betont werden, daß die Zusammenarbeit mit dem japanischen U-Boot-Führer im Südostraum, Vizeadmiral Uozumi in Penang, auf allen Gebieten des U-Boot-Einsatzes gut und verständnisvoll war und blieb, daß aber durch die geringe Zahl eingesetzter japanischer Boote und den Mangel an Ergebnissen von Fernaufklärung und Funkbeobachtung die operative Unterstützung viel zu gering gewesen ist.

Es blieb noch die Frage zu prüfen, ob es nicht zweckmäßiger gewesen wäre, die operative Führung der im Indischen Ozean eingesetzten Boote nach Schaffung der dortigen Stützpunkte einem in Ostasien stationierten deutschen U-Boot-Führer zu übertragen. Dafür sprachen:

1. *Auf den Kriegsschauplätzen Nordmeer, Mittelmeer und Schwarzes Meer, wo taktische und operative Zusammenarbeit mit einer verbündeten Macht oder einer anderen deutschen Marine-Führungsstelle notwendig war, hatte sich die Einsetzung eines FdU bewährt.*
2. *Die Skl war bei ihren Führungsaufgaben im wesentlichen nur auf übermittelte Informationen, weniger auf persönliche Vorträge eingelaufener U-Boot-Kommandanten angewiesen. Die Praxis hatte gezeigt, daß nur drei Kommandanten der Heimat über ihre Erfahrung in Ostasien Bericht erstattet haben, während in Penang die frischen Eindrücke von 14 Kommandanten ausgewertet und die japanischen Erfahrungen im Meinungsaustausch vollständig erfragt werden konnten.*
3. *Die Skl war durch die Konzentrierung auf die Abwehr der Invasion, die Bereitstellung neuer Typen und den Krieg um England viel zu stark absorbiert.*
4. *Ein deutscher U-Boot-Führer stellte ein starkes Gegengewicht gegen die mit Admiralen besetzten korrespondierenden japanischen Dienststellen dar.*

Für die Beibehaltung der bisherigen Führungs-Organisation indessen sprachen:

1. *Die Skl blieb in ihren Entschlüssen unabhängiger als ein U-Boot-Führer, der japanischen Wünschen und der japanischen Mentalität im Interesse der Zusammenarbeit mehr Rechnung tragen mußte.*
2. *Die Befehlsgebung an die Boote in Ostasien hätte zudem verstärkter Funkmittel und Vermehrung des Funkpersonals bedurft, eine zur Stunde außerordentlich problematische Aufgabe.*

Zweifellos, das darf zusammenfassend gesagt werden, standen unter den erfahrenen U-Boot-Kommandanten der Kapstadt-Gruppe für die Aufgaben eines Chefs im Südostraum ältere Seeoffiziere zur Verfügung. Darüber hinaus wäre es möglich gewesen, einen älteren Offizier, nach Möglichkeit einen Admiral, mit einem U-Boot aus der Heimat in den Südostraum zu detachieren.

Mit der Ernennung von Korvettenkapitän Dommes als Chef im Südostraum ergab sich, wenn wir dem tatsächlichen Geschehen folgen, diese Lage:

Obwohl Dommes auch in den Augen der Japaner den Ruf eines

außerordentlich tüchtigen und erfolgreichen Seeoffiziers und U-Boot-Kommandanten genoß und er als ehemaliger A 6er auch über Erfahrungen verfügte, die aktiven Seeoffizieren zwangsläufig fehlten, erwies sich diese Ernennung mit ihren eingeschränkten operativen Befugnissen bei aller Achtung vor Dommes gegenüber der japanischen Mentalität als ein Fehler. Der Japaner ist in allen Fragen der Etikette, des Dienstgrades, der Dienststellung und vor allem des Dienstalters sehr genau und empfindlich. Er kennt auch kein Springersystem. So blieb es nicht aus, daß er einem Offizier, der bisher als der jüngste Stabsoffizier der drei Dienststellen bekannt war, in dieser neuen, wichtigen Stellung seine volle Anerkennung und damit volle Unterstützung vorerst versagte. Diese Einstellung schlug sogar zeitweise in Ablehnung um, als seine vorzeitige Beförderung zum Fregattenkapitän erfolgte, und sie ging so weit, daß die japanischen Gegenspieler der vermeintlich übergangenen deutschen Dienststellenleiter deren nunmehrige Beförderung betrieben und diesbezügliche Anfragen sogar bis nach Berlin gerichtet haben.

Ebenso verständnislos standen die Japaner der Tatsache gegenüber, daß im Dienstgrad ältere und höhere U-Boot-Kommandanten dem neu ernannten Chef im Südostraum unterstellt wurden.

Die Ernennung dieses Offiziers zum CIS löste jedenfalls zunächst latente Spannungen aus.

Aber die vorstehend gemachten Überlegungen — welch ein anderer Weg hätte beschritten werden können oder gar müssen — sind Konditionale mit allem gebotenen Für und Wider, denn

1. ist gar nicht erwiesen, ob ein älterer Seeoffizier und höherer Dienstgrad das gleiche oder mehr als Dommes erreicht haben würde;

2. wissen wir gar nicht, ob ein Admiral, hätte der BdU bei besseren und gründlicheren Informationen über die Lage im Südostraum einen solchen zur Verfügung gehabt, mit einem U-Boot das Ziel Penang überhaupt erreicht haben würde, denn die Bootsverluste waren ungeheuerlich;

3. ist allerdings auch denkbar, daß diese und ähnliche Friktionen durch die Kriegsentwicklung beeinflußt wurden. Die deutsche Niederlage war nicht mehr zu leugnen. Es wurde aber auch allen kritischen Beobachtern klar, daß auch der japanische Sieg von Tag zu Tag mehr in Frage stand. Die japanische

Wehrmacht vermochte dem massierten Angriff der Alliierten
auf dem südostasiatischen Raum kaum noch nennenswerten
Widerstand entgegenzusetzen. Es fehlte an modernem Material, und es bestand der Eindruck, daß die Kampfmoral der
japanischen Truppen unter dem Einfluß der Tropen, des im
Mutterland ungewohnten Wohllebens und der Länge des
Krieges immer mehr absank.

Jedenfalls holte Dommes, das sei abschließend vermerkt, nach
Überwindung anfänglicher Schwierigkeiten und gewisser Resignation, vor allem beim Heer, das Möglichste aus seiner, wenn
auch eingeengten Position heraus, man darf wohl sagen, sogar
noch mehr, als anfangs zu erwarten und zu hoffen war. Ob ein
deutscher Admiral oder älterer Seeoffizier und FdU in dieser
Phase des Krieges nicht mehr erreicht haben würde? Vielleicht rei-
bungsloser, manches gewiß. Aber auch ein Flaggoffizier hätte die
U-Boote nicht einsatzklar ausrüsten können, wenn er über keinen geeigneten Proviant in Weißblechdosen verfügen konnte.
Natürlich, auch einem Admiral hätte der Helfer in der höchsten
Not zur Verfügung gestanden: Oberleutnant zur See d. R. Willy
Vogel, Handelsschiffskapitän und Ex-Prisenoffizier auf Hilfskreuzer Thor, ein Genie der Organisation und ein Meister in seinem Fach, hinter dem Rücken der mißtrauischen Japaner Fäden
zu spinnen und zu knüpfen, die auch stärksten Zerreißproben
widerstanden. Ob ein so hoher Seeoffizier davon hätte wissen
dürfen, wie Willy Vogel, der heute als Lotse in Cuxhaven wohnt
und auf der Außenelbe einem schweren, entsagungsreichen Dienst
nachgeht, es machte und schaffte . . .?

Da sich in hohen Auszeichnungen Leistungen und Erfolge wi-
derspiegeln, seien die ausgezeichneten Monsun-U-Boot-Seeleute
der Reihe nach aufgeführt, soweit das Ritterkreuz während dieser Aktion und nicht schon vorher verliehen wurde:

Am 11. Februar 1944: Kapitänleutnant Lüdden (Siegfried),
Kommandant U 188.

Am 31. März 1944: Kapitänleutnant Eick (Alfred), Kommandant U 510 (nach Geleitzugangriff).

Am 22. Mai 1944: Kapitänleutnant (Ing.) Wiebe (Karl-
Heinz), LI auf U 178.

Am 17. September 1944: Korvettenkapitän Timm (Heinrich), Kommandant U 862.

Am 6. Februar 1945: Leutnant zur See Limbach (Johann), IIIWO auf U 181.

Die Aktion, U-Boote als Kautschuk-Transporter einzusetzen, führte, da nach dem Zusammenbruch der Überwasser-Blockadebrecher-Fahrten reguläre Transport-U-Boote nicht oder bis dato noch nicht zur Verfügung standen, praktisch zu keinem nennenswerten Erfolg. Auch die tatkräftige Unterstützung des japanischen Bundesgenossen, der einige der großen U-Kreuzer als Rohstofftransporter nach Europa schickte, führte zu keinem befriedigenden Ergebnis. Auf der anderen Seite waren selbst die mengenmäßig wenigen Überführungen an Wolfram, Molybdän und Chinin von nicht unerheblichem Nutzen.

Zusammenfassend darf man über den deutschen U-Boot-Krieg in asiatischen Gewässern wohl doch zu der Schlußfolgerung kommen:

Gemessen an den Schwierigkeiten in den Stützpunkten, die zu Improvisationen zwangen, und an der Neuheit und Fremdartigkeit des Milieus, in das die U-Boot-Seeleute in den tropischen Gewässern und in den asiatischen Häfen ohne irgendeine Erfahrung hineingestellt wurden,

gemessen an gewissen personellen und technischen Unzulänglichkeiten und an den Fehlern, die trotz besten Willens und Könnens auch hier nicht auszuschalten waren,

im Endergebnis nicht weniger erreicht und geleistet worden, als erwartet werden durfte, eher mehr.

Dennoch kommt man um eine Erschränkung nicht umhin. Sie hat an sich nichts mit den Erfolgen der Kampf-U-Boote zu tun. Wenn die erwähnten Rohstoffe für die Heimat wirklich so ›kriegsentscheidend‹ waren, drängen sich die Fragen auf:

1. Warum ließ dann die Heimat nach dem Ausfall der Überwasser-Blockadebrecher ihr einziges, noch funktionierendes Transportmittel über See nicht direkt zum Südostraum fahren?
2. Weshalb wurden diese Kampf-U-Boote, die später die Überwasser-Rohstofftransporter ersetzen sollten, im Indik bis an den Rand ihrer Einsatzfähigkeit manövriert? Erst, wenn diese Boote materialmäßig wie personell dem Zusammenbruch nahe waren (es sei an die Batterien erinnert), liefen sie in die Stützpunkte im Südostraum ein. Nun aber bedurfte es Wochen

und Monate, ehe sie überhaupt wieder einsatzklar waren.

3. *Waren die Versenkungen einiger Frachtschiffe wie auch die strategischen Auswirkungen der Monsun-U-Boote für den Fortgang des Krieges in Europa entscheidender, als es die Transporte der so kriegswichtigen Rohstoffe gewesen sind?*

Diesen Fragenkomplex zu untersuchen, bedürfte eines gesonderten Studiums, für das in erster Linie der wirkliche Rohstoffbedarf und die Produktionskapazität der Heimatindustrie belegt werden müßte.

Nach Dr. Rohwer wurden in den Südafrikanischen Gewässern und im Indischen Ozean (ohne Südatlantik) versenkt:

1942	Zahl der Schiffe / Größen in BRT
Oktober	24/161 372 BRT
November	21/118 010 BRT
Dezember	4/ 17 369 BRT

1943	
Januar	0/0 BRT
Februar	5/ 31 264 BRT
März	10/ 58 834 BRT
April	3/ 20 308 BRT
Mai	7/ 36 015 BRT
Juni	5/ 23 453 BRT
Juli	14/ 76 941 BRT
August	7/ 46 400 BRT
September	4/ 27 144 BRT
Oktober	8/ 10 050 BRT
November	0/0 BRT
Dezember	1/ 7 244 BRT

1944	
Januar	6/ 38 751 BRT
Februar	11/ 39 234 BRT
März	5/ 17 035 BRT
April	1/ 5 277 BRT
Mai	0/0 BRT
Juni	3/ 15 645 BRT

Juli	4/ 23 000	BRT
August	9/ 57 732	BRT
September	1/ 5 670	BRT
Oktober	0/0	BRT
November	1/ 10 198	BRT
Dezember	1/ 7 180	BRT

1945

Januar	0/0	BRT
Februar	1/ 7 176	BRT
März	0/0	BRT
April	0/0	BRT
Mai	0/0	BRT

Total: 156/861 662 (ohne Kriegsschiffe, aber mit allen nach BRT vermessenen Hilfskriegsschiffen).

Verloren gingen im Indik und den Gewässern vor und um Südafrika:

12 U-Boote, davon allein 6 von Juni 1944 bis Mai 1945*.

---

* U-Boote, eine Chronik in Bildern. Herausgegeben von Jürgen Rohwer, Stalling, Oldenburg/Hamburg 1962.

FÜNFTER TEIL

1

Zwischen den Kapitulationen

Die im Südostraum und in Japan verbliebenen deutschen und exitalienischen U-Boote wurden von den Japanern übernommen und in Dienst gestellt. In Singapore: U 181 (Freiwald) als I 501; U 862 (Timm) als I 502; in Batavia: U 219 (Burghagen) als I 505; in Soerabaja: U 195 (Steinfeld) als I 506; in Japan UIT 24 (Pahls) als RO 503 und UIT 25 (Meyer, Friedrich) als RO 504. Daß die Boote noch unter dem Sonnenbanner des Tenno zum Einsatz kamen, ist hier nicht bekannt.

Die deutschen Marinesoldaten in Singapore und Penang, mehr als 250 Mann, unter diesen auch die Besatzung der von den Japanern übernommenen U 181 und U 862, sind bis auf ein Restkommando bereits in mehreren Transporten in das Innere Malayas geschafft worden. Die Japaner haben ihnen in dem kleinen Dschungelstädtchen Batu Bahat das bisher von japanischen Offizieren und Soldaten bewohnte Europäerviertel zugewiesen.

Der Matrosengefreite Briesicke gehört zu den letzten zehn Mann, die das Restkommando von Penang bilden. Zusammen mit den auf verschiedenen Waggons verteilten gesamten Möbeln, Proviantkisten, Mehlsäcken und Medikamenten rollen sie mit einem japanischen Transportzug Batu Bahat entgegen. Elftes Mitglied des Restkommandos ist Hexe, der Exbordhund von HSK *Michel.*

Hinter Ipoh, der ersten größeren Stadt im Dschungel, bekommen sie die ersten Partisanen zu spüren. In der Nacht fallen Schüsse. Links und rechts liegen zertrümmerte, ausgebrannte Waggons und zerstörte Lokomotiven neben den Gleisen. Hier und dort sind auch ganze Dörfer dem Erdboden gleichgemacht worden.

Die Eingeborenen hatten sich geweigert, die Partisanen zu unterstützen. Der Dschungel ist so grausam, wie die Natur nur mitleidlos sein kann.

Japaner, die der chinesischen Widerstandsbewegung in die Hände fallen, werden barbarisch niedergemacht. Umgekehrt machen die Japaner mit den Widerstandskämpfern kurzen Prozeß.

Sie fesseln ihnen die Hände — sie zwingen sie in die Knie — Kopf nach vorn gebeugt — durch die Luft zischt das Schwert des japanischen Soldaten.

Die deutschen Seeleute erlebten mehrfach solche grauenvollen Schauspiele der ›Abschreckung‹ auf offener Straße.

Je näher die zehn Mann vom Restkommando Batu Bahat kommen, um so deutlicher die Spuren der Partisanen. Durch Schutzwände aus Mehlsäcken haben sie sich in ihren Waggons gegen den Beschuß aus dem Hinterhalt des tropischen Dschungels heraus gesichert, und als gleich hinter Ipoh die Lokomotive aus aufgerissenen Gleisen herausspringt, klappt vorzüglich, was sie sich vorgenommen haben. Sie sind mit einem blitzschnellen Satz aus dem Wagen heraus und in eine Deckung gesprungen.

Der Güterzug schnauft durch die schwüle Hitze. Der stinkende Qualm der Lok weht in die offenen Schiebetüren der Waggons. Zu beiden Seiten des Bahnkörpers der tropische Wald wie eine undurchdringliche grüne Mauer. Ganze Kompanien von Partisanen können sich darin verstecken und ungesehen die Waggons unter Feuer nehmen. Gleich hinter der Lok und am Ende des Zuges laufen offene Loren. Auf den Plattformen sind Zwillings-MGs montiert. Japanische Soldaten hocken daneben.

»Batu Bahat soll doch ein hübsches Städtchen mitten zwischen Gummiplantagen sein«, meint der junge Mattes zum Hauptgefreiten Briesicke. »Und unser Lager besteht angeblich aus Bungalows.«

»Et kommt nich darauf an, wie't aussieht, Junge. Wenn die Luft eisenhaltig is, kann det schönste Paradies zur Hölle werden. Und hier machen die Partisanen den Fahrplan . . .«

Langsam poltert der Zug über eine Notbrücke. Dann hält er auf einer einsamen Dschungelstation.

Während die Lok Wasser nimmt, vertreten sich die deutschen Seeleute die Füße. Die Japaner bleiben stur hinter ihren Maschinengewehren sitzen.

Der malayische Stationsvorsteher warnt vor Partisanen, die die Nachschublinien zur Burma-Front unsicher machen.

»Ach was«, wehrt Mattes ab, »uns tun die nichts.«

»Sie nix tun Deutschen. Ihr Deutsche uns oft geholfen, wir auch helfen. Aber Japaner sein auf Zug. Und in Nacht sein alles schwarz und grau. Nix unterscheiden gelb und weiß.«

»Uns ist bis jetzt nichts passiert«, meint Mattes. »Warum sollen wir uns ausgerechnet nach Kriegsende noch Sorgen machen? Unkraut vergeht nicht.«

Die Lok pfeift. Der Zug fährt weiter. Die Sonne ist hinter den Baumwipfeln verschwunden. Der Zug fährt durch eine Kurve in ein enges Tal hinein und wird dabei immer schneller. Die Seeleute stehen an den offenen Waggontüren und blicken in den farbenprächtigen Abendhimmel. Der Hauptgefreite Briesicke hat den Oberkörper weit hinausgelehnt und läßt den kühlenden Fahrtwind um sich wehen.

Plötzlich geht ein Ruck durch die Wagenschlange, der sie alle durcheinanderwirft. Briesicke sieht, wie Heizer und Lokführer von der Maschine springen. Dann kippt die Lokomotive aus den Schienen und stürzt mit ohrenbetäubendem Krachen die Böschung hinunter.

»Raus!« schreit Briesicke. Er macht einen Satz aus der Tür, schlägt hart auf und rollt ins Gestrüpp am Fuß der Böschung.

Die Waggons schieben sich mit donnerndem Getöse ineinander und ballen sich zu einem Gewirr von Holz und Eisen zusammen.

Gerade noch rechtzeitig sind auch der Bootsmann und die anderen abgesprungen. Selbst der Hund hat sich instinktiv nach draußen gerettet. Schnüffelnd läuft er an der Böschung entlang.

Schüsse knallen in der Dunkelheit. Eines der beiden japanischen Zwillings-MGs rattert wild. Das andere schweigt ...

In der grünen Wand des Dschungels blitzt es auf. Geschosse treffen auf Eisen und jaulen als Querschläger in die Gegend. Am hinteren Plattform-Wagen explodiert eine geballte Ladung. Nun schießt auch das zweite Zwillings-MG nicht mehr ...

Die Deutschen gehen zwischen den Trümmern der Güterwagen in Deckung. Aus Konservenkisten bauen sie einen Kugelfang. Dann bergen sie ihre verwundeten Kameraden. Zwei bluten aus Fleischwunden, zwei andere haben Rippenbrüche, einer ist besinnungslos.

»Jetzt fehlt bloß noch Mattes«, stellt Briesicke fest. »Der hat's ja nich geglaubt, det hier wat passieren kann.«

Der Hund läuft suchend zwischen den zerstörten Waggons herum. Schließlich kommt er zurück und bleibt vor Briesicke stehen.

»Dann werden wir mal den Mattes suchen«, sagt ein Mechanikermaat. »Vielleicht ist er irgendwo eingeklemmt. Komm, Briesicke. Such, Hexe!«

Der Hund läuft los. Die beiden Männer folgen ihm vorsichtig. Sie wollen sich weder in dem Gewirr von Holz und Eisen die Knochen brechen, noch einem der Freischärler in die Schußbahn laufen.

Immer noch peitschen vereinzelte Schüsse aus dem Dschungel. Das Sicherheitsventil der umgestürzten Lok zischt. Kochendes Wasser brodelt aus dem Kessel.

Plötzlich bleibt der Hund stehen. Er stemmt beide Vorderbeine wütend auf. Die Nackenhaare sträuben sich. Und dann knurrt er böse.

Hein Briesicke und der Maat drücken sich eng an den Boden eines umgestürzten Güterwagens . . .

»Da ist wer«, flüstert Briesicke.

Und tatsächlich sehen sie einen Mann auf sich zukommen. Er hat zwar eine Maschinenpistole über die Schulter hängen, schwenkt aber friedlich seine Mütze.

Briesicke hält den Hund fest und tritt mit dem Maat aus der Deckung heraus. Sie warten, bis der andere vor ihnen steht. Es ist ein Chinese. In der Uniform der Partisanen. Er verbeugt sich höflich und sagt in fließendem Englisch:

»Wir wußten nicht, daß Deutsche im Zug sind. Hätte man uns das rechtzeitig gemeldet, wäre Ihnen nichts passiert. Es tut uns sehr leid. Bitte, verzeihen Sie.«

Wieder verbeugt er sich und verschwindet, ohne eine Antwort abzuwarten, in der Nacht.

»Merkwürdige Burschen!« Briesicke schüttelt den Kopf. »Erst alles übern Haufen knallen und dann entschuldigen sie sich, uns ham'se jarnicht jemeint . . .« Er läßt den Hund wieder los. »Such, Hexe!«

Endlich finden sie den jungen Mattes. Tot. Er muß beim Sprung aus dem fahrenden Zug umgekommen sein. Sie tragen ihn zu den Kameraden zurück, die hinter Proviantkisten Schutz gesucht haben.

Und dann hocken sie wieder hinter ihren Kisten und warten. Die vier Unverletzten lösen sich bei der Wache ab.

Keine Menschenseele ist mehr zu sehen. Nur ein paar Tote liegen neben den Geleisen. Kein Geräusch, außer den fremden, unheimlichen Lauten des Urwaldes.

Und die Sonne glüht immer mörderischer vom wolkenlosen Himmel herab.

Am späten Vormittag trifft ein japanischer Hilfszug an der Unglücksstelle ein. Die Strecke wird geräumt und ausgebessert. Das dauert Stunden. Die Partisanen lassen sich zum Glück nicht sehen.

Dann dampft der Hilfszug weiter. Er bringt die Deutschen nach Labis, der nächsten kleinen Station.

Aber es ist unmöglich, von dort aus Batu Bahat telefonisch zu erreichen, obwohl es nur fünfzig Kilometer südlich von Labis liegt.

»Unsere Leitungen sind gestört«, sagen die Japaner. »Sobald wie möglich werden wir Ihre Vorgesetzten unterrichten.«

In einer Eingeborenenhütte beziehen die Deutschen provisorisches Quartier. Da ist wenigstens Schatten. Auch Wasser gibt es in der Nähe. Und wieder heißt es warten.

Am Nachmittag hält ein japanischer Lazarettzug kurz auf der Station. Er kommt von der Burma-Front. Die Ärzte versorgen die deutschen Verwundeten, lehnen es aber ab, sie nach Singapore mitzunehmen.

»In Singapore habt ihr Deutschen nichts mehr zu suchen. Später vielleicht wieder. Wenn wir den Krieg gewonnen haben.«

So warten die neun weiter.

»Sie werden uns in Batu Bahat vermissen und holen«, ist des Obermaaten feste Überzeugung. Er sollte die richtige Nase haben. In der Tat sind dem deutschen Lagerkommandanten, dem im April zum Kapitän zur See beförderten Exkommandanten von U 181, Kurt Freiwald, Nachrichten über den Überfall bei Labis zugespielt worden. Die Japaner teilten es nach 48 Stunden offiziell durch ihren Dolmetscher Nishikawa mit, erklärten sich jedoch außerstande, die Verwundeten zu bergen, da ihre Kräfte in Batu Bahat und Umgebung nicht ausreichen würden, zu dem ca.

30 Meilen entfernten Labis durchzustoßen. Der Andrang der Freiwilligen zur Teilnahme an dem Rotkreuzunternehmen ist überwältigend.

Der erste mit Maschinenpistolen und Gewehren bewaffnete Trupp, der sich unter Korvettenkapitän Timm, Exkommandant von U 852, auf LKW's auf den Weg macht, muß wieder umkehren. Eine von Partisanen angesteckte und in hellen Flammen stehende Holzbrücke über einen auf anderen Wegen nicht zu überquerenden Fluß stoppt die Männer.

Aber der zweite Stoßtrupp, den am nächsten Morgen Kapitänleutnant Grützmacher anführt, kommt unangefochten von Partisanen bis nach Labis durch. Zu der Gruppe gehört auch der Oberassistenzarzt Dr. Buchholz.

Die Freude ist groß, denn die letzte Nacht war gar nicht schön ...

Die neun vom Restkommando hatten sich um ihre Unterkunft wieder aus Kisten und Mehlsäcken einen Kugelfang errichtet. Sie waren gerade fertig damit, als der Feuerzauber über Labis hereinbrach.

Die chinesischen Partisanen waren glänzend ausgerüstet. Sie schossen mit MGs und Gewehrgranaten. Ihr Ziel war das Bahnhofsgebäude mit der japanischen Wache und die malayische Polizeistation. Die ganze Nacht über war die Hölle los.

Aber keine Granate, keine Kugel traf die Hütte mit den Deutschen. Sie lag wie eine Insel im reißenden Strom.

In seinem Handgepäck führte einer der neun eine Teedose aus Blech mit sich. Sie enthält die Asche des jungen Mattes, den sie nach der Eingeborenenart am Bahnhof in Labis verbrannten. Der deutsche Seemann will das, was von dem jungen Kameraden übrigblieb, mit in die Heimat nehmen.

Welch ein schöner und edler Gedanke in Stunden, in der sie sich selbst in Not befanden.

Batu Bahat ist eine der vielen kleinen Ortschaften im Gebiet der malayischen Gummiplantagen. Die 3000 Einwohner zählende Stadt hat ihr Europäerviertel, in dem einmal die Pflanzer und die Verwalter gewohnt haben, ein typisch windschiefes, typisch eng bebautes Malayenviertel mit vielen schreienden Kindern auf den holprigen Straßen und — nicht zu vergessen — jenen Stadtteil, in dem nur die geschäftstüchtigen Chinesen und Inder wohnen.

Kapitän Freiwald hat sich mit seinen Offizieren und Männern im Südteil der Stadt, im Europäerviertel, einquartiert. Sie haben eine große, moderne Schule und acht Bungalows zur Verfügung. Ein Fußballplatz ist in der Nähe, und das umliegende Land bietet sich an, landwirtschaftlich genutzt zu werden.

Die Japaner haben den Deutschen einen Dolmetscher und einen Offizier mit sechs Unteroffizieren und Mannschaften beigegeben, dies aber wohl mehr der Form halber, denn die Bewacher bewachen die Deutschen nicht.

Die Lords können gehen, wohin sie wollen, in die Stadt oder tagsüber in die nähere Umgebung. Die Waffen, die Freiwald vorsichtshalber nicht abgeben ließ, zeigt man zwar nicht offen, aber die Japaner, die darum wissen, verlangen sie nicht. In die Rundfunkgeräte, die man den Deutschen überließ, haben die cleveren Funker die Kurzwellenteile wieder eingebaut. Man weiß daher, was anliegt, denn die Japaner schweigen sich über die Kriegslage aus. Wahrscheinlich werden selbst ihnen die wahren Lageberichte verschwiegen.

»Wichtig ist in unserer Situation, uns das Wohlwollen der eingeborenen Bevölkerung zu sichern«, ist Freiwalds erstes Gebot. Das läßt sich um so leichter an, als in der Stadt Techniker fehlen, um die streikenden Dieselmotoren des Elektrizitätswerkes zu reparieren.

Die U-Boot-Spezialisten sind froh, wieder einen Motor zwischen die Finger zu bekommen. Die Reparatur ist kein Problem. Diese nicht und viele andere nicht. Die deutschen Ärzte helfen auch im Krankenhaus aus. Hatten sie im Anfang einen guten Namen, so vertieft sich dieser Ruf nur noch mehr.

Am 6. August detoniert über Hiroshima die erste Atombombe der Welt, am 9. fällt eine zweite auf Nagasaki. Im Lager von Batu Bahat hören sie die alliierten Nachrichten über die Wirkung der neuen Bomben und deren entsetzliche Wirkung im Kurzwellenfunk.

Den straff organisierten Partisanen geben diese neuen fürchterlichen Kampfmittel der Amerikaner ungeheuren Auftrieb. Einige Tage später schon ist Batu Bahat von den chinesischen Widerstandskämpfern eingeschlossen.

Es ist schon dunkel, als der Hauptgefreite Briesicke noch einen Bummel durch das Lager ohne Stacheldraht macht. Neben einem abgelegenen Haus glaubt er eine dürre Gestalt zu erkennen. Sie sieht ihm sehr nach einem Chinesen aus. Hein Gummi macht einen Umweg um die Häuser, und als er sich dem Bungalow von achtern nähert, erkennt er Kapitänleutnant Meckmann mit einem Chinesen im Gespräch. In Meckmanns Begleitung befindet sich der deutsche Kaufmann Ahrens aus Singapore.

»Ich habe mit Kapitän Freiwald gesprochen«, sagt Meckmann. »Er ist bereit, sich mit dem Führer der chinesischen Widerstandskämpfer zu unterhalten. Dieser möchte aber bitte hierher in das Lager kommen.«

»Das wird Oberst Wung Fu von der Resistance Army nicht tun. Wir sind keine Partisanen, wir sind reguläre Truppen. Wir mißtrauen den Deutschen nicht. Aber es gibt gewisse Zufälle.«

»Ich verstehe.«

»Was wird geschehen, wenn wir die Japaner und die malayischen Polizeistationen angreifen? Werden sich die Deutschen ruhig verhalten? Wir wissen, daß die Deutschen bewaffnet sind.«

»Ich glaube schon«, sagt Meckmann, »daß von unserer Seite nichts geschieht.«

»Fragen Sie Ihren Kapitän. Ich komme morgen um die gleiche Stunde wieder.«

Am nächsten Abend ist der Chinese pünktlich zur Stelle. Mit ihm auch Hein Gummi, den Meckmann nicht verjagt. Es erscheint ihm sogar gut, daß ein deutscher Seemann in der Nähe weilt.

»Kapitän Freiwald verlangt nur eines: daß die deutschen Soldaten aus jedweder Kampfhandlung herausgehalten werden, kurzum, daß die Chinesen die Deutschen zufriedenlassen, und daß deren Lager, seine Insassen und Bestände unberührt bleiben.«

»Das kann ich im Namen von Oberst Wung Fu versprechen. Aber nur, wenn die Deutschen nachher ihre Waffen abgeben.«

Freiwald geht auch auf diese Forderung ein. Er und seine Männer sind Angehörige einer Wehrmacht, die kapituliert hat, die eigentlich gar keine Waffen mehr in Besitz haben darf. Die Frage, ob und welche Waffen abgegeben werden, läßt sich später immer noch im einzelnen klären.

In den nächsten Tagen ist der Teufel los. Mord und Brand verheeren das Land. Es herrscht eine totale Whooling. Die Malayen wüten gegen die Chinesen. Die Chinesen gegen die Malayen. Die Japaner gegen beide. Und Chinesen und Malayen zusammen wieder gegen die Japaner.

Die malayische Polizei, die im japanischen Auftrage für Ruhe und Ordnung sorgen soll, bringt die schwersten Opfer. Die Polizeistationen gehen in Flammen auf. Die Polizisten werden umgebracht. Geschäfte werden geplündert.

Die Japaner ziehen Verstärkung heran. Aber sie greifen kaum ein. Die Lage ist äußerst kritisch, wenn man auch im deutschen Lager keine Übergriffe der Partisanen auf Deutsche befürchtet.

In diesen Tagen geht für die Deutschen im Inneren Malayas der Rückruf nach Singapore ein. Der Befehl kommt — noch — von der japanischen Marine. Kapitän zur See Freiwald setzt sich mit seinen Offizieren zusammen.

»Sollen wir oder sollen wir nicht?«

»Eigentlich sollten wir nicht«, meint einer.

»Ja«, sagt Freiwald. »Wir müssen mit Verlusten rechnen. Eigentlich sollten wir wirklich nicht. Aber ... ich werde mir selbst ein Bild von der Lage machen.«

Freiwald braust mit Kaufmann Ahrens und einem seiner U-Boots-Leute nach Singapore. Vorn auf dem Kühler haben sie eine Rotekreuzflagge ausgebreitet. Hinten hockt ein Obergefreiter mit schußbereiter MP.

Verbrannte Dörfer. Eingeäscherte Bahnstationen. Überall Spuren grausamer Kämpfe im Dschungel. Manchmal fahren sie ganz dicht an Partisanengruppen vorbei, an einheitlich uniformierten Chinesen. Die Gelben tragen graugrüne Hemden. Sie haben Tropenmützen aus gleicher Farbe auf dem Kopf. Die Mützen schmückt vorn ein fünfzackiger Stern. Der Stern ist von blutroter Farbe.

Es sind gelbe Rote. — Die automatischen Waffen stammen aus den USA. Die Partisanen lassen den PKW ungeschoren. Sie grüßen sogar umgänglich freundlich. Für sie sind diese Insassen Weiße. Ihr Kampf gilt den Japanern.

Die Japaner in Singapore lassen sich auf nichts ein. Die dem kämpfenden Heer attachierte japanische Admiralität antwortet nicht einmal auf die deutschen Bedenken. Sie teilt nur in lakonischer Kürze mit:

An zwei hintereinander folgenden Tagen treffen je fünfzig

LKWs in Batu Bahat ein. Diese werden die deutschen Soldaten und ihre Sachen abholen.

Am übernächsten Tage beginnt der Rücktransport.

Den größten Teil des Proviants können sie mitnehmen. Freiwald stattet dem malayischen Bürgermeister von Batu Bahat einen Besuch ab. Er übergibt ihm das Depot mit den Resten des Proviants. Für die Armen der Stadt. Die Übergabe wird zu einem feierlichen Akt.

Eine Stunde später, nachdem die Deutschen mit den japanischen LKWs abgebraust sind, werden die Depots geplündert. Die Polizei plündert mit.

Die Rückfahrt ist so verrückt, wie es das ganze Durcheinander ist. Die einzigen Verluste, die auftreten, haben die Japaner. Während die Deutschen auf den Wagen sitzen, die Beine herunterbaumeln lassen und die aus dem Proviantlager freigegebenen Cognacbuddeln schwenken, knallen die Japaner Schreckschüsse in die grünen Mauern des Dschungels zu beiden Seiten hinein. Die Sonnensöhne sind reichlich durch den Wind. Sie achten nicht darauf, wann die LKWs die Serpentinen hinabfahren oder hinaufkeuchen. Sie knallen weiter. In ihrem Eifer beschießen sie in den Kurven ihre eigenen Leute.

Der Dschungel tritt zurück. Die Ebene liegt vor ihnen. Niedergebrannte Dörfer, verödete Gummiplantagen, brachliegende Felder.

In Johore, der letzten Stadt vor Singapore, kommt es zu turbulenten Szenen. Die malayischen, chinesischen und indischen Bewohner jubeln den Deutschen begeistert zu. Sie schwenken Fahnen: englische, russische, chinesische und amerikanische. Die Deutschen werden von den Eingeborenen für Alliierte gehalten. Daß sie es nicht sind, spielt keine Rolle. Sie sind Weiße. Das genügt!

Die deutschen Lords winken jovial zurück, sie schwenken die Buddeln. So haben sie sich alle einmal das Kriegsende vorgestellt.

Bejubelt, begrüßt, gefeiert . . .

Die Japaner sind die einzigen, denen böse Blicke gelten. Dabei sind sie de facto noch immer die Herren im Lande. Ihre Waffen zeigen sie nicht.

Kapitänleutnant Rasner ist abgesprungen. Er spricht malayisch. »Für wen kämpft ihr eigentlich?«

»Für wen . . .?« kommt es zurück. »Gegen die Japaner.«

Das wenigstens scheint klar zu sein.

In Pasir Pandjang endet die Fahrt, hier in der alten, jetzt kahlen Unterkunft. Was die deutschen Seeleute vor drei Wochen hier zurückließen, haben sich die Eingeborenen unter den Nagel gerissen. Daß die Germans zurückkommen, daran dachte keiner von ihnen auch nur im Traum.

Ein paar Tage später sind die Sachen wieder da. Die Chinesen, die Malayen und auch die Inder der Umgebung verstehen plötzlich Deutsch, als sie nur von weitem die Suchkommandos sehen.

Und noch etwas taucht auf: PKWs aller Klassen und Größenordnungen. In ihnen sitzen Chinesen, als seien sie da hineingeboren. Die Chinesen, das schlaueste Volk aller Völker, hatten eigene und andere Kraftwagen auseinandergenommen, bevor die Japaner das Land besetzten. Ein Rad versteckten sie bei der Großmutter, das andere beim Großvater, den Motor bei der Tante . . . Nun, da die Herrschaft der Japaner endgültig gebrochen und die Kapitulation nur noch eine Frage von Tagen ist, finden die Wagenteile wieder zueinander. Später, als die Engländer kommen, sind sie allerbestens motorisiert. Und da die Chinesen der Briten Bundesgenossen sind, gibt es auch keine Handhaben, an diese fahrbaren Untersätze heranzukommen. Es sei denn, man ist bereit zu zahlen, was gefordert wird. Und diese Preise sind chinesisch . . .

Kein Japaner bewacht jedenfalls das Lager mit den Deutschen. Die ›Preußen Ostasiens‹ haben jetzt mit sich selbst genug zu tun. Sie bereiten sich auf das unausweichliche, bittere Ende vor. Als in jenen Tagen vor Malaya ein alliiertes Geschwader gesichtet wird, das zwar wieder abdreht und nicht, wie erwartet, die Invasion einleitet, kommt es überall in Singarope zu feierlichen Kundgebungen. Auf allen öffentlichen Plätzen versammeln sich, getrennt voneinander, japanische Zivilisten und Soldaten. Zu ihnen spricht der Oberkommandierende von Malaya und Singapore:

»Brüder! Es ist soweit. Nehmt Abschied von den irdischen Gütern. Wappnet euch . . .«

2

Als das Sonnenbanner unterging

Als Japan kapituliert, am 15. August 1945 [32], entbindet der Tenno seine Soldaten vom Harakiri-Tod. Nur einige finden sich nicht damit ab. Sie stürzen sich aber nicht in das Samurai-Schwert. Total betrunken, sprengen sie sich mit Handgranaten in die Luft. Kein Zweifel, daß die Soldaten bis zum letzten Augenblick gekämpft haben, daß alle Japaner Harakiri begangen haben würden, hätte ihnen Kaiser Hirohito nicht befohlen: »Legt die Waffen nieder. Kämpft nicht mehr weiter. Ergebt euch.«

Die Deutschen im Lager Pasir Pandjang läßt man vorerst in Ruhe. In Singapore ziehen inzwischen wieder Engländer ein. Aber noch immer geschieht nichts bei den deutschen Seeleuten. Proviant ist noch genügend vorhanden. Nun, man hat hier in Fernost das Warten gelernt ...

Hein Gummi kehrt eines frühen Morgens von einem Rendezvous am Stadtrand zurück, denn in der Nacht sind alle Katzen grau. Ein Weißer ist tabu. In Singapore kann ein Weißer jetzt nur ein Brite sein. Müde von dem langen Fußmarsch bummelt er, die Hände in den Hosentaschen, über den Vorplatz hin. Da hört er hinter sich Motorenlärm. Es sind LKWs.

Die, die von den Wagen herabspringen, sind Weiße. Magere, ausgezehrte Gestalten, die sich lärmend und laut rufend auf die deutschen Unterkünfte stürzen. Die Weißen sind jene Engländer und Australier, die bei den Japanern in Gefangenschaft geraten waren.

Sie kommen, um den deutschen Seeleuten Dank zu sagen. Dank für die Zigaretten und die Lebensmittel, die ihnen die Seelords an bestimmten Plätzen, wo sie für die Japaner schwere körperliche Arbeiten verrichten mußten, für sie versteckt hatten.

Einen von den Deutschen umringen die Australier mit besonders heftigem Lärm. Ihm donnern ihre Hände auf die Schultern.

Hein Briesicke, noch immer nicht ganz da, schiebt sich durch das Gedränge heran. Er befürchtet Schlimmes. Aber dann hört er die Stimme seines Kameraden: »Prima, ihr alten Säcke, daß ich

231

euch noch mal wiedersehe. Ihr habt ja direkt wieder Saft in den Knochen!«

Jetzt erst fällt der Groschen beim Marinehauptgefreiten aus Berlin-Moabit, gerade in dem Augenblick, als er die Fäuste ballt, um Reinschiff zu machen. Der, den die Australier umjubeln, ist ein Obermaat von Freiwalds Boot.

Damals: Er war mit einer Gruppe Kameraden von U 181 im Hafen von Singapore unterwegs. Hier trafen sie gefangene Weiße. Ehemalige australische Soldaten unter japanischer Bewachung. Da passierte es, daß einer der Wachtposten einem der Gefangenen einen Fußtritt gab. Das war zuviel für den Obermaaten. Ein Pfiff — und die japanischen Wachsoldaten kannten sich nachher nicht wieder. Sie hatten Köpfe wie Poller auf der Holtenauer Schleuse. Sie sahen auch nichts mehr. Nicht einmal mehr ihre Waffen. Die allerdings konnten sie auch nicht mehr sehen, die lagen im Bach.

Es kam nichts nach nach dieser handfesten Belehrung. Die weißen Gefangenen aber vergaßen sie nicht.

Australier wie Engländer sind sich einig in der Versicherung: »Wenn ihr uns braucht, nennt unsere Namen. In Europa geht man mit deutschen Soldaten gar nicht sanft um. Denkt daran, daß ihr an uns Freunde habt!«

SECHSTER TEIL

Ein Vermißter taucht auf: Der WI von U-Jebsen

»Es war am 4. 4. 44, 4.44 Uhr in Kiel-Wik, als der Fliegeralarm endlich vorüber war. — Man gönnte uns nicht einmal diese letzte Nacht.

7 Uhr trat die Besatzung vor dem Boot an. Der Flottillenchef verabschiedete uns, die wir auf des Kommandanten Befehl danach auf Manöverstation eilten.

Auf dem Pier vor der *St. Louis* hatten sich viele Verwandte, Freunde und Kameraden eingefunden. Das Stützpunktpersonal war angetreten, und eine Marinekapelle spielte Marschmusik. Wir wurden mit Blumen übersät.

Rührende Abschiedsszenen spielten sich ab.

Hier war es eine Mutter, dort eine Frau, die ohnmächtig zusammensank, nachdem sich die Lippen zum vielleicht letzten Kuß vereinten.

»Achterleinen los«, das nächste Kommando. Die wachfreie Mannschaft stand an Oberdeck. Alle im grauen U-Boot-Kleid. In ihren Gesichtern zeigten sich harte Züge. Viele fuhren zum erstenmal auf Feindfahrt. Alle bedrückte eine Ungewißheit. Niemand wußte, wohin es ging.

Wir ahnten es aber.

Als letzter sprang ich an Bord. Die Achterleinen waren bereits losgeworfen, und beide E-Maschinen liefen kleine Fahrt. Gegen alle Vorschrift und Praxis ließ der Kommandant die Dieselmotoren anfordern. Er wollte schnell aus dem Gesichtsfeld der Zurückbleibenden herauskommen.

Marschmusik, Rufe, Kommandos gingen im Motorengeräusch unter. Nur mit dem Glas vermochte man von der Brücke aus noch einzelne Personen zu erkennen.

Für das bloße Auge verschwanden die Gesichter in einem Meer

winkender Taschentücher, Blumensträuße und Mützen. Nach einer halben Stunde passierten wir das Marineehrenmal.

Als letzten Gruß legten wir die Hand an unsere Mütze und gedachten derer, die im Ersten Weltkrieg auf den Meeren ihr junges Leben ließen.

Und was steht uns bevor?

Gut, daß es niemand weiß ...«

Horst Klatt schildert nun den Weitermarsch nach Norwegen, wo U 859 Christiansund-Süd anläuft, das inzwischen verbrauchte Treiböl und den Proviant ergänzt und dann mit dem für Japan bestimmten U 1224, einem IX C-Boot, das unter japanischer Besatzung übergeführt werden soll, zur eigentlichen Unternehmung ausläuft. [33] Lediglich der Navigationsoffizier und der Funkmeister für die Funkmeßgeräte sind auf U 1224 deutsche U-Boot-Fahrer.

Dieses Boot, das sei vorausgeschickt, ging bereits im Atlantik verloren. Am 13. Mai 1944 wurde es nordwestlich der Kap Verden von USS *Francis M. Robinson* versenkt.

Über den ersten Teil der Unternehmung von U 859 ist zwar manches Interessante, aber im Hinblick auf das zu klärende Endschicksal des Bootes nichts sonderlich Wesentliches zu sagen.

Allenfalls, daß die bedrückende Enge im Boot aus der Perspektive eines Technikers vielleicht besonders plastisch wirkt — und damit auch die zusätzlichen Belastungen deutlicher werden ...

Horst Klatt notierte:

»Das Boot ist buchstäblich bis zur Decke mit Proviant, Reserveteilen und Munition vollgestopft. In den Mannschaftsräumen, dem Bug- und Heckraum sind die Kojen mit Reservetorpedos belegt. Die wachfreien Seeleute schlafen in allen Stellungen, wo sich nur ein freies Fleckchen zeigt. Grundsätzlich wird in Kleidung, in nördlichen Breiten im Lederzeug geschlafen. Und mit umgehängter Schwimmweste. Im Dieselmotorenraum sind die Flurplatten mit Kisten, die auf der Werft mit Durchbrüchen für die Bedienungsgestänge der Bodenventile angefertigt worden sind, ausgelegt worden. Nur im gebückten Zustand kann man zur Zentrale gelangen. Auch hier wird jeder freie Platz ausgenutzt. Im Funkraum hat der Funker kaum Platz. Stühle gibt es keine, Proviantkisten ersetzen sie. Auch der Offiziersraum ist mit Kisten ausgelegt. Hier dienen Eierkisten als Sitze. Die Offiziere haben hier nicht mehr Platz zur Verfügung, als in einem D-Zugabteil. Spindraum ist kaum vorhanden. Wer sich einen freien Raum von 40 x 40 x 60 cm vor dem Zugriff des ›Proviantstaumeisters‹ für Privatzwecke erschleichen kann, der ist überglücklich. Die Kombüse ist sogar geräumig zu nennen, ein Mann, der Smutje, kann sich hier sogar um seine eigene Achse drehen. Das will auf unserem Boot etwas heißen, denn er hatte eine wohlproportionierte Figur. Im OF-Raum und U-Raum herrscht die gleiche Enge wie in den übrigen Wohnräumen. Im Bug-Torpedoraum sieht man vor Torpedos keine Kojen mehr.

Wir haben den verständlichen Wunsch, recht bald Feindberührung zu bekommen. Jeder Aal, der ein Rohr verläßt, schafft Luft ...

Mitte April 1944 schlagen wir NW-Kurs ein. Wir steuern durch den berüchtigten Rosengarten zwischen Island und den Faröern. Auf seinem Grund liegen viele Boote. Hier wünscht man sich starken Seegang, weil dieser eine Ortung durch Flugzeuge und Bewacher erschwert. Uns aber ist das Glück nicht hold. Trotz Nordlicht und Schneestürmen kommen wir über einen Seegang 5—6 nicht hinaus.

Das erste Alarmtauchen! Auf 90 m Tiefe wurde gehorcht, ob ein Schraubengeräusch auszumachen ist. Nichts ist zu hören. Nach einer Stunde tauchten wir wieder auf, um die Batterie aufzuladen. Nicht lange bleiben wir oben, denn nach einer dreiviertel Stunde werden wir wieder geortet. Diesmal ohne Alarmglocken. Die schrillen Töne machen die Besatzung nur nervös. Auf Sehrohrtiefe wird der Schnorchelluftmast aufgerichtet, die Batterien werden aufgeladen. Auf dem Schnorchelkopf ist ein Beobachtungsgerät angebracht. Der Funker stellt fest, daß selbst der Schnorchelkopf geortet wird. Trotzdem setzen wir die Schnorchelfahrt fort. Durch den Seegang schneidet der Schwimmer laufend unter. Die Motoren kommen gegen den hohen Abgasdruck nicht mehr an. Die Sicherheitsventile blasen die giftigen CO-Gase ins Boot ab. Mehrere Matrosen fallen um und können nur mit dem Sauerstoffgerät wieder zu Bewußtsein gebracht werden. Alle sind völlig schwarz im Gesicht.

Der Luftdruck im Boot fällt von 1000 auf 750 Millibar. Die Dieselmotoren saugen bei einem solchen Unterschneiden ihre Verbrennungsluft aus der Bootsluft heraus.

Am nächsten Tag passieren wir zwei Bewacherlinien, die mit S-Geräten das nasse Element abgrasen. Nerventötend sind die Ortungsgeräusche. Es hört sich an, als wenn Erbsen gegen den Druckkörper geworfen werden. Im Boot werden Gummimatten ausgelegt. Es darf nur geflüstert werden. Die E-Maschinen laufen Schleichfahrt. Die Tiefenruder werden von Hand bedient, da die Relais beim Stromwechsel starke Geräusche verursachen. Die Bewacher werfen in unregelmäßigen Abständen Schreck-Wasserbomben.

Wenn auch diese Wabos noch recht weit von uns entfernt detonieren, so verursachen sie einen mörderischen Krach. Sie haben, wenn auch keine vernichtende, so doch eine starke moralische Wirkung. Wir nutzen diese Detonationen, um mit AK-Fahrt die Position und die Tiefe zu wechseln.

Frühjahrsstürme brausen über den Nordatlantik. Mit vereistem Regenzeug kommt die Wache von der Brücke. Wegen des Schneesturms können die Gläser nicht benutzt werden. Es wird auf Sicht gefahren. Die Brückenwache schnallt sich an. An Oberdeck klappern Bleche und Rohre. Vom Turm lasse ich mich anseilen und betrete das Oberdeck, um mit einem Schlüssel die losgelösten Schrauben nachzuziehen. Zweimal werde ich über Bord gespült. Die Leine zerrt mich wieder an Deck. Anderthalb Stunden dauert diese Reparatur. Sie ist aber so wichtig für das Boot und seine 68 Mann Besatzung. Das Thermometer fällt auf vier Grad plus. Alles friert an Bord.

Wir sind für die Tropen ausgerüstet worden, und jeder nahm sich persönlich nur etwas wollenes Zeug mit. Und die wenigsten haben Platz, es überhaupt zu verstauen.

Ende April drehen wir endlich auf südlichen Kurs.«

In diesen Tagen hat U 859 seinen ersten Erfolg. Ein über eine Horchpeilung ausgemachter und aufgelaufener Frachter, von Kapitänleutnant Jebsen auf 6000 BRT geschätzt, wird aus einer Entfernung von 400 m mit einem Zweierfächer versenkt. Am 6. Juni passiert das Boot die Linie und erreicht ohne nennenswerte Vorkommnisse oder Behinderung den Südatlantik. In der

Zeit vom 28. bis 30. Juni steht U 859 knapp zehn Seemeilen vor dem Hafen von Kapstadt ...

Horst Klatt darüber:
»Durch das Sehrohr ist der Tafelberg gut auszumachen. Wir legen uns direkt vor die Hafeneinfahrt und warten auf dicke Brocken.

Nichts ereignet sich. Die starke Strömung zieht uns in gefährliche Bereiche, in die Nähe von Fischerbooten. Nachts tauchen wir auf. Kapstadt kennt keine Verdunkelung. Die Leuchtfeuer brennen. Sturm und Seegang nehmen inzwischen immer mehr zu: Winterstürme.

Die Temperatur auf der Brücke beträgt 15 Grad Celsius. Vom Tafelberg her haben wir im FuMB Ortungen. Die Leute am Radar da drüben scheinen zu schlafen. Bei Seegang acht bis neun ist aber auch eine Ortung schwierig. Wir bleiben nachts oben und warten.

Einen, zwei, drei Tage.

Am 29. Juni erleben wir Seegang in Stärken zwischen neun und zehn. 80 Prozent der Besatzung sind seekrank ...

Nach dieser Aktion läuft das Boot in Richtung ›roaring forties‹ in den Indischen Ozean ab. Am 1. Juli wird die Passiermeldung gefunkt. Jebsen hofft, in der Nähe des Kriegshafens Port Elizabeth Ziele zu finden. Obwohl er sich dem Hafen bis auf 30 Seemeilen nähert, kommt kein Schiff in Sicht. Nur die Ortungen mehren sich, sie werden immer stärker. Wegen der starken Gegenströmung schafft das Boot, das mit 130 Grad unter Wasser abläuft, nur ganze 40 Seemeilen pro Tag.

Am 8. Juli läßt Jebsen auftauchen, um die Seeschäden nach dem Orkan zu kontrollieren. Es herrscht strahlender Sonnenschein. Kaum aufgetaucht, wird U 859 von einer ›Catalina‹ angegriffen. Erst beim dritten Versuch des mit der Flak abgewehrten Gegners gelingt es Jebsen, sein Boot in die rettende Tiefe zu fahren, nachdem es ihm vorher glückte, alle gezielt geworfenen Bomben und Wabos auszumanövrieren. Ein Seemann von der Flak, der Matrosengefreite Boldt, ist bei dem Zweikampf zwischen Flugzeug und U-Boot gefallen; der IIWO, Leutnant zur See Lask, ist schwerverwundet. Seine Schädeldecke ist gebrochen; einige Gra-

237

natsplitter sind bis ins Kleinhirn gedrungen. Stabsarzt Dr. von Gehlen verwandelt die O-Messe in einen Operationsraum.

Die Operation glückt.

Drei Stunden später ruht Lask in seiner Koje. Hier aber muß er festgebunden werden. Er phantasiert, er will immer wieder auf die Brücke.«

U 859 läuft mit Schnorchelfahrt* über 130 Stunden in 180 Grad unter Wasser ab. Bei jedem Auftauchen werden Radarortungen in großer Lautstärke gemessen. Mitte Juli operiert U-Jebsen zwischen Madagaskar und der Insel Réunion, und Anfang August sucht es im Raum vor Sansibar nach Zielen. Als auch hier kein Frachter zu sehen oder über das GHG zu orten ist, versucht Jebsen zwischen der Insel Sokotra und der Brüder-Insel in den Golf von Aden einzudringen. Dieses Vorhaben scheitert an der starken Gegenströmung. So muß das Boot die Insel Sokotra umrunden. Es muß den längeren Anmarschweg wählen, also mehr Treiböl verbrauchen. Hinterher legt es sich auf dem bekannten Schifffahrtsweg auf 90 Meter Wassertiefe auf den Grund.

Der WI, Horst Klatt, berichtet:

»In der zweiten Nacht gehen die Leuchtfeuer von Kap Guardafui an. Ein Geleitzug ist im Anmarsch. In der Morgendämmerung des 6. August werden zwei Truppentransporter gesichtet. Sie werden von zwei Flugzeugen und vier Zerstörern und Korvetten gesichert. Wir stehen in ungünstiger Position und werden durch die starke Unterwasserströmung 14 Seemeilen unterhalb der afrikanischen Küste in 35 Meter Tiefe auf Grund gesetzt**. In der Nacht sind wir dann in östlicher Richtung aus dem Golf herausgelaufen.«

Mitte August entdeckt U-Jebsen in Höhe des Neun-Grad-Kanals vier Stunden nach der Dämmerung einen Tanker. Obwohl das 12 000 BRT*** große Schiff von zwei Korvetten gesichert ist,

---

* U 859 war das erste und blieb das einzige Schnorchel-U-Boot im Indik.

** Bemerkenswert sind immer wieder diese Feststellungen über ›starke Unterwasserströmungen‹, die den deutschen U-Boot-Kommandanten offenkundig nicht bekannt gewesen sind.

*** Lt. Aussage Klatt.

glückt ein Unterwasserangriff mit einem Dreierfächer. Danach taucht U-Jebsen auf und löst noch einen vierten Torpedo. Dieser Treffer im Vorschiff besiegelt das Schicksal des Tankers, der nun ausbrennt. Die Korvetten, die erst auf U-Jebsen zudrehten, laufen ab, als das U-Boot taucht. Aus Angst vor dem deutschen Wunderaal? Oder, um die Besatzungsmitglieder des Tankers zu bergen? Fast zur gleichen Stunde des nächsten Abends wird ein stark zackender Schnelläufer beobachtet. Obwohl er zeitweise außer Sicht kommt, glückt das Vorsetzmanöver noch kurz vor der Morgendämmerung. Das Boot taucht in guter Schußposition. Der Gegner, durch einen Zweierfächer aus 800 Meter Entfernung torpediert, sinkt in wenigen Minuten. Es gelingt ihm aber, noch vorher Notsignale und seine Position zu funken. Jebsen setzt sich daher mit großer Fahrt nach Osten ab. Zwei Tage später, quasi zur ›Programmzeit‹ entdeckt der Ausguck wieder einen Schatten. Nach einer fünf Stunden andauernden Verfolgung wird der Schatten, ein ca. 8000 BRT großer Frachter, durch einen Dreierfächer versenkt. Auch in diesem Fall handelt es sich um einen besonders schnellen Einzelfahrer.

U-Jebsen operiert nun südlich der Gewässer von Ceylon bei den Andamanen und den Chagos-Inseln. Hier werden eines Tages — es ist Anfang September — besonders starke Schraubengeräusche von Turbinenschiffen festgestellt. Das Boot geht auf Sehrohrtiefe. In südlicher Richtung werden ein Flugzeugträger, mehrere Kreuzer und Zerstörer, auf Südkurs liegend, beobachtet. Wegen der hohen Fahrt der Gegnerschiffe ist ein Vorsetzen unter Wasser unmöglich, und ein Auftauchen wäre einem Selbstmord gleichgekommen. Auf zwölf Seemeilen Entfernung einen Torpedotreffer anzubringen, schien Kapitänleutnant Jebsen mehr als eine Frage des Glücks.

Wie in den Monaten zuvor, operiert U 859 weiter nur während der Nacht für drei bis vier Stunden über Wasser. Tagsüber fährt es getaucht.

Als Kapitänleutnant Jebsen am 21. September auftauchen läßt, steht U 859 ungefähr 150 Seemeilen westlich der Nordspitze von Sumatra. Hier funkt der Kommandant die Einlaufmeldung für Penang.

Folgen wir nun der Schilderung von Horst Klatt im Wortlaut:
»Nach der Antwort vom Stützpunkt Penang sollen wir am

23. September am Aufnahmepunkt mit U 861, U-Oesten, zusammentreffen. Die Position dieses Treffpunkts liegt südlich von Polu Butang. Beide Boote sollen im Schutz von Geleitfahrzeugen durch den minenfreien Weg durch die Malakkastraße geschleust werden. Penang weist darauf hin, auf eine deutsche Arado zu achten. Die Wassermaschine würde über dem Aufnahmepunkt kreisen.

Wie befohlen, stehen wir am 23. auf der bezeichneten Position. Weder U 861 noch die Geleitfahrzeuge kommen in Sicht. Nebel und Monsun-Regen behindert die Beobachtung. Schließlich läßt der Kommandant erneut einen Funkspruch absetzen. Er lautet in lakonischer Kürze: »Geleitfahrzeuge verfehlt.«

Als Antwort erfahren wir über den Chef im Südostraum, U-Oesten könne erst einen Tag später auf dem Treffpunkt stehen, um aufgenommen und eingebracht zu werden. Wegen der hier besonders akuten U-Boot-Gefahr solle U 859 nicht weiter auf und ab stehen, sondern vielmehr mit unbedingt verstärkter Brückenwache einlaufen: Also ohne Geleitschutz und allein.

Als Gefechtswache ziehen auf U 859 dreizehn Mann auf. Als an Backbord nach einer Feindfahrt von 173 Tagen Land in Sicht kommt, scheint sogar die Sonne. Kapitänleutnant Jebsen erlaubt seinen Männern im Turnus der Abwechslung eine ›smoketime‹ auf der Brücke. Es herrscht Seegang in Stärken vier bis fünf. Später wird es neblig und diesig.

Die Stimmung an Bord ist gut, denn die vier Wimpel, die am Sehrohr für die versenkten 33 000 BRT wehen, bekunden einen guten Erfolg. Er liegt weit über dem Durchschnitt der Operationen der letzten Monsun-U-Uoote.

Die Bärte müssen abgenommen werden, um gegnerischen Agenten im Südostraum keine Anhaltspunkte über die Dauer der Unternehmung zu geben. Für den Empfang in Penang wird bereits Tropenzeug ausgegeben.

Als U 859, das über 20 000 Seemeilen* zurückgelegt hat und dennoch 17 Kubikmeter Treiböl in seinen Bunkern fährt, vor der Ansteuerungstonne von Penang steht, befiehlt Kapitänleutnant Jebsen alle Offiziere zur Einlaufbesprechung in die O-Messe.

---

* Während der Dauer der Gesamtoperation lag der normale Fahrbereich bei 32 700 Sm. bei 12 Kn. Marschfahrt über Wasser.

Während dieser Zeit übernimmt der IIIWO, der Obersteuermann, die Brückenwache. Das Echolot zeigt bereits Wassertiefen von weniger als 80 Metern an.

Im Offiziersraum sitzen der Kommandant, Kapitänleutnant Jan Jebsen, der LI, Kapitänleutnant (Ing.) Kiehn, der IOW, der vom Hilfskreuzer *Thor* kommende Oberleutnant zur See Schnitzler und der IIWO, Leutnant zur See Lask. Trotz gut überstandener Operation ist dieser· aber noch nicht als WO einsatzfähig. Immerhin, das dürfte in diesem Zusammenhang interessieren, besserte sich sein Gesundheitszustand von einem Tag zum anderen. An der Besprechung nehmen ferner teil: der Bordarzt, Stabsarzt Dr. von Gehlen, und der Wachingenieur, Horst Klatt.

Kapitänleutnant Jebsen hatte gerade die Wacheinteilung für die Hafenliegezeit bestimmt, und er befaßt sich nun mit der problematischen Werftüberholung, als ich ihn um eine vorübergehende Abwesenheit bitten muß. Nur zögernd gibt er mir seine Genehmigung, gerade jetzt zum WC gehen zu dürfen. Ich sehe noch, wie er einen Blick mit Dr. von Gehlen wechselte, und ich möchte annehmen, daß er aus des Stabsarztes Miene herauslas, daß die tropischen Verhältnisse auch in dieser Beziehung Ausnahmen fordern.

Ich verlasse also die O-Messe, und ich ahne nicht, daß ich keinen Teilnehmer dieser Besprechung wiedersehen werde. Kaum habe ich im vorderen WC, im Unteroffiziersraum, die Tür abgeriegelt, da hörte ich einen kurzen, metallisch klingenden Schlag. Gleichzeitig ist eine kaum fühlbare Erschütterung des mit 15 Knoten Marschfahrt in Richtung Penang dahinackernden Bootes zu spüren. Nur Bruchteile einer Sekunde später erdröhnt eine gewaltige Detonation.

Das ganze Boot wird buchstäblich angehoben, es macht einen regelrechten Sprung. Mit dem Kopf zuerst werde ich mit fürchterlicher Wucht gegen den Druckkörper geschleudert. Den Aufprall vermag ich aber noch zu mindern, instinktiv hatte ich beide Hände vor den Kopf gerissen.

Schreie gellen durch das Boot. Schrille Schreie und laute Rufe. Das Licht ist aus.

Ich spüre, wie das Boot wegsackt, daß es absäuft ... Je mehr es in die Tiefe fährt, um so stärker wird der Druck auf meinen

Ohren. Ich versuche, den Vorreiber vom WC-Schott zu öffnen. Aber durch die Treffereinwirkung klemmt er. Meine beiden Hände schmerzen. Durch den stoßähnlichen Aufprall am Druckkörper sind beide Gelenke verrenkt. Und dann fühle ich auch die wahnsinnigen Schmerzen am Kopf. Als ich mit der rechten Hand über die Haare und über das Gesicht streiche, spüre ich, daß ich blute. Am Kopf? Im Gesicht? Zum Nachdenken bleibt jetzt keine Zeit.

Es muß etwas geschehen. Ich muß raus aus dem WC-Schapp. Ich klopfe und schlage gegen die Tür. Keiner kommt, um sie zu öffnen. Wer an Bord noch lebt, wird mit sich selbst zu tun haben. Im WC steht das Wasser bereits bis zur Tür-Rosette. Ich rufe, rufe und rufe.

Meine Schreie brechen sich in dem engen Raum; im Boot aber scheinen sie in den anderen Geräuschen unterzugehen.

Schließlich versuche ich noch einmal mit einem Vierkantschlüssel, die Tür mit Gewalt zu öffnen. Der Ausbruch gelingt. Ich werde sofort vom Wasser erfaßt und in den Unteroffiziersraum gespült.

Im Schein der Notbeleuchtung ist die verheerende Wirkung des Treffers zu erkennen: Kojen, Kojenzeug, Zigarettenschachteln und andere Dinge schwimmen zwischen leblosen Körpern auf öligem, ständig ansteigendem Wasser.

Ich versuche, über den OF-Raum durch die Kombüse und die Offiziersmesse in die Zentrale zu gelangen. Ein entsetzliches Bild springt mich auf diesem Weg an:

Im U-Raum erlebe ich einen Maschinenmaaten, der anscheinend seinen Verstand verloren hat. Der Mann versucht, in seinen kleinen Spind hineinzukriechen. Ich rede auf ihn ein, um ihn davon abzubringen . . .

Mit starrem Gesichtsausdruck gibt er mir zu verstehen, daß er mit seiner Frau zusammen sterben wolle. Ich muß ein paarmal fragen, ehe ich begreife, was er meint . . .

Doch dann wird es mir klar: Im Spind sind die Bilder von seiner Frau und seinen Kindern.

Als ich den Verzweifelten bei einem erneuten Versuch, in den Spind hineinzukriechen, mit aller Gewalt herauszerren will, greift er mich tätlich an.

Ich muß ihn abschütteln. Dann aber kann ich mich nicht mehr um ihn kümmern.

Ein anderer Maat hat seine Schlafmatratze unter dem Arm und schwimmt zum Bugraum hin, denn hierhin haben sich die Überlebenden gerettet. Er schafft es nicht. Plötzlich wird er besinnungslos. Er fällt in den U-Raum zurück.

Nun aber blockiert die Matratze des Unteroffiziers das Bugraumluk. Es läßt sich nicht mehr schließen, obwohl mehrere Seeleute es versuchen.

Für mich ist das ein Glück, stehe ich doch in diesem Augenblick noch zwischen dem OF-Raum und der Kombüse. Hier versuchen gerade zwei Mann das darüber befindliche Luk zu öffnen. Aber das Schwitzwasser und die Dämpfe vom Kochen haben offenbar einen so starken Rostansatz verursacht, daß sich das Handrad auch mit Gewalt nicht bewegen läßt.

Ein Blick in den Offiziersraum: Was ich sehen kann, ist ein grausiges Bild der Verwüstung. Genau hier muß der Treffer erfolgt sein. Eisenteile versperren den Durchgang zur Zentrale. Nirgendwo ist noch eine Spur von Leben.

Gelbe Schwaden ziehen durch die Räume. An dem beißenden Geruch merke ich, daß es Chlorgase sind. Es wird also höchste, allerhöchste Zeit, in den letzten, noch sicheren Zufluchtsort, in den Bugraum zu schwimmen.

Ich arbeite mich in das Vorschiff zurück und tauche durch das vordere Torpedoluk in den Bugraum hinein. Er steht bereits zu 75 Prozent unter Wasser.

Kaum habe ich ihn betreten, dröhnt eine neue Detonation durch das Boot. Eine der beiden Batterien ist explodiert.

Durch die Abluftleitungen dringen die giftigen, tödlichen Chlorgase jetzt auch bis zu uns hinein. Die Rosetten werden geschlossen. Wir sind zwölf Mann, die sich nach hierhin gerettet haben. Sind wir zwölf, dreizehn oder nur elf? Genau vermag man das in und bei diesem Zustand nicht zu zählen. Wohl aber stelle ich fest, daß die meisten Männer und einige Maaten der seemännischen Freiwache angehören.

Weder ein Offizier, noch ein Feldwebel ist unter denen, die überlebten. Diese, daran ist kein Zweifel, löschte der Explosionsdruck der Torpedodetonation aus. Ich allein blieb also übrig. Mich verschonte die Druckwelle im WC.

Von den zwölf Mann im Bugraum verfügen nur sieben über einen Tauchretter. Sie haben ihn bereits umgelegt. Die anderen suchen. Sie tauchen, aber sie haben kein Glück. Weitere Tauchretter sind nicht zu finden. Die Unruhe und die Aufregung, namentlich unter den jüngeren Matrosen, werden nur noch größer. — Einige beten. — Andere weinen. — Wieder andere jammern leise vor sich hin. — Und ein paar von denen, die keinen Tauchretter haben, halten vaterländische Reden — bis die giftigen Chlorgase ihre Lungen zerfressen haben.

Wir hängen nun an den Deckenventilen. Noch immer steigt das Wasser weiter an.

Gleich wird auch das spärliche Licht der Batterie-Notbeleuchtung überspült sein. Ich versuche, die Leute zu beruhigen. Ich sage ihnen, daß wir uns retten können, wenn wir absolute Ruhe bewahren würden. Ich erkläre ihnen, das Wasser sei hier nur 40 Meter tief. Wenn das Boot vollends geflutet sei, würde sich das Luk ganz leicht öffnen lassen.

Ein Heizer schreit mich mit vor Angst klirrender Stimme an. Dies sei eine Lüge. Er wisse genau, das Wasser sei hier 80 Meter tief. Niemand könne hier noch aussteigen. Auch die Tauchretter würden uns nicht helfen.

Inzwischen haben zwei Maate versucht, das Luk zu öffnen.

Es klemmt. Wir brauchen einen harten Gegenstand. Ein Messer oder einen Meißel.

Weiter, immer weiter steigt der Wasserspiegel an. Am vorderen Tiefenmesser lese ich 15 Meter Wassertiefe ab. Also ist der Druckausgleich bis auf 0,8 atü ausgeglichen.

Das Luk geht aber noch immer nicht auf.

Ich weiß es: Körperliche Arbeit bei einem Druck von über 6 atü ist fast unmöglich.

Wir sind schon viel zu lange bei diesem Druck im Boot eingesperrt. Wenn wir nicht gleich das Luk öffnen, wird es aus sein. Das weiß jeder. Aber keiner spricht es aus.

Ein Bootsmaat opfert sich. Er taucht in den Nebenraum zurück. Mit einem spitzen, harten Gegenstand kehrt er zurück. Was es war, weiß ich heute noch nicht.

Zusammen mit diesem Maaten verließen noch zwei andere Seeleute den Bugraum. Sie wollen versuchen, so sagten sie, durch das Trefferloch im Druckkörper ins Freie zu gelangen. Wir haben sie nie wieder gesehen.

Das Luk zu öffnen, glückt.

Einer der Maate gibt mir das Zeichen, daß das Luk nunmehr frei sei. Er fragt nach dem Druckausgleich. Mir bleibt nur wenig Zeit, den restlichen überlebenden Kameraden zu erläutern, wie sie sich verhalten sollen:

1. Mundstück des Tauchretters erst kurz vor dem Aussteigen in den Mund nehmen . . .
2. Tauchretter nur geringfügig mit Bootsluft und etwas Sauerstoff aufblasen . . .
3. Nicht krampfhaft auf das Mundstück beißen, immer Luft ablassen . . .
4. Versuchen, mit der Luftblase auszusteigen . . .
5. Langsam aufsteigen, mit den Armen gegenrudern . . .

Im Bugraum ist das Wasser mittlerweile so hoch gestiegen, daß nur noch 30 bis 40 Zentimeter Luftraum unter der Decke zum Atmen verbleiben. Hier, dicht unter der Decke, klammern wir uns an irgendwelchen Ventilen fest. Keiner kennt die wirkliche Tiefe, in der das Boot liegt.

Ein Rauschen rumort durch das Boot.

Das stählerne Luk über uns flattert. Es schlägt wild und wütend auf und nieder. Brausend und zischend entweicht die komprimierte Luft aus dem Boot.

Wasser dringt nach.

Endlich ist der Druckausgleich hergestellt. Das Luk bleibt jetzt in geöffneter Stellung stehen. Es ist eingerastet.

Es wird hell um uns.

Einige der überlebenden Kameraden sind bereits mit der aus dem Boot entweichenden Luftblase aus dem stählernen Sarg herausgerissen worden.

In die Ungewißheit hinein . . .

Die anderen steigen nach. Sie klettern ruhig und ohne Aufregung durch das kreisrunde Loch hindurch. Ich bin der letzte, der letzte Lebende auf dem Meeresgrund. In dem zerfetzten Boot ruhen nur noch meine toten Kameraden. Ganz still ist es um mich. Eine unheimliche, mich beruhigende Ruhe schwebt durch den Raum.

Über mir ist die helle Öffnung. Sie zeichnet sich als grünlichblauer Kreis über meinem Kopf ab, so scharf, wie mit einem Messer geritzt. Dann und wann steigen noch ein paar Blasen auf. Wie silbern glitzernde Perlen schweben sie nach oben ... durch den grün-blauen Teller hindurch ...

Langsam ziehe ich mich am Luk hoch. Ich achte darauf, daß sich mein Tauchretter nicht am Handrand verheddert, auch, daß er nicht etwa am Netzabweiser hängenbleibt.

Ich fühle, wie ich leichter werde, ich spüre den Auftrieb. Dann entschwinden meine Sinne.

Um mich herum ist nur noch ein untergründiges Rauschen. Plötzlich aber wird es ganz still. Ich glaube in einer anderen Welt zu sein. Die Augen zu öffnen, wage ich noch nicht.

Doch dann reißen mich Schreie in die Wirklichkeit zurück. Ich öffne die Augen: Um mich herum sind meterhohe Wellen. Ich schwimme auf meinem prall gefüllten Tauchretter. Das Mundstück an ihm hängt mit geöffnetem Ventil herunter. Ich muß es verloren haben, als ich für 20 Minuten das Bewußtsein verlor. Der Überdruck aus der Lunge konnte also entweichen.

Wenn mich eine See anhebt, entdecke ich einige der überlebenden Kameraden. Aber noch mehr Tote. Offenkundig sind diese Männer viel zu schnell an die Oberfläche geschossen. Blutiger Schaum bedeckt ihren Mund. Ihre Lungen sind zerrissen.

Die Schreie stammen von Verwundeten, die von zahlreichen Haifischen angegriffen werden.

Da sehe ich, dicht neben mir, meinen Aufklarer Paddy. Er liegt auf einem Schlauchboot. Paddy war nicht mit uns im Bugraum. Also sind auch aus dem Heckraum welche herausgekommen. Ein Trost in dieser Not.

Plötzlich wieder laute Rufe. Erst ist es einer, dann sind es ein paar, die immer wieder schreien. ›Ein U-Boot ... ein U-Boot ... ein U-Boot!‹

Zuerst denke ich an Oesten. Dann aber erkenne ich an der Silhouette, daß es nur ein feindliches Boot sein kann. Es kommt näher. Ich sehe Besatzungsmitglieder an Deck. Sie fischen die ersten Überlebenden heraus. Mir fällt noch etwas auf, was sich unauslöschlich in meine Erinnerung eingegraben hat:

Eines der beiden Sehrohre ist ausgefahren. An seiner Spitze hat sich ein britischer Seemann festgekrallt ... Oder hat man ihn dort sogar festgebunden? Er hält Ausschau nach Überlebenden.

Immer wieder weist sein Arm in diese oder in eine andere Richtung.

Sieben, acht oder neun Mann sind bereits gerettet worden. Jetzt dreht das Boot. Es kommt direkt auf mich zu. Bei der hohen Dünung werde ich um ein Haar von dem messerscharfen Bug getroffen. Eine Leine fliegt durch die Luft, ein Tau, das man mir zugeworfen hat. Ich packe den Tampen und werde an das Boot herangezogen. Es sind wohl viele Hände gewesen, die mich herausgezerrt haben, die mich über das Oberdeck schleiften und durch ein Luk in das Innere des U-Bootes hoben.

Unten im Boot zähle ich acht Gerettete. Wir fallen uns in die Arme.«

ANMERKUNGEN

[1] Anlage 2 vom Protokoll 9. VII. 41 1./Skl Ib 1321/41.

[2] Auf Madagaskar sollte nur ein U-Boot-Stützpunkt eingerichtet werden — eine Planung, die einmal nicht weiter betrieben wurde, weil Hitler glaubte, daß die Franzosen dazu ihre Zustimmung nicht geben würden, und die zum anderen dann auch von den Japanern zurückgestellt wurde.

[3] Vortrag in Berlin am 19. 9. 1944 vor Chef des Generalstabes des Heeres. Nishi war Gehilfe des japanischen Militärattachés in Berlin.

[4] Nach britischen Unterlagen (Roskill) wurden im Indischen Ozean von Januar 1942 bis Januar 1943 versenkt: Januar 13 mit 46 062 BRT, Februar 18 mit 38 151 BRT, März 65 mit 68 539 BRT, April 31 mit 153 930 BRT, Mai 4 mit 22 049 BRT, Juni 18 mit 90 322 BRT, Juli 9 mit 47 012 BRT, August 1 mit 5237 BRT, September 6 mit 30 052 BRT, Oktober 11 mit 63 552 BRT, November 23 mit 131 071 BRT, Dezember 6 mit 28 508 BRT, Januar 1943 0 mit 0 BRT.

[5] GHG = Gruppenhorchgerät.

[6] Wenn man indessen die Möglichkeiten der Alliierten auf dem Gebiet solcherart Zusammenarbeit betrachtet, bedarf es keines weiteren Kommentars.

[7] Skl vom 13. 2. 1943; 497/43 gKdos. Chefsache Ziffer 3.

[8] Unter dem deutschen Tarnnamen *Kirschblüte* hatte dieses Boot wertvolle Rohstoffe nach Europa gebracht. T 30 übernahm diese Güter nicht etwa im Hafen, sondern erst in See. Es war am 20. April 1942 aus Penang ausgelaufen. Nach einer Versorgung aus dem japanischen Hilfskreuzer *Qikoku Maru* am 25. April fand das Boot im Indischen Ozean als Aufklärungs-U-Boot der A-Gruppe des 8. U-Boot-Geschwaders Verwendung. Dieses Geschwader hatte den Auftrag, mit Klein-U-Booten einen Spezialangriff gegen die British Eastern Fleet zu führen. I 30 klärte mit seinem Bordflugzeug am 11. Mai über Aden, am 13. Mai über Djibouti, am 28. Mai über Sansibar und am 5. Juni über Durban auf, nachdem es am 21. Mai den Raum von Daressalam durch Sehrohrbeobachtung aufgeklärt hatte. Mitte Juni wurde I 30 östlich von Madagaskar aus den Hilfskreuzern *Aikoku Maru* und *Kokoku Maru* versorgt. Am 24. Juni unternahm es einen Aufklärungsvorstoß nach Durban und wurde dann, von den Hilfskreuzern wieder versorgt, mit Rohstoffen für Deutschland beladen und als Transport-U-Boot nach Westfrankreich entlassen. Es traf am 4. August in Lorient ein. Von hier ging es, nunmehr mit für Japan wichtigen Rohstoffen beladen, am 26. August wieder in See und kam am 11. Oktober wohlbehalten in Singapore an. Allerdings ging es wenige Tage später verloren. Auf dem Marsch nach Japan lief es am 13. Oktober auf eine britische Mine.

Noch während I 30 in See stand, lief der U-Kreuzer I 8 unter dem Kommando von Captain S. Uschino am 6. Juli aus Penang aus. Außer Rohstoffen hatte dieses Boot, das deutscherseits unter dem Tarnnamen *Flieder* fuhr, noch eine vollständige japanische U-Boot-Besatzung an Bord. Diese war für das deutsche IX C-Boot U 1224 bestimmt, auf dem diese Besatzung ausgebildet werden sollte, um später unter japanischer Flagge nach Japan zu fahren und um dort der japanischen U-Boot-Waffe die bei den Agru-Front-Übungen gewonnenen Erfahrungen über die deutschen Angriffstaktiken im Handelskrieg zu vermitteln. U-Kreuzer I 8 traf auf diesem Marsch am 21. August mit U 161 (Kapitänleutnant Achilles) zusammen. Es übernahm von diesem Boot ein Funkmeß-Beobachtungsgerät, gleichzeitig steigen ein Offizier und vier Funker als Bedienungspersonal über. Am 31. August brachte ein Minengeleit das Boot in den Hafen von Brest ein. Am 5. Oktober bereits ging I 8 mit einer Ladung, die vornehmlich aus Torpedomotoren, Flugzeugkanonen und Chronometern bestand, wieder in See. Unter starker Sicherung, wieder durch Torpedoboote und Minensucher, erreichte es den freien Atlantik, wurde aber Ende Oktober nach Abgabe einer Passiermeldung von amerikanischen Flugzeugen zwei Tage lang angegriffen und, auf 60 Meter Tiefe fahrend, durch Bomben leicht beschädigt. Mehrfach vom Gegner eingepeilt, erreichte I 8 ohne Zwischenfälle am 7. Dezember Singapore, von wo es unbehindert nach Japan weiterlief. Angeregt durch diesen zweiten Erfolg, schickten die Japaner, schon im eigenen Interesse, später noch weitere Boote nach Europa. Über deren Schicksal wird an anderer Stelle noch kurz berichtet werden.

[9] An sich war es Hitler, der in der Konferenz am 19. 11. 1942 den Bau von Transport-U-Booten wünschte, da er nach Übernahme von Island durch die Amerikaner den Gedanken einer plötzlichen Besetzung von Island und Schaffung einer Luftbasis dort wieder aufgenommen hatte. Skl Qu.A regte die Übergabe dieser Aufgabe an den Schiffahrtkommissar an, da diese Boote als Handels-U-Boote gebaut und als solche für Handelszwecke eingesetzt werden könnten (Blockadebrecher). Ob.d.M. sagte Prüfung der Frage zu.

[10] *Breiviken*, 2669 BRT großer norwegischen Frachtdampfer; *Michael Livanos*, 4774 BRT großer Frachtdampfer unter griechischer Flagge.

[11] Nomura wurde, allerdings nur für kurze Zeit, im Juli 1944, japanischer Marineminister.

Um ein Haar wäre U-Schneewind, statt in Japan einzulaufen, auf den Grund der Chinesischen See gesunken. Da auch bei der japanischen Führung oft die linke Hand nicht wußte, was die rechte tat — oder nicht wissen durfte, passierte es: Der zuständige Seebefehlshaber war völlig ahnungslos. Als U 511 sein Seegebiet durchfuhr, griffen japanische U-Boot-Jäger an. Granaten verschiedenster Kaliber zerplatzten um U-Schneewind herum. Die japanische Kriegsflagge, des Tennos Sonnenbanner, ignorierten die Angreifer. Sie schossen nur um so heftiger. Schließlich gelang es Nomura, über Morsesprüche in japanischer Sprache seine Landsleute zu überzeugen, daß dieses U-Boot kein als Japaner getarnter Amerikaner sei. Was Nomura zu sagen hatte, paßte in keinen Seemannsspind. Diplomaten sind auch Menschen.

[12] Käp'n Kölschbach, Der Blockadebrecher mit der glücklichen Hand; Koehlers Verlagsgesellschaft, Herford 1958.

[13] Jochen Brennecke: Jäger — Gejagte, Deutsche U-Boote 1939 bis 1945, Kapitel 25: Deutsche U-Boote in asiatischen Gewässern, Koehlers Verlagsgesellschaft, Herford 1956, pg. 306 bis 314.

[14] UIT ist die Abkürzung von Untersee-Italien-Transport.

[15] Da die Stützpunkte über keine ausreichenden Torpedoreserven verfügten, konnten diese Boote nur mit der Hälfte des Solls, also mit nur zwölf Torpedos ausgerüstet werden. Diese Torpedokalamität, wie auch die behelfsmäßige technische Ausrüstung der Stützpunkte, machte die Zuführung von Waffen (Ersatzrohre für die Zwozentimeter als Beispiel), Munition und sonstigem Kriegsgerät, das von japanischer Seite nicht gestellt werden konnte, zum Teil über Kampf-U-Boote notwendig. Ab Frühjahr 1944 wird sie regelrechten Transport-U-Booten der Typen IX D1, X, XIV und VII F sowie dem einen, noch in Westfrankreich liegenden ehemaligen italienischen U-Boot *Alpino Bagnolini*, jetzt UIT 22, übertragen.

[16] Wie schon angedeutet, haben die Engländer die vom Kommandanten der *Eritrea* überlassenen Details über Einsatz und Versorgung von U-Booten im Indischen Ozean sehr wohl und vor allem sehr schnell zu nutzen verstanden. Sie haben begonnen, nun auch für den Indischen Ozean den Überwachungsdienst weiter auszubauen.

[17] Die *Brake* wurde zunächst durch Maschinen des Geleitträgers *Battler* gesichtet, während das V-Schiff gerade zwei U-Boote (also U 188 und U 532) beölte. Die Flugzeuge führten den bei dem britischen Verband stehenden Zerstörer *Roebuck* heran, der, wie es in britischen Dokumenten heißt, das Versorgungsschiff versenkte. Roskill dazu: »This success further curtailed U-Boot operations in the Indian Ocean, and the survivers were forced to return to Penang prematurely.«

[18] Siehe ›Der Fall Laconia‹, nachdem der BdU zum Schutze seiner Besatzungen und Boote jede Rettungs- und Hilfsaktion verboten hat, weil U-Boote bei einer solchen Aktion gebombt wurden.

[19] Es waren die tödlichen Monate nach Auftauchen des neuen Radars beim Gegner, die Monate Mai, Juni, Juli 1943.

[20] Das Boot war U 181, das durch einen Zufall zwischen Colombo und Sumatra auf U 196 traf.

[21] Aus Coquimbo/Chile am 18. Mai 1941, an Japan 27. Juni.

[22] Die Verständigung erfolgte in Englisch, gemischt mit chinesischen Brocken, die Vogel beherrscht. Die Tatsache, daß Chinesen kein R sprechen können (sie sprechen es wie ein L), ist in den Dialogen nicht berücksichtigt worden.

[23] U 532 hatte nach einer Kollision in der Ostsee in Stettin Stahlschrauben bekommen, die in tropischen Gewässern stärker als Bronzeschrauben dem Einfluß der Korrosion ausgesetzt sind.

[24] Gelbe Flagge = Admiral, General; rote Flagge = Stabsoffiziere; blaue Flagge = Oberleutnante, Leutnante. Anweisung der Stützpunktleiter: »... bei Kraftwagen muß der Gruß rechtzeitig, aber in jedem Fall erwiesen werden.«

[25] Meldung des Mil. Att. Tokio vom 13. 9. 1944 mit Nr 2502 Cito Nr. 191, 3 c: Schwerpunkt des USA-U-Boot-Einsatzes bei enger Zusammenarbeit mit in China basierten Luftwaffenteilen. Auswirkung so, daß Schiffsverbindung japanisches Mutterland — Südostraum zur Zeit nahezu unmöglich.

[26] Rekrutiert aus der Indischen Legion, ca. 30 000 Mann.

[27] S., besonders Hafen und Werften, wurde am 24. 2. 1945 von 130 in Indien gestarteten B 39 angegriffen.

[28] Siehe: Jochen Brennecke: ›Der Fall Laconia‹, Ein hohes Lied der U-Boot-Waffe, Koehlers Verlagsgesellschaft, Jugenheim.

[29] Torpedo-Erprobungskommando = TEK, Junker war dessen Gruppenleiter vom November 1938 bis August 1942.

[30] Nach Aussagen des heutigen Fregattenkapitäns Herwartz ist dieses plötzliche Absinken nicht, wie an anderer Stelle berichtet, auf die Explosion einer britischen Magnetmine im minenfreien Weg zurückzuführen. Das mit dem Heck schon tief im Wasser liegende Boot kippte ganz plötzlich, ruckartig, nach achtern weg.

[31] Die Spannungen innerhalb der Marine sind ungewöhnlich groß gewesen. So teilte der Wehrmachtattaché Tokio mit Nr. 019/44 gKdos vom 27. 2. 1944 u. a. mit »... Heißumstritten ist Figur Minister Admiral ›Shimada‹, der mir gegenüber von höheren Offizieren als ›Laufjunge Tojos‹ bezeichnet wurde. Als Nachfolger werden Admiral ›Okada‹, früherer Ministerpräsident, sowie Admiral ›Suetsugu‹, früherer Flottenchef, genannt. Im Marineministerium herrscht derartige Spannung, daß z. B. sogar Gewalttätigkeiten nicht ausgeschlossen.«

[32] Die Kapitulation wurde bereits um Mitternacht des 14. August durch Mr. Attlee und Präsident Truman bekanntgegeben, dieweilen der 15. August als ›VJ-Day‹ in die Geschichte einging. Am 16. August stellten alle japanischen Truppen das Feuer ein, und am 2. Septem-

ber wurde auf dem US-Schlachtschiff *Missouri* die Kapitulation unterzeichnet. Die ersten britischen und indischen Truppen in Singapore landen erst am 5. September, am 7. September wird die Marine-Basis von Singapore vom japanischen Flottenchef der Britischen Navy übergeben (zurückgegeben). Die Kapitulation von Niederländisch-Indien und Holländisch-Borneo wird am 8. September unterzeichnet, am gleichen Tage werden in Bougainville auch Nord-Guinea und die angrenzenden Inseln übergeben. Am 9. September kapituliert eine Million japanischer Truppen in China, die Unterzeichnung erfolgt in Nanking. Am 10. kapitulieren die Japaner in Nord-Borneo, am 11. auf Holländisch-Timor und erst am 12. September wird vor Admiral Lord Mountbatten die Kapitulation von Südostasien in Singapore unterzeichnet, am 13. folgen die japanischen Streitkräfte in Burma (Rangoon), die 18. Armee in Neu-Guinea und alle Truppen in ganz Malaya. Am 14. wird die Phosphat-Insel Naura übergeben, am 16. kapitulieren die japanischen Streitkräfte in Hongkong vor Admiral Harcourt. Am 9. Oktober werden die Andamanen wieder von den Briten besetzt.

[33] Diese japanische Besatzung war als zusätzliche Besatzung mit I 8 von Penang, wo das Boot am 27. Juni 1943 auslief, nach Brest gekommen, wo es am 5. September eintraf.

HEYNE
BÜCHER

Alistair MacLean

Todesmutige Männer unterwegs in gefährlicher Mission – die erfolgreichen Romane des weltberühmten Thrillerautors garantieren Action und Spannung von der ersten bis zur letzten Seite.

Die Überlebenden der Kerry Dancer
01/504

Jenseits der Grenze
01/576

Angst ist der Schlüssel
01/642

Eisstation Zebra
01/685

Der Satanskäfer
01/5034

Souvenirs
01/5148

Tödliche Fiesta
01/5192

Dem Sieger eine Handvoll Erde
01/5245

Die Insel
01/5280

Golden Gate
01/5454

Circus
01/5535

Meerhexe
01/5657

Fluß des Grauens
01/6515

Partisanen
01/6592

Die Erpressung
01/6731

Einsame See
01/6772

Das Geheimnis der San Andreas
01/6916

Tobendes Meer
01/7690

Der Santorin-Schock
01/7754

Die Kanonen von Navarone
01/7983

Geheimkommando Zenica
01/8406

Nevada Paß
01/8732

Alistair MacLean/ John Denis
Höllenflug der Airforce 1
01/6332

Wilhelm Heyne Verlag
München

Robert Ludlum

»Ludlum packt in seine Romane mehr an Spannung als ein halbes Dutzend anderer Autoren zusammen.«

THE NEW YORK TIMES

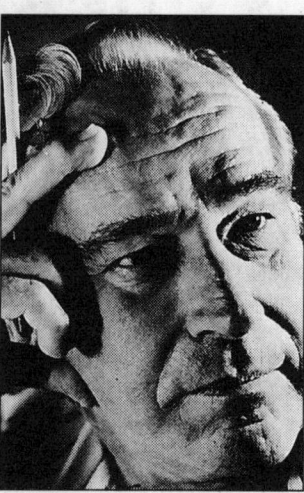

Die Matlock-Affäre 01/5723

Das Osterman-Wochenende
01/5803

Das Kastler-Manuskript
01/5898

Der Rheinmann-Tausch
01/5948

Das Jesus-Papier 01/6044

Das Scarlatti-Erbe 01/6136

Der Gandolfo-Anschlag
01/6180

Der Matarese-Bund 01/6265

Das Parsifal-Mosaik 01/6577

Der Holcroft-Vertrag 01/6744

Die Aquitaine-Verschwörung
01/6941

Die Borowski-Herrschaft
01/7705

Das Genessee-Komplott
01/7876

Der Ikarus-Plan 01/8082

Das Borowski-Ultimatum
01/8431

Der Borowski-Betrug 01/8517

Wilhelm Heyne Verlag
München

John le Carré

Perfekt konstruierte Spionagethriller, spannend und mit
äußerster Präzision erzählt.
»Der Meister des Agentenromans« DIE ZEIT

Wilhelm Heyne Verlag
München

Politik und Zeitgeschehen im Heyne Sachbuch

19/210

Außerdem lieferbar:

Thomas Friedman
Von Beirut nach Jerusalem
19/178

Michael W. Weithmann
Krisenherd Balkan
19/207

Peter Glotz
Die deutsche Rechte
19/216

Ulrich Wickert (Hrsg.)
Angst vor Deutschland
19/221

Dan Raviv/Yossi Melmann
Die Geschichte des Mossad
19/225

Peter Scholl-Latour
Das Schwert des Islam
19/226

Wilhelm Heyne Verlag
München